Frauke Berchtig

~

Künstlerkolonie Worpswede

~

Fritz Mackensen
Paula Modersohn-Becker
Otto Modersohn
Hans am Ende
Fritz Overbeck
Heinrich Vogeler

BRAUS

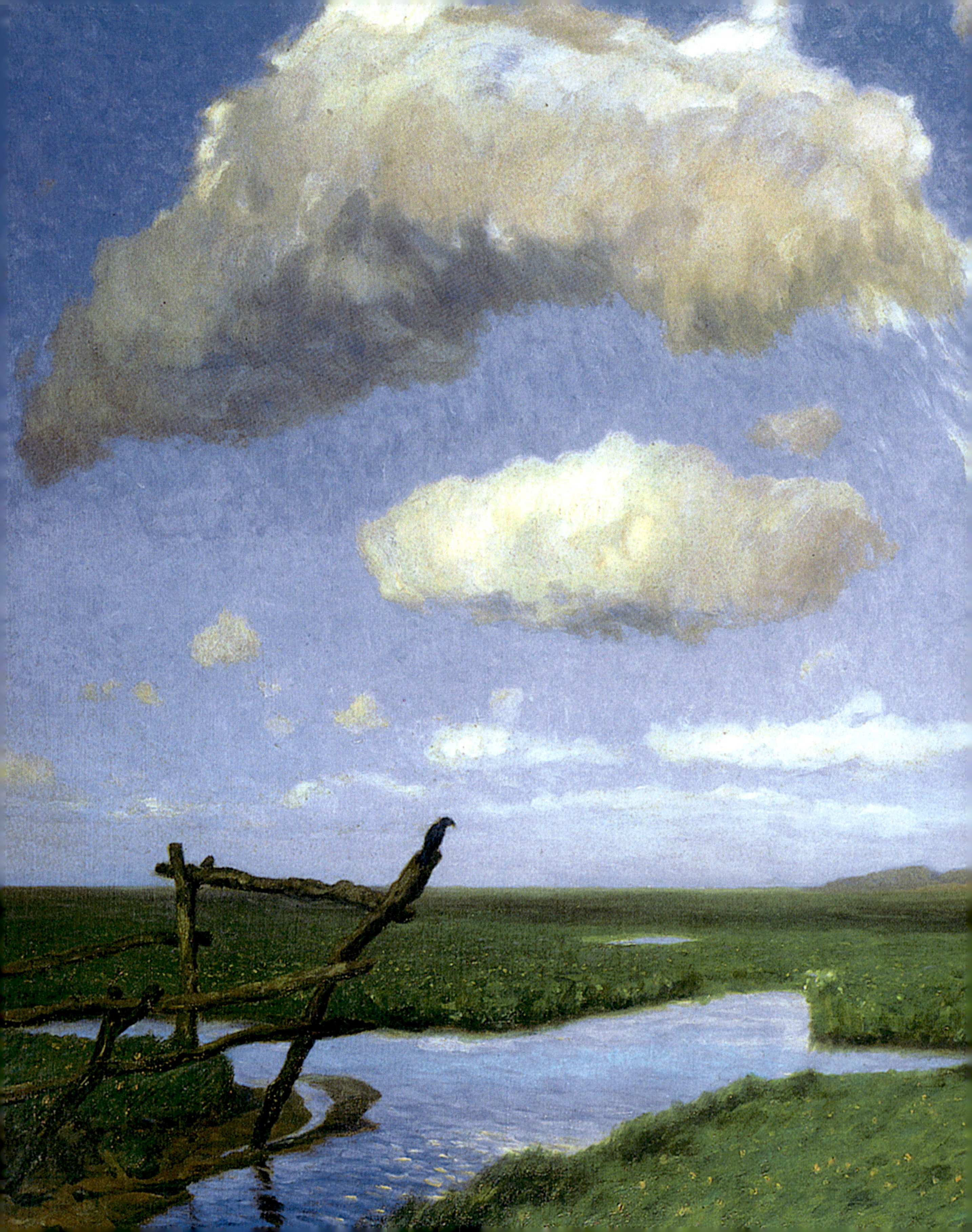

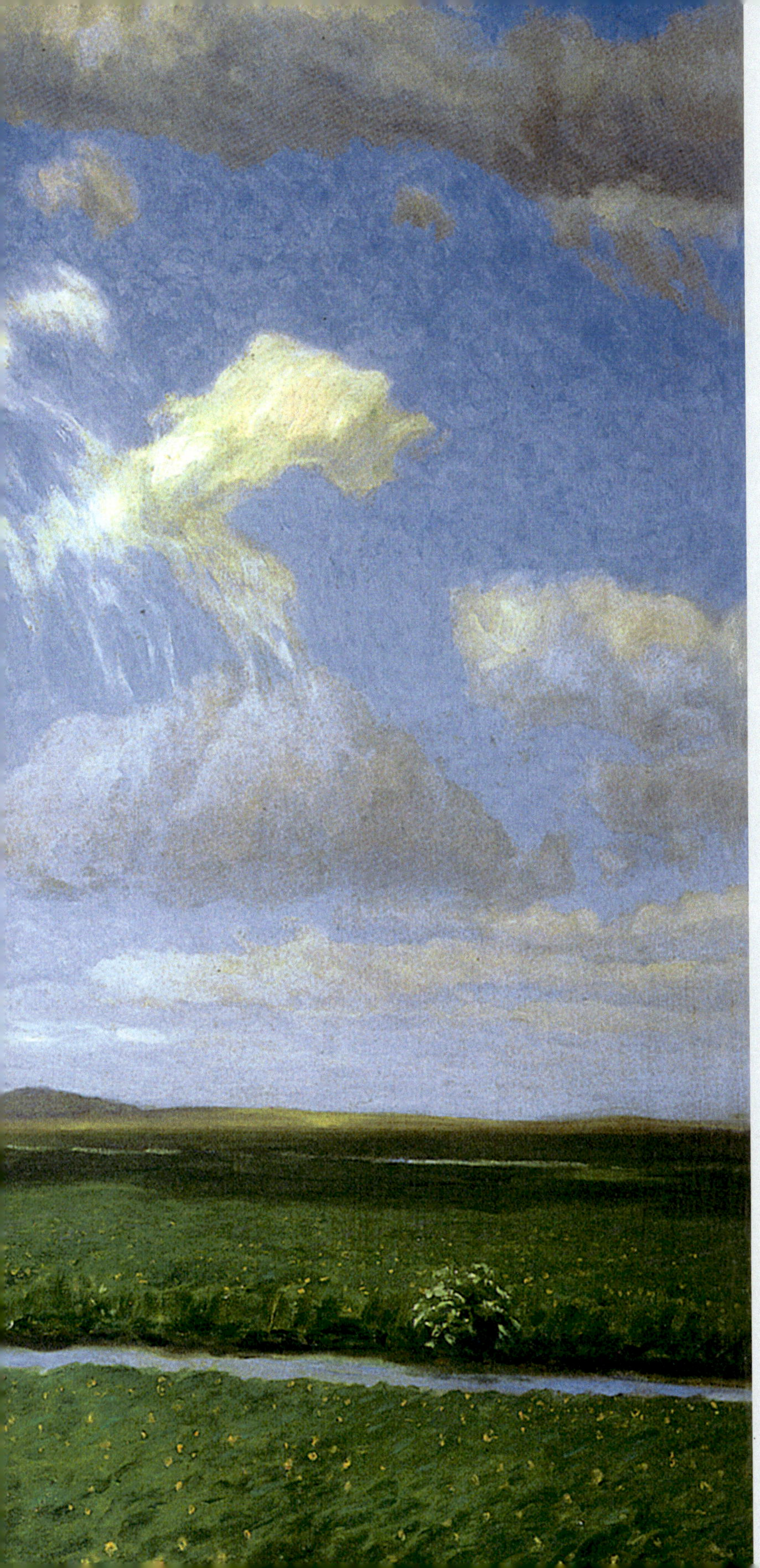

Rückblende

~

Kinder, wir wollen auf
unserem Stück Erde
zusammenhalten wie die Kletten,
um später dazustehen
wie die Bäume in der Kunst.

Fritz Mackensen

Malen unter freiem Himmel

... statt in Ateliers und Kunstschulen – mit dieser Devise brechen Künstler auf in die Natur. Vorreiter sind unter anderem die Künstler der Schule von Barbizon, die in Frankreich eine neue Landschaftsmalerei begründen. In Norddeutschland findet sich Ende des 19. Jahrhunderts eine Gruppe von Malern in einem kleinen Ort im Teufelsmoor zusammen, dessen Name sich bis heute untrennbar mit künstlerischem Schaffen verbindet: Worpswede.

Ausflug nach Barbizon

Nach den Wirren der Julirevolution von 1830 verlassen Th. Rousseau, Daubigny, Dupré und Millet Paris und siedeln sich im Wald von Fontainebleau an. Hier finden sie ihre Motive für eine neue Richtung der Landschaftsmalerei, die nicht mehr eine nach festen Regeln komponierte Ideallandschaft mit ihren Versatzstücken aus Schäferszene und Heiliger Familie auf der Flucht zeigt, sondern einen Ausschnitt aus der unmittelbaren Umgebung, ein Waldstück, einen Bachlauf, einen Wiesenrain, der so nah und wirklichkeitsgetreu wie möglich wiedergegeben wird. Durch das Zusammenleben mit den Bauern und Tagelöhnern des kleinen Dorfes nehmen bald auch die arbeitenden Menschen einen wichtigen Platz in den Bildern der Maler von Barbizon ein. Im Unterschied zur althergebrachten Malerei werden diese nicht mehr als Darsteller in einem Stück namens »Das Leben auf dem Lande« gezeigt, sondern als Menschen, die ihr tägliches Brot auf den Feldern und in den Ställen schwer erarbeiten.

Das Motiv des arbeitenden Menschen inmitten einer großartigen Landschaft wird auch in den Bildern der Worpsweder Maler eine wichtige Rolle spielen.

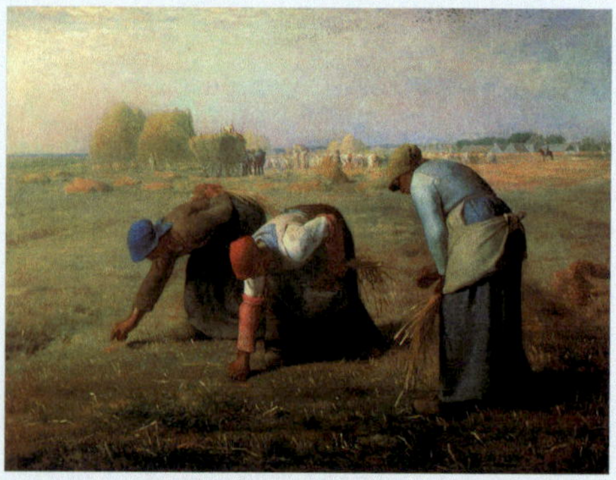

Jean-Francois Millet, *Die Ährenleserinnen* (Detail), 1857

~

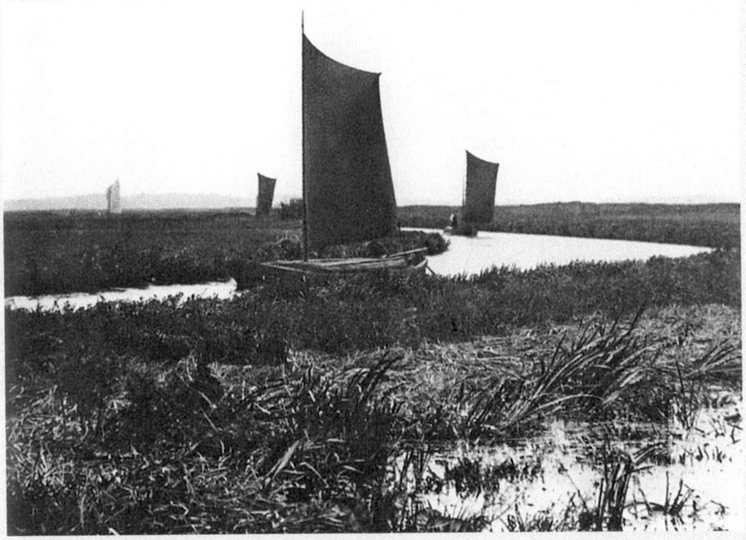

Georg Tappert,
Unbegradigter Lauf der Hamme,
1906–09,
Fotografie

~

Das Teufelsmoor

Für die stadtmüden Maler war das Teufelsmoor, ca. 25 km nordöstlich von Bremen gelegen, eine unberührte Landschaft – Natur pur. Für die Torfbauern, die ihren Lebensunterhalt mit dem äußerst mühsamen und kräftezehrenden Torfabbau verdienen mussten, war es oft genug wirklich ein »Land des Teufels«, obwohl der bei der Namensgebung gar nicht Pate stand. Der Begriff »Teufelsmoor« leitet sich vom niederdeutschen »duwe« oder »doofe« ab, was taub, unfruchtbar bedeutet.

Das Teufelsmoor gehört mit einer Ausdehnung von ca. 20 x 20 km zu den größten zusammenhängenden Moorgebieten Norddeutschlands. Um 1750 begann unter dem Moorkommissar Jürgen Christian Findorff die Besiedelung in größerem Umfang. Die ersten Siedler waren Knechte und Mägde, die durch die Aussicht auf ein eigenes Stück Land in die abgelegene Gegend gelockt wurden. Die Lebensbedingungen in dem ständig feuchten Moor waren unbeschreiblich hart. Lange Zeit galt der Spruch: »den ersten sin Tod, den tweeten sin Not, den dritten sin Brot« (der ersten Generation den Tod, der zweiten die Not, der dritten das Brot).

Die Bauern lebten hauptsächlich vom Torfabbau, der auf Lastkähnen nach Bremen verschifft wurde, wo er als Heizmaterial diente. Landwirtschaft war auf den kargen Böden kaum möglich. Durch den bis ins 20. Jahrhundert betriebenen Torfabstich und die zunehmende Entwässerung zur Schaffung von Acker- und Weideflächen hat sich der Charakter des Moores heute grundlegend gewandelt.

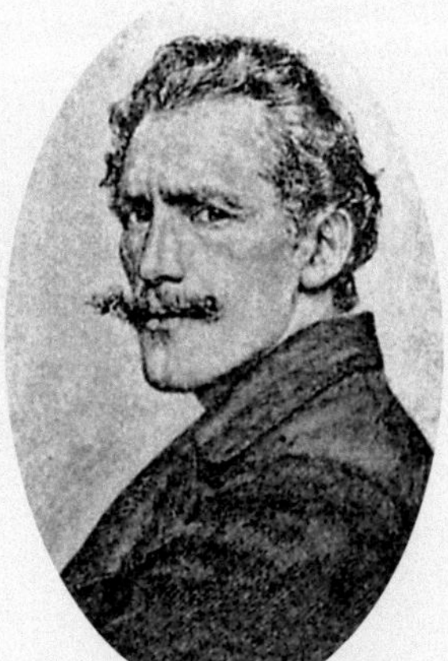

Fritz Mackensen,
1898

~

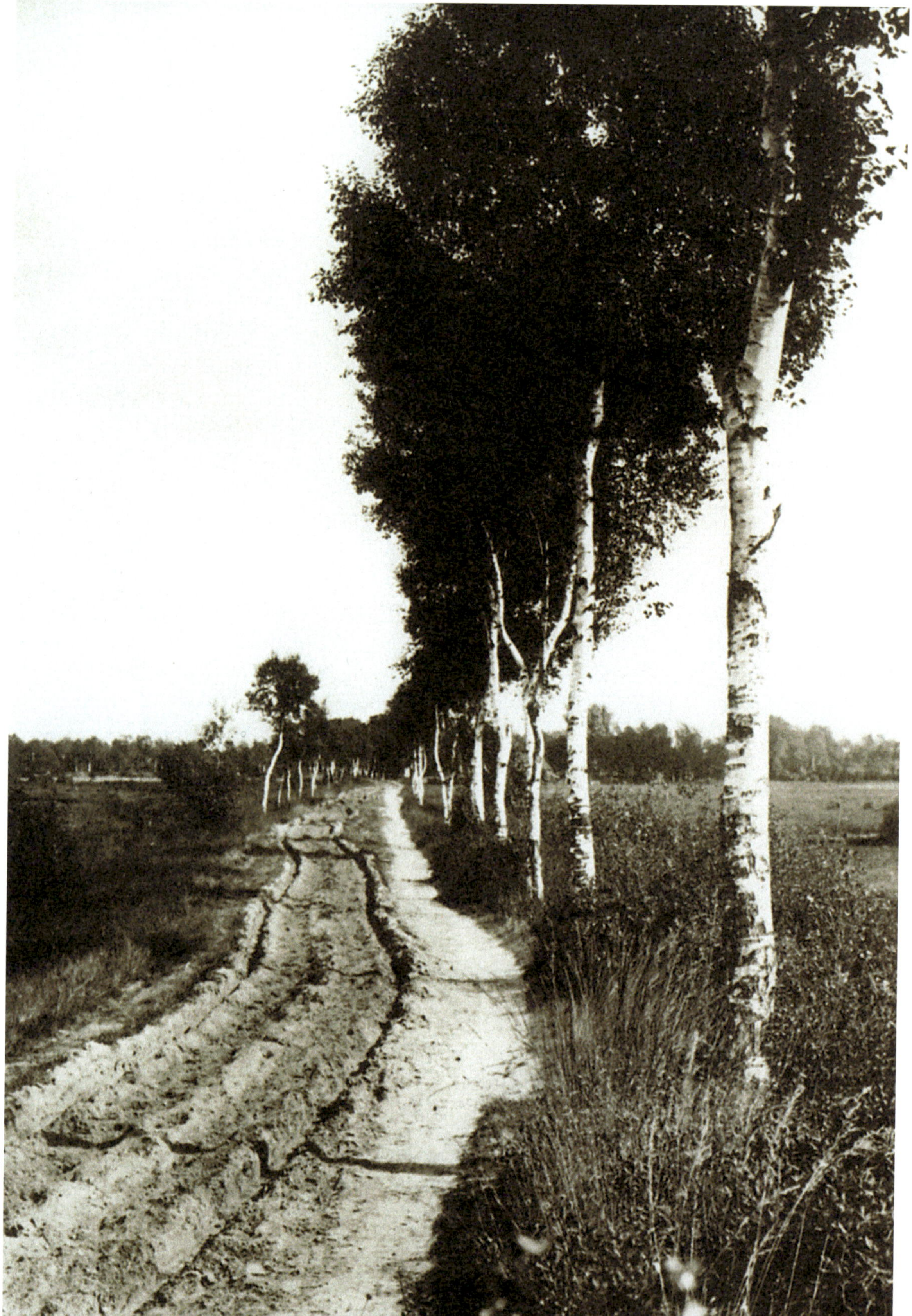

Ein lustiges Künstlervölkchen

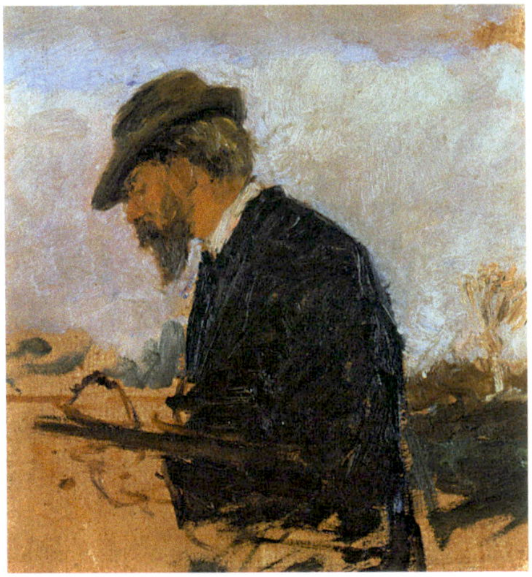

Fritz Mackensen,
Otto Modersohn beim Malen, um 1890

»Die Anwesenheit eines lustigen Künstlervölkchens bringt natürlich unserem Ort viel Nahrung, ganz abgesehen vom dem Ruhm, welcher sich durch die Erfolge der Künstler naturgemäß auch an den Namen Worpswede knüpft.«
So pragmatisch geht die »Wümme-Zeitung« am 19. September 1895 mit dem gerade erwachten überregionalen Interesse an dem kleinen weltfernen Moordorf Worpswede um. Was war passiert? Wie war der Name Worpswede in die Welt gelangt?

In der Ödnis

Neun Jahre zuvor hatte sich ein junger, vom akademischen Studium im fernen Düsseldorf frustrierter Maler zum ersten Mal auf den beschwerlichen Weg ins Moor gemacht. Er hatte in Düsseldorf eine junge Frau kennen gelernt, die von dort stammte und ihm ihre Heimat in den leuchtendsten Farben beschrieben hatte.

Fritz Mackensen heißt der reiselustige junge Künstler und wird der Begründer der Künstlervereinigung »Worspwede« , deren Wirkung bis heute anhält und jedes Jahr Tausende Touristen in das nun nicht mehr ganz so abgelegene Dorf führt.

Im besagten Jahr 1895 hatten die Worpsweder Maler, denn inzwischen waren es schon sechs geworden, ihren künstlerischen Durchbruch erzielt. Mackensen hatte die Große Goldene Medaille auf der Internationalen Kunstausstellung in München erhalten und die dortige Pinakothek hatte ein Werk von Otto Modersohn angekauft.

←
Georg Tappert,
Sandweg nach Worpswede,
1906–09,
Fotografie

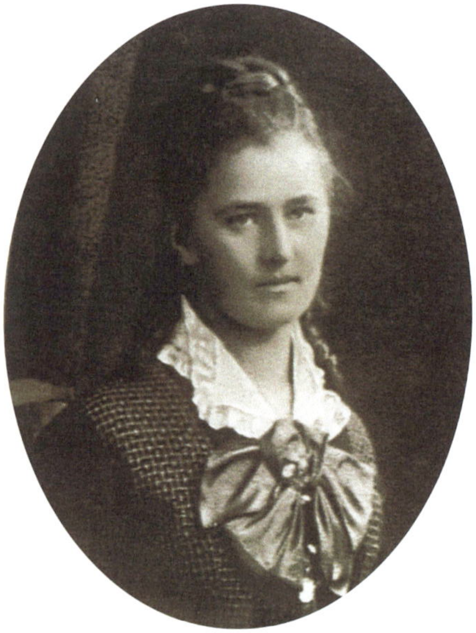

Emilie (Mimi) Stolte, die Tochter des Worpsweder Kaufmanns und Ortsvorstehers, vermittelte Fritz Mackensen 1884 den ersten Aufenthalt in Worpswede.

Farbenrausch im »tauben Moor«

Was aber hatte die Maler ins Teufelsmoor, diesen abgelegenen, unfruchtbaren Landstrich, weit im Nordwesten gelegen, verschlagen?

Um den Hunger der Kunststudenten nach frischer Luft, nach reinen Farben, nach Sonnenlicht und Regenschauern zu verstehen, muss man sich die Situation an den Kunstakademien Ende des 19. Jahrhunderts vor Augen führen: »Kann man sich ... vorstellen, daß Landschaftsmalerei in einem Atelier gelehrt wurde, in dem vertrocknete, in den Sand gesteckte Bäume ... je nach Jahreszeit mit grünen oder gelben Blättern behängt wurden?« Lehrstunden dieser Art und das ewige Abzeichnen von Gipsbüsten und Handmodellen in allen Lagen und Schattierungen hatten den tatendurstigen jungen Malern schnell die Lust am Studieren geraubt. Aber nicht die Lust am Malen und Skizzieren! Sie suchten nur nach einem Ort, an dem sie sich nach Herzenslust an der Natur berauschen konnten. Und da bot ihnen Worpswede einiges: »Farbe! Farbe! Farbe! ... von Dunkelviolett, Kupferrot, Gold und Silber ... Tage mit seidenfarbigem Blau und Silberschimmernden Schwimmwolken ... Dabei famose, originelle Motive.« Was brauchte ein junger Künstler mehr? Quartier ist schnell gefunden in den bescheidenen Häusern der Moorbewohner und wenn kein Platz für die Kleider in der Kammer ist, tut's auch ein Baum im Garten: »Ein alter Birnbaum ... wurde unser Kleiderschrank. Den Rest von einem geteerten Segel spannten wir ... als Regenschutz aus.« Für die armen Moorbauern waren die Maler eine willkommene Gelegenheit, das knappe Familieneinkommen aufzubessern. Und die jungen Maler waren froh über die kostengünstigen Unterkünfte.

Auf den Spuren der Altmeister von Barbizon

Mit ihrer Stadtflucht betreten die Maler von Worpswede kein Neuland. In Frankreich waren schon die Maler von Barbizon in den 1830er-Jahren von Paris aufs Land gezogen, um dem starren Akademismus an den Kunstschulen ebenso wie dem ständig zunehmenden Lärm und der Hektik in der Stadt zu entgehen.

Deutschland erlebt am Ende des 19. Jahrhunderts eine wahre Blütezeit von Künstlerkolonien. Fast 20 sind es, die von Sylt bis Murnau, von Kronberg im Taunus bis zur Kurischen Nehrung entstehen. Überall drängt es die Künstler ins Freie: »Es waren die Jahre des Pleinair. Man wollte Luft malen statt brauner Sauce.«

Mit dem Drang ins Freie einher geht auch die Suche nach neuen Ausdrucksformen in der Kunst. Das Missverhältnis zwischen der etablierten Kunst, die ihre Motive immer noch zwischen Salon und Schlacht, Kaiserporträt und biedermeierlichen Volkstypen sucht und der mit Gewalt in alle Lebensbereiche einbrechenden Industrialisierung ruft immer deutlicher nach einer neuen Bildsprache. Diese Spannungen führten Ende des 19. Jahrhunderts zur Spaltung der deutschen wie der internationalen Kunstszene. 1892 gründet sich in München die erste Sezession (Abspaltung), kurz darauf folgen Wien und Berlin. Neben der offiziellen Kunst, die sich in Galerien, Ausstellungshäusern und Kunstvereinen zeigt, existiert nun eine zweite Bewegung, die bald eigene Ausstellungsräume baut (Wiener Secession 1898).

Die Worpsweder sitzen ein bisschen zwischen allen Stühlen: Sie sind modern genug, um im konventionellen Kunstbetrieb Aufsehen zu erregen und konventionell genug, um nicht in die Sezession abgedrängt zu werden.

Vielleicht liegt darin das Geheimnis ihres großen Erfolgs, den sie schon mit ihrem ersten öffentlichen Auftritt 1895 erringen.

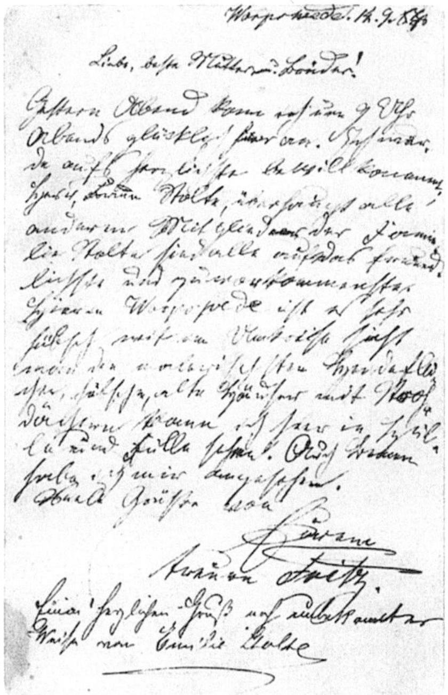

Postkarte von Fritz Mackensens erstem Worpswede-Besuch nach Hause, 14. September 1884

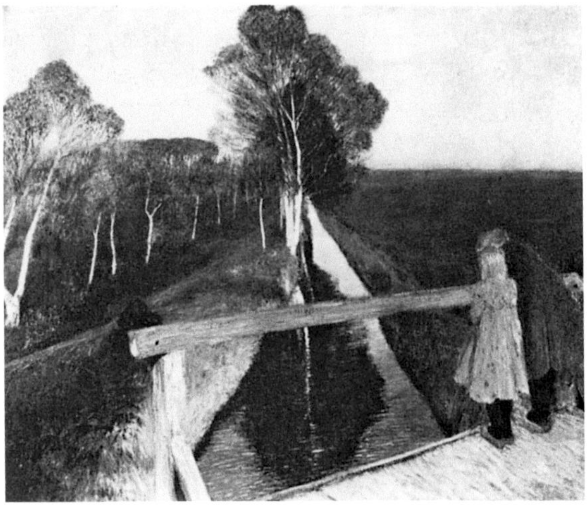

Fritz Mackensen, *An der Bergedorfer Brücke*, 1895

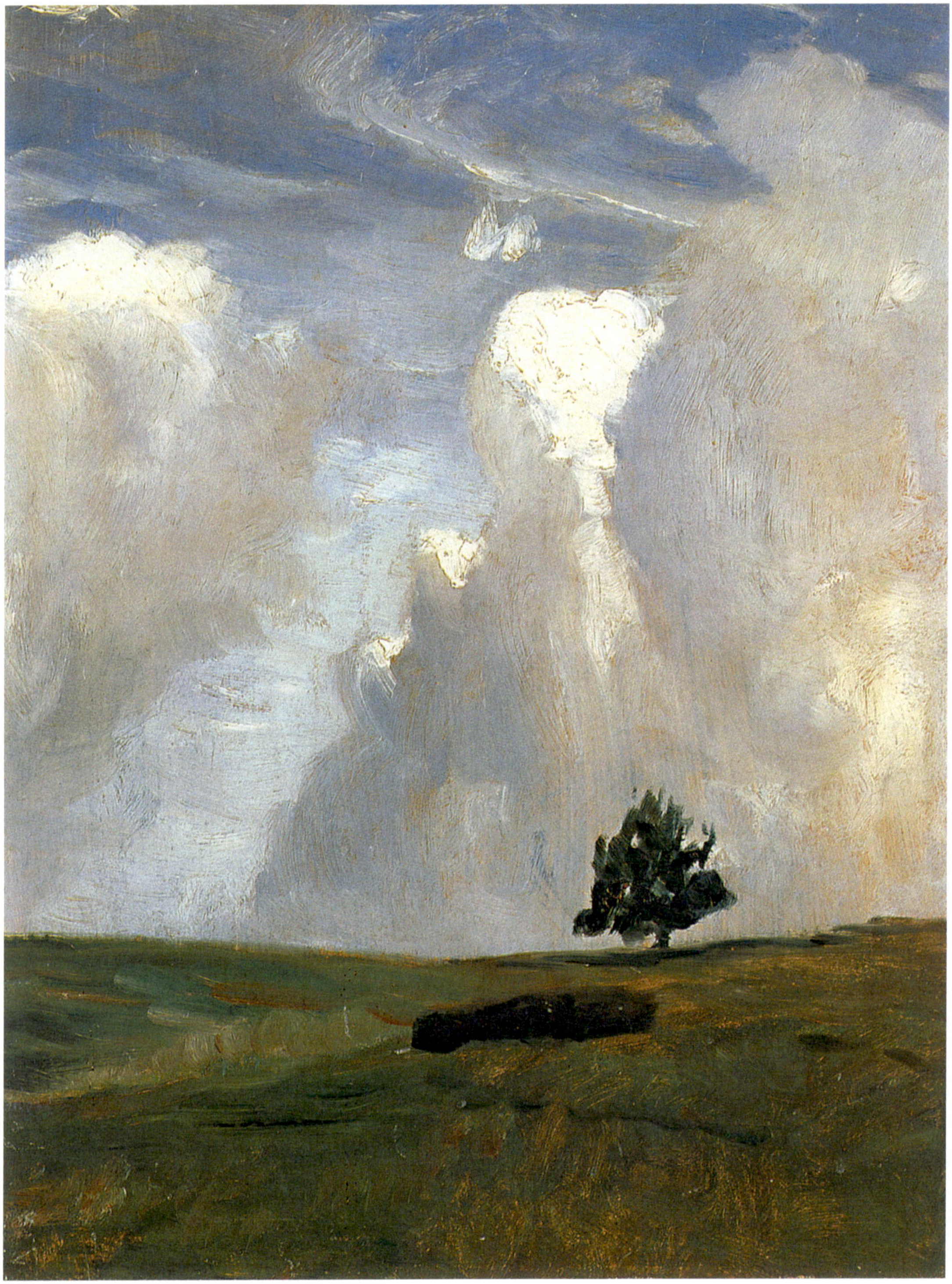

Otto Modersohn, *Wolkenberge*, um 1890.
Das Werk des Dichters Rainer Maria Rilke, der den Worpsweder Künstlern eng verbunden ist, scheint die Stimmung der Bilder in Worte zu fassen: »Ist das / Ein Himmel? / Selig lichtes Blau / in das sich immer reinere Wolken drängen, / und drunter alles Weiß in Übergängen« [Rainer Maria Rilke, »Abend in Skåne«].

Fritz Mackensen, *Der Säugling (Moormadonna)*, 1892.
Das Bild *Der Säugling* (auch bekannt als *Moormadonna*), ist Fritz Mackensens erster Erfolg. Auf der Bremer Ausstellung 1895 erwirbt es die Gesellschaft der Freunde der Kunsthalle. Es wird zu einem Schlüsselwerk in seinem Schaffen. Rilke nennt es später ein »Devotionsbild des Protestantismus« – dargestellt ist keine Madonna, sondern eine Mutter.

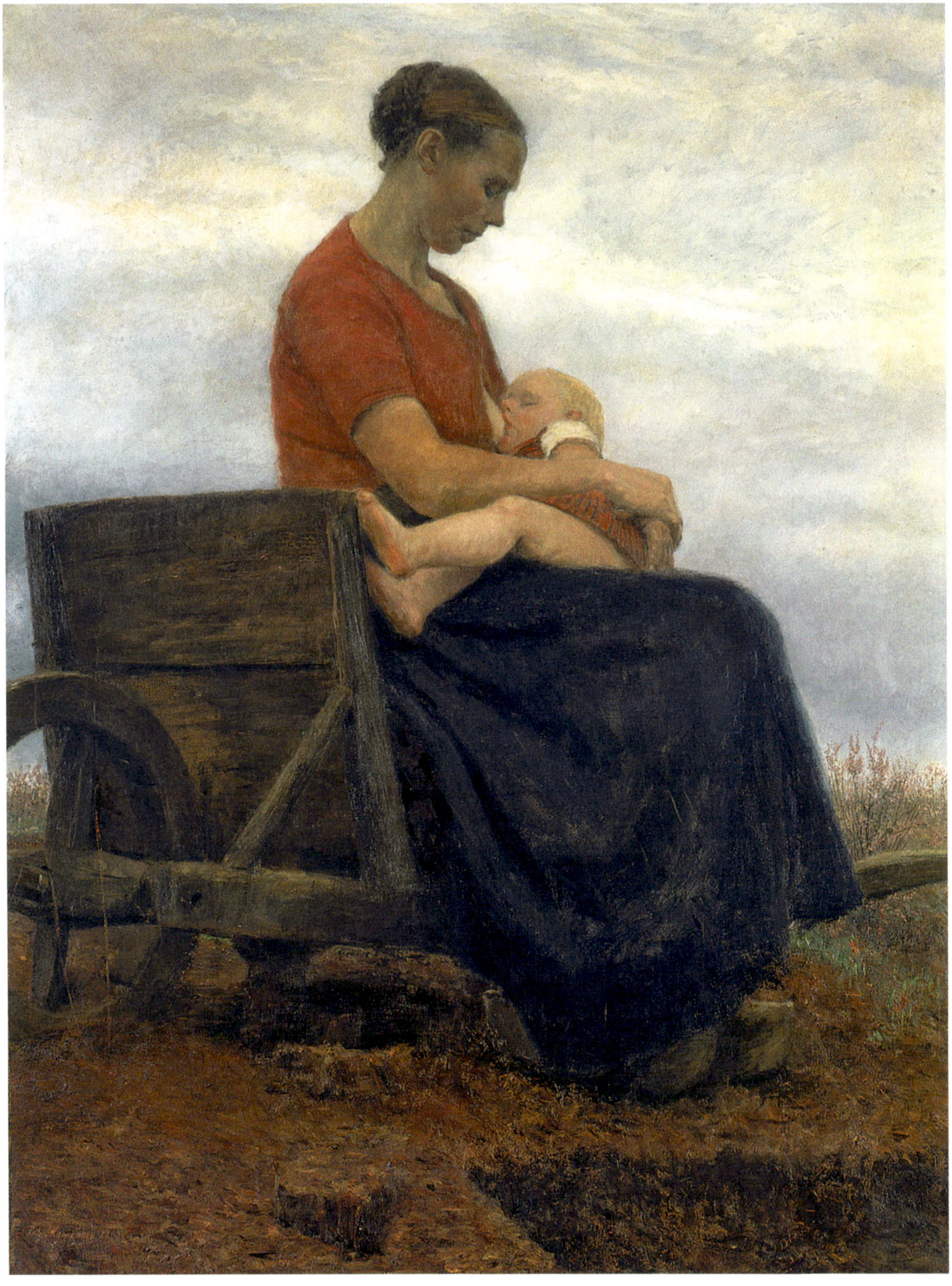

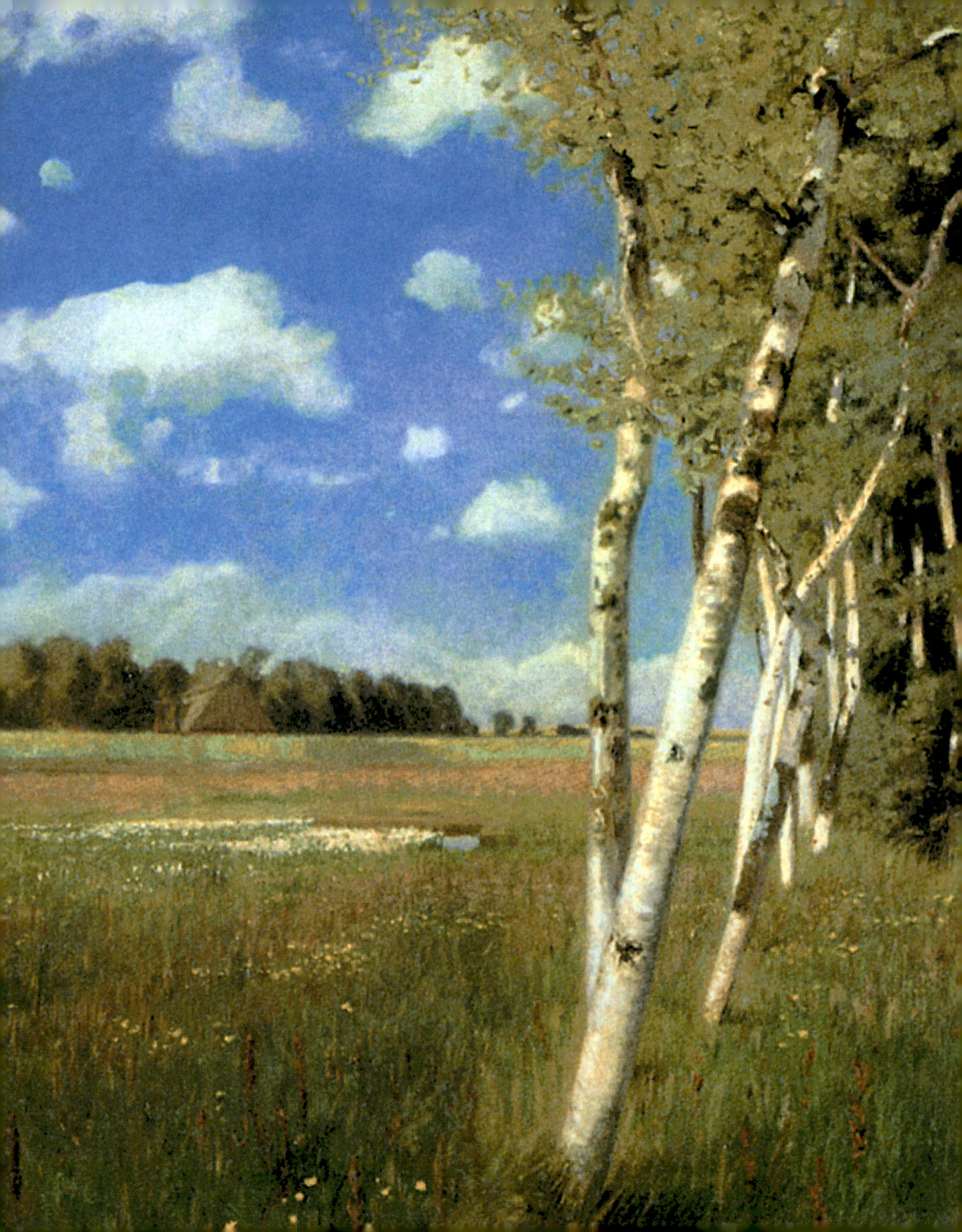

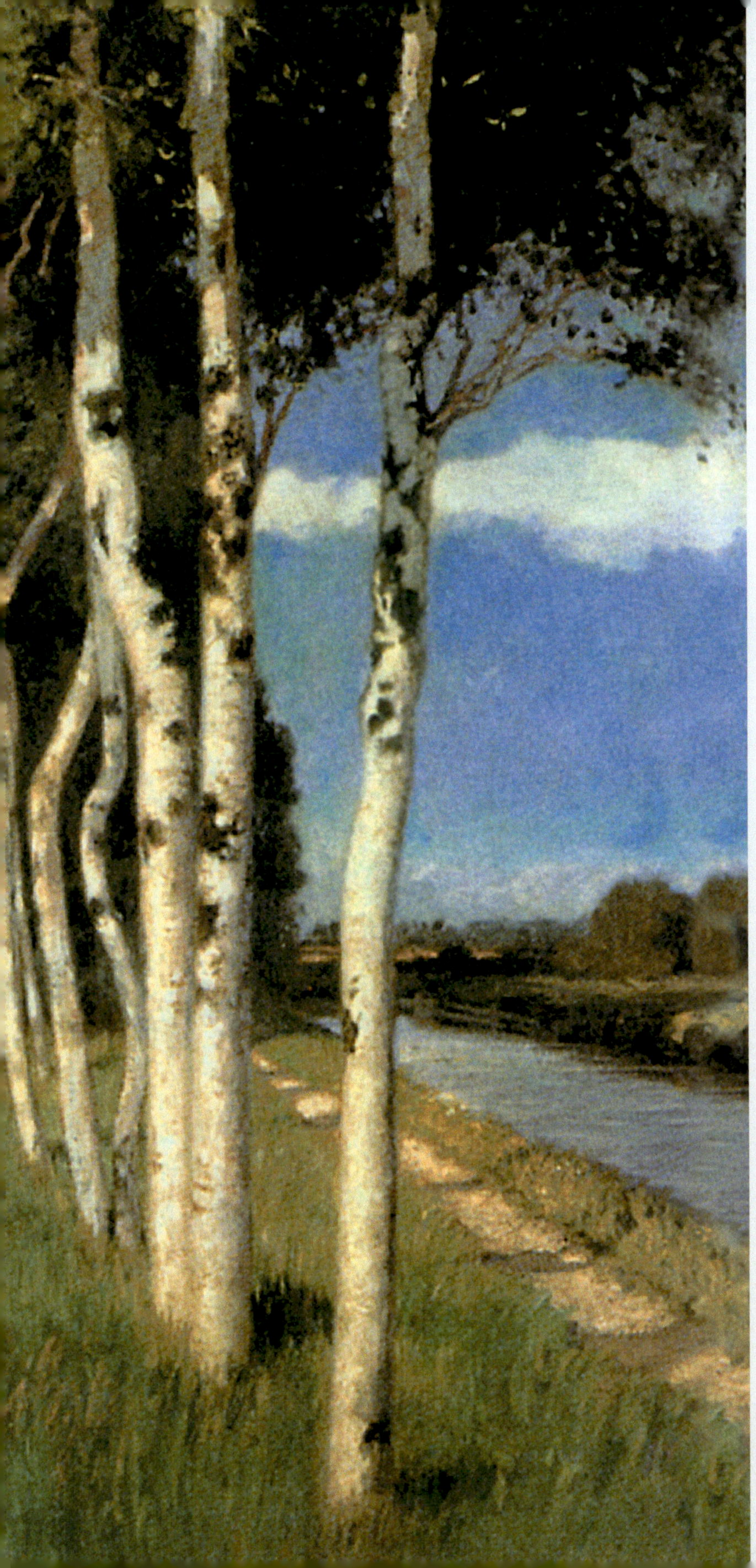

Ruhm und Ehre

~

»Ich lege hiermit den Landschaftern Hans am Ende, Modersohn und Overbeck meine Hochachtung zu Füßen und danke Ihnen für den Genuß, den sie mir bereitet haben ...«

Leo Freiherr von König

Trotz »schärfster Abweisung« in den Olymp der Kunst

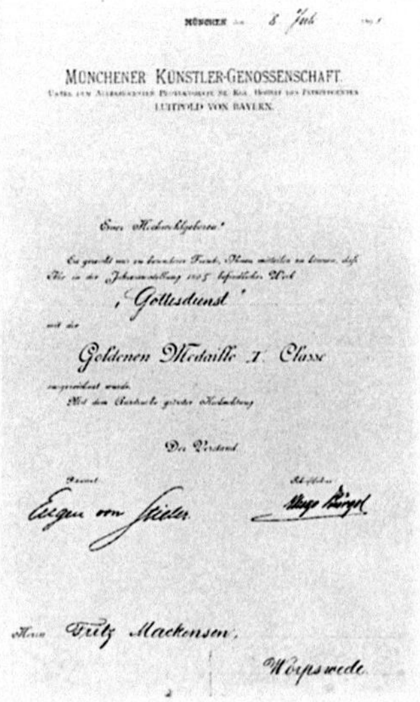

Urkunde der Goldmedaille München für Fritz Mackensen, 1895

Das zwiespältige Urteil über die ersten Ausstellungen der Worpsweder Künstlervereinigung, von »Lachkabinett« bis »*das* Kunstereignis von 1895«, ist kennzeichnend für die zweigeteilte öffentlichen Meinung zur modernen Kunst Ende des 19. Jahrhunderts. Einhellig ist nur das absolut vernichtende Urteil über die Werke Paula Modersohn-Beckers. Doch die Zeiten ändern sich …

1889

Die drei Kunststudenten Fritz Mackensen, Otto Modersohn und Hans am Ende verbringen zum ersten Mal gemeinsam die Sommerferien in Worpswede. Mackensen kommt seit 1884 regelmäßig im Sommer zum Malen hierher. Sie beschließen am Ende des Sommers, in Worpswede zu »überwintern«. Zum Kreis gehört zu dieser Zeit auch Carl Vinnen, der auf Gut Osterndorf in der Nähe Worpswedes lebt.

1890–1894

In den folgenden vier Jahren leben die Künstler hauptsächlich, aber nicht ausschließlich in Worpswede. Studienabschlüsse, Malaufträge oder private Verpflichtungen ziehen sie nach Hamburg, Berlin und Karlsruhe.
Auch erste Differenzen in der künstlerischen Auffassung kündigen sich zwischen Mackensen und Modersohn an.
Ab 1892 verbringt Fritz Overbeck seine Ferien in Worpswede, ab 1894 siedelt er ganz dorthin über. Im gleichen Jahr stößt Heinrich Vogeler zur Künstlergruppe.

1895

Das Erfolgsjahr. Im April stellen die Künstler zum ersten Mal gemeinsam in der Bremer Kunsthalle aus. Die Reaktionen sind gemischt. Der Freundeskreis der Kunsthalle erwirbt zwei Gemälde: Mackensens *Der Säugling (Moormadonna)* und Modersohns *Herbst im Moor.*
Im Juni nehmen die Worpsweder an der Internationalen Kunstausstellung im Münchner Glaspalast teil. Fritz Mackensen erhält die Goldmedaille für *Gottesdienst im Freien*, die Münchner Pinakothek kauft Modersohns *Sturm im Teufelsmoor* an.

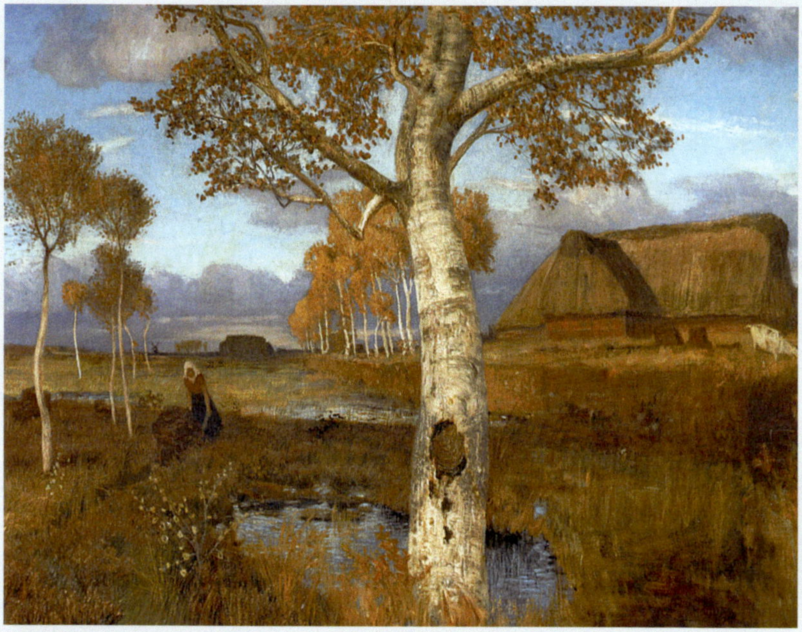

Otto Modersohn,
Herbst im Moor (Detail),
1895

1897

Im Juli dieses Jahres kommt Paula Becker zum ersten Mal nach Worpswede und ist sofort begeistert.
Im August Gründung der Künstlervereinigung »Worpswede«. Gründungsmitglieder sind Mackensen, am Ende, Overbeck, Modersohn, Vogeler und Vinnen.
In diesem und den nächsten Jahren zahlreiche Ausstellungen mit Auszeichnungen und guten Verkäufen.

1898

Paula Becker zieht nach Worpswede.

1899

Modersohn verlässt die Künstlervereinigung »Worpswede«, die sich danach auflöst.
Im Dezember stellt Paula Becker zusammen mit Marie Bock, einer Worpsweder Malschülerin, in der Bremer Kunsthalle aus. Der Bremer »Kunstpapst« Arthur Fitger schreibt eine vernichtende Kritik. In der Neujahrsnacht bricht Paula Becker zu ihrer ersten Parisreise auf.

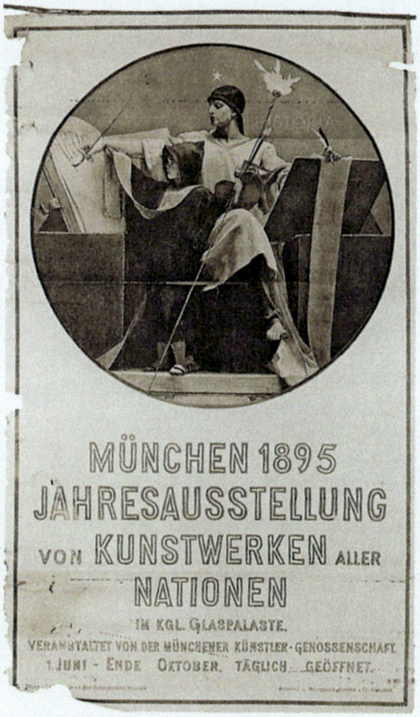

Plakat zur
»Jahresausstellung von
Kunstwerken aller Nationen«
im Königlichen Glaspalast,
München, 1895

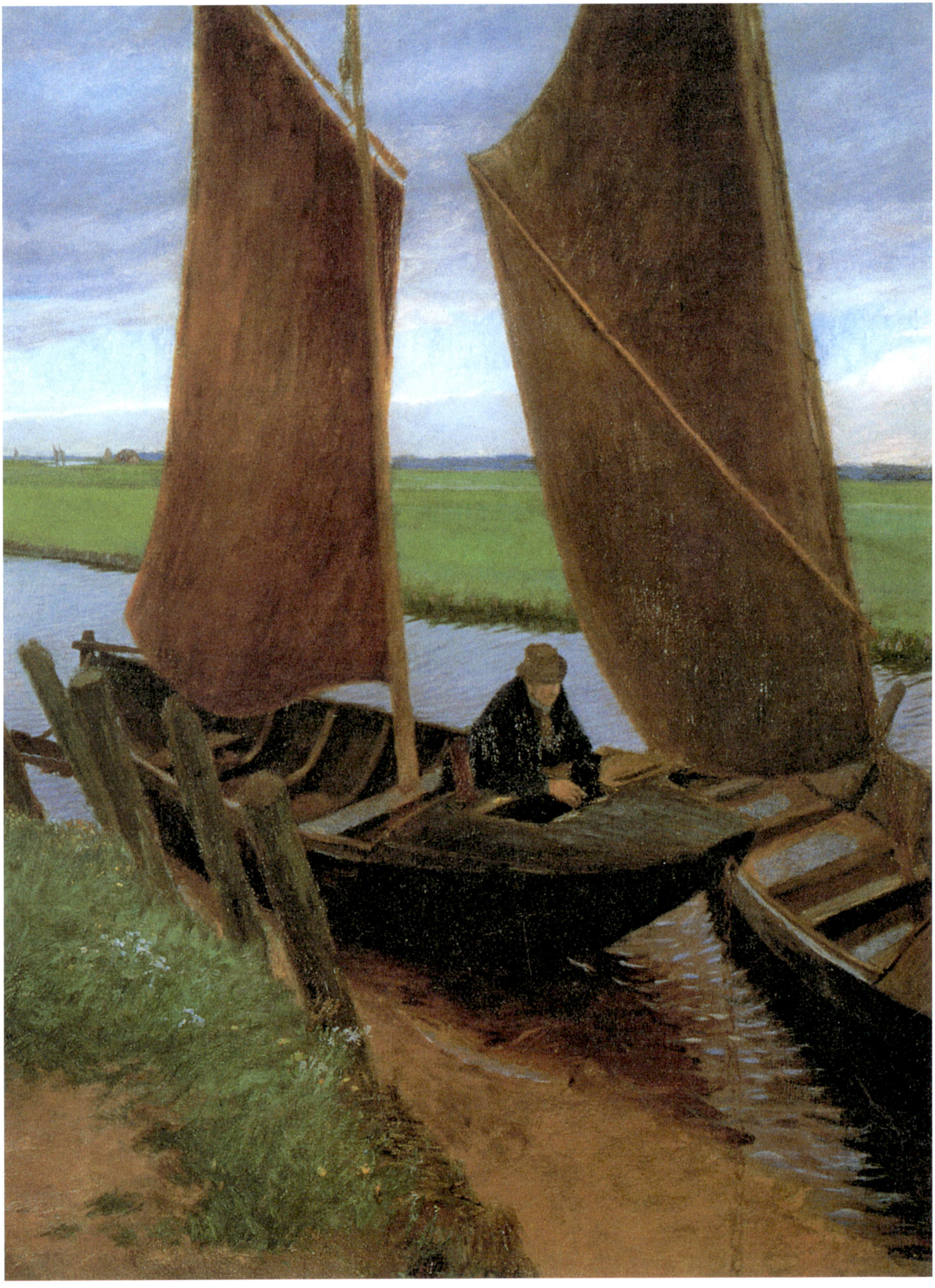

Eintracht und Zwietracht

»In der Bremer Kunsthalle erregt jetzt etwas so Neues, Originelles, Ursprüngliches allgemeinste Aufmerksamkeit, wie es auf diesem Gebiet hier kaum dagewesen: es ist die besondere Ausstellung der ›Künstler-Vereinigung Worpswede‹«.
Der Rezensent der »Kölnischen Zeitung« ist des Lobes voll über die jungen Maler aus dem »weltabgeschiedenen Nest Worpswede ... daß irgendwo ... in dem verrufenen Teufelsmoor« liegt.

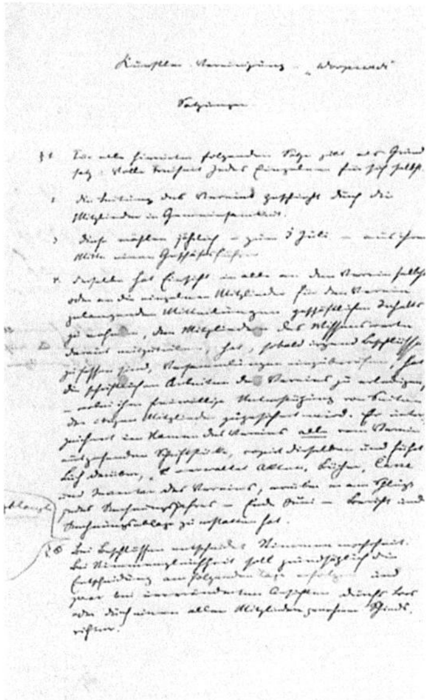

Original-Satzung der Künstlervereinigung »Worpswede«, 1897 von Hans am Ende geschrieben

Goldmedaillen für die Maler aus dem Torfdorf

Doch er weiß, dass nicht alle Besucher, vor allem nicht die »vom Fach«, so begeistert auf die frisch und eigenwillig gemalten Bilder aus einer der »traurigsten Gegenden der Erde« reagieren. Und so war in den Reaktionen auf die erste Ausstellung mit Werken der Worpsweder in Bremen auch manch böses Wort vom »schlechten Scherz« oder vom »Lachkabinett« zu lesen.

Aber diese Töne sind immer zu hören, wenn einer aus dem altbewährten Trott ausbricht und versucht, ein bekanntes Motiv mit neuem Blick zu sehen und mit eigener Sprache wiederzugeben.

Und gar so »revolutionär« oder unerhört neu sind sie auch nicht, die Absolventen der bewährten Kunstakademien von Düsseldorf und München. Sie haben ihre Studien mit Erfolg absolviert und lassen in ihren Bildern die geschulte Hand, den trainierten Blick erkennen. Sie sind nur auf der Suche nach einem neuen Zugang zu einem Metier, das ein bisschen in die Jahre gekommen und vom damals so beliebten »braunen Galerieton« überdeckt ist.

←

Fritz Mackensen, *Torfkähne auf der Hamme*, 1904

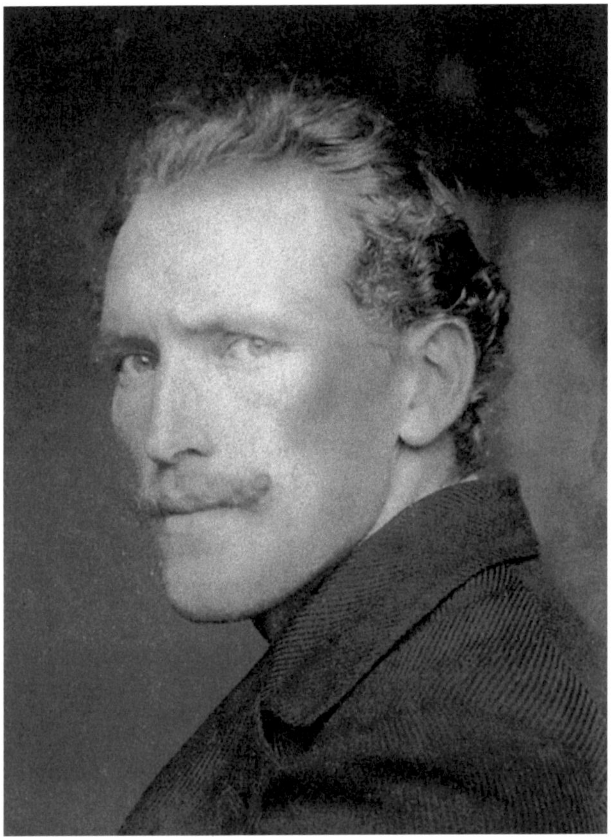

Fritz Mackensen vor dem Ersten Weltkrieg, Fotografie

Gewiss gibt es Unterschiede zwischen ihnen. Fritz Mackensen, der für sein Monumentalgemälde »Gottesdienst im Freien« die Goldmedaille erhält, gilt sogleich als der »Führer« der Künstlergemeinschaft und wird von vielen als der stärkste und wichtigste der Gruppe angesehen. Das führt zur Rivalität mit Otto Modersohn, der ebenfalls eine Würdigung erfährt, als die bedeutende Münchner Pinakothek sein Bild »Sturm im Teufelsmoor« ankauft. Dieser überraschende Erfolg kommt einer Sensation gleich und macht die jungen Maler auf einen Schlag bekannt.

»Malweibchen« im Moor

Eine Folge ihrer Bekanntheit ist, dass sich Schüler und angehende Kunststudenten auf den Weg nach Worpswede machen, um bei den so hoch gelobten und dekorierten Malern Unterricht zu nehmen. Damals vor allem für Frauen eine Möglichkeit, um qualifizierten Unterricht in der Kunst zu erhalten, da sie nur in sehr begrenztem Maße an den offiziellen Akademien zugelassen waren. In Worpswede ist es hauptsächlich Fritz Mackensen, der Schülerinnen ausbildet. Eine davon, nicht die talentierteste, wie der Meister meint, ist Paula Becker. Auch Clara Westhoff, die spätere Frau Rilkes, beginnt ihre Worpsweder Laufbahn im Atelier von Mackensen.

Den »alteingesessenen« Worpswedern wird das manchmal zu viel und sie schimpfen über das »Unheil, [das] über unser friedliches Dörfchen hereingebrochen [ist]. ... 10 Maler wandern jetzt hier herum, man möchte vor Wut selbst fortziehen ...«

Andererseits bringt es nicht nur Leben ins Dorf (fast alle der »Ur-Worpsweder« heiraten in den folgenden Jahren ein »Malweibchen«), sondern auch Geld, sodass sich Worpswede durch den Bau stattlicher Künstlervillen bald zu einem ansehnlichen Flecken mausert und mit dem Bau der Eisenbahn Anfang des 20. Jahrhunderts zu einem Touristenmagneten avanciert.

Otto Modersohn
beim Malen,
um 1906, Fotografie

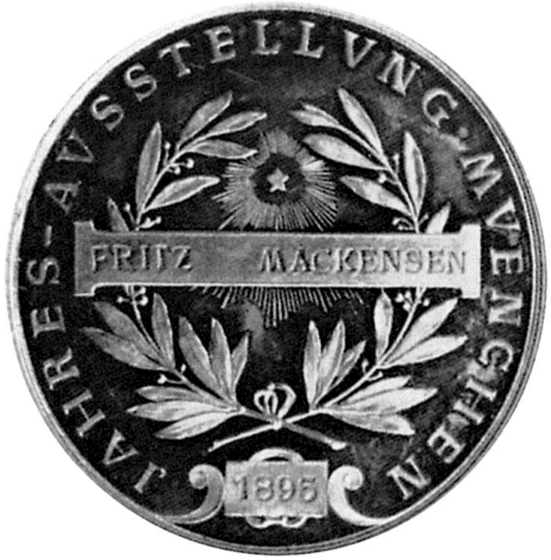

Fritz Mackensens
Goldmedaille von 1895

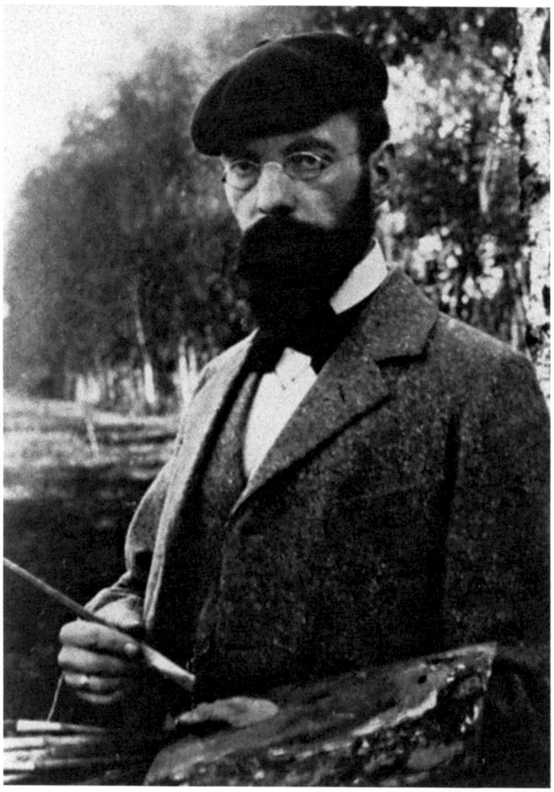

Getrennte Wege

1889 hatten sich die ersten Maler dauerhaft in Worpswede angesiedelt, 1895 hatten sie die Künstlervereinigung »Worpswede« gegründet und die ersten großen Erfolge erzielt. In den nächsten Jahren reißt die Erfolgsserie nicht ab, sie bestücken große Ausstellungen von Hamburg bis Wien und erzielen auch beim Verkauf ihrer Bilder große Erfolge. Da bleibt es nicht aus, das Neid und Konkurrenz untereinander spürbar werden. Die größte Spannung entsteht zwischen den beiden »Gründern« Mackensen und Modersohn. Mackensen ist der offensivere, auch nach außen lautstark auftretende von beiden. Modersohn ist vom Wesen sehr still und zurückgezogen, öffentliche Auftritte sind nicht seine Sache. Von Kunstkennern wird er jedoch von Anbeginn an als das stärkste Talent innerhalb der Gruppe erkannt. Bei Mackensen wird schon bald eine gewisse Stagnation in der künstlerischen Entwicklung deutlich, die er durch große Gesten und kräftige Farben auszugleichen sucht. Modersohn dagegen bleibt in künstlerischen Dingen aufgeschlossen und lernbegierig. Er verschließt sich Neuem nicht und lässt neue Erkenntnisse und Entdeckungen in sein Werk einfließen. In der kunstgeschichtlichen Wertung steht sein Werk höher als das Mackensens. Das führt natürlich nur zu bald zum Streit, der im Austritt Modersohns aus der Vereinigung 1899 mündet. Damit ist die Künstlergemeinschaft vier Jahre nach ihrer Gründung faktisch am Ende und jedes der Mitglieder geht seinen eigenen Weg, der Mackensen und Hans am Ende in die völkisch-nationale Ecke und Heinrich Vogeler zum Kommunismus führen wird.

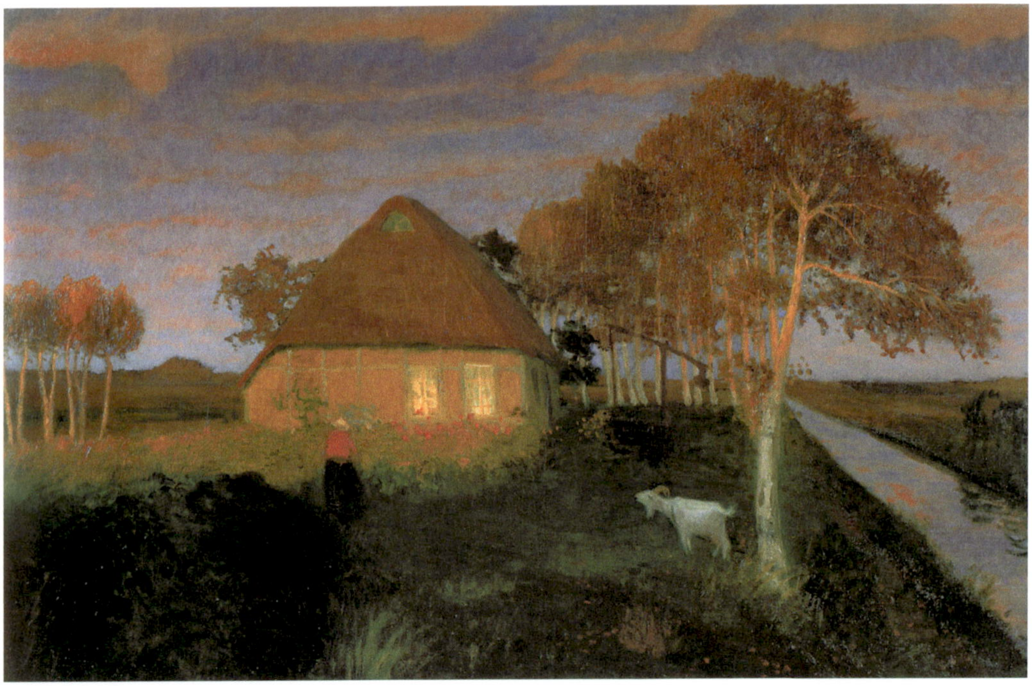

Otto Modersohn, *Moorkate im Abendsonnenschein*, 1899.
Rainer Maria Rilke schreibt in »Worpswede«: »Diese Häuser liegen an den langen, geraden ›Dämmen‹ weit zerstreut; sie sind rot mit grünem oder blauem Fachwerk, überhäuft von dicken, schweren Strohdächern und gleichsam in die Erde hineingedrückt von ihrer massigen, pelzartigen Last. Manche kann man von den Dämmen aus kaum sehen; sie haben sich die Bäume vors Gesicht gezogen, um sich zu schützen vor den immerwährenden Winden. Ihre Fenster blitzen durch das dichte Laub wie eifersüchtige Augen, die aus einer dunklen Maske schauen.«

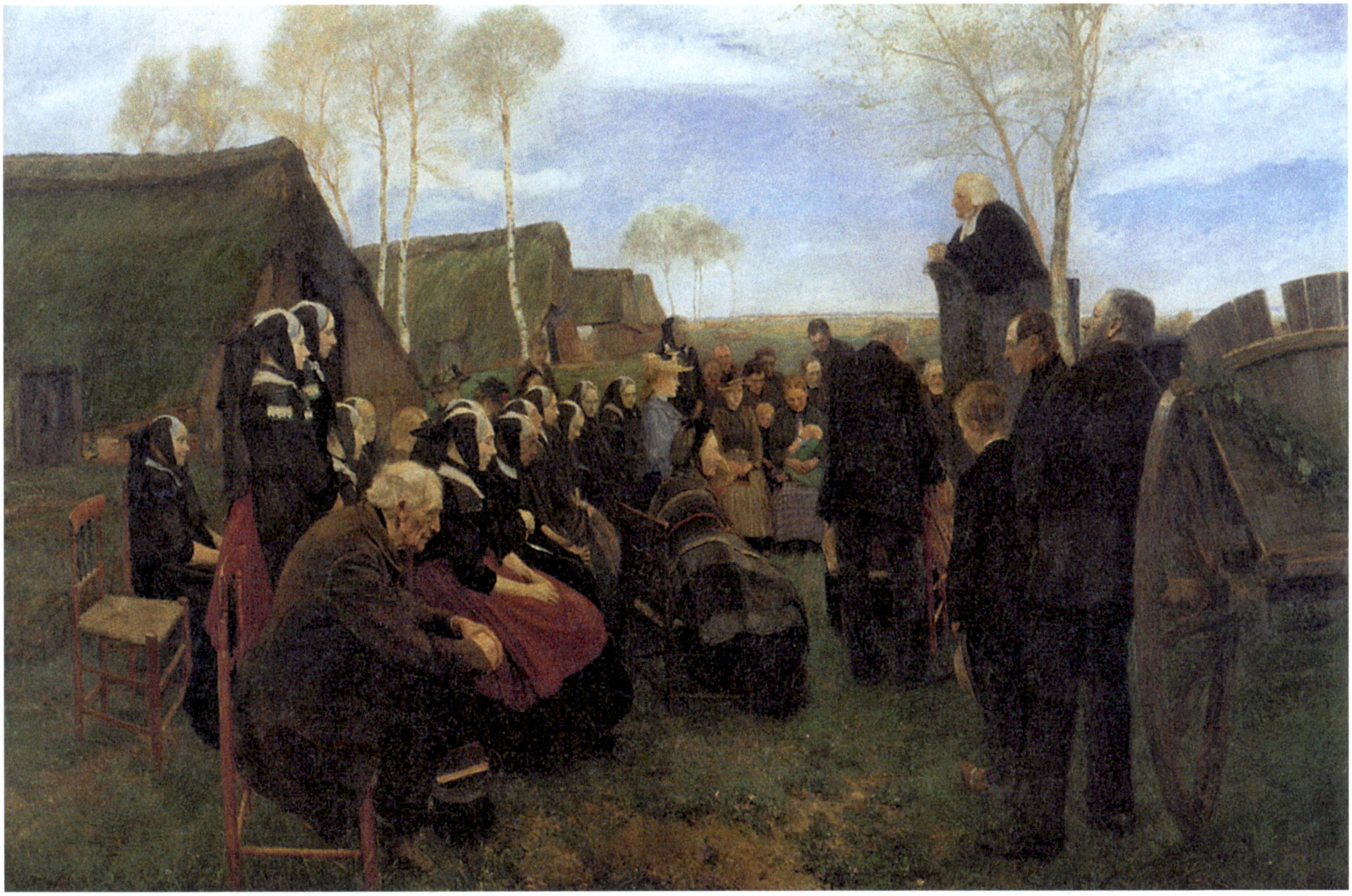

Fritz Mackensen, *Gottesdienst im Freien*, 1895.
Mackensen arbeitete über acht Jahre an dem Bild. Da es wegen des riesigen Formates nicht in sein Atelier passte, lehnte er es meist an die Worpsweder Friedhofsmauer und malte im Freien. Am Beginn der Arbeit hatte er an Modersohn geschrieben: »Ich bin ganz selig in dem Gedanken, später ein Bild davon malen zu können.« Rilke kommentierte später in seinem Worpswede-Buch: »Er ahnte damals noch nicht, was es heißen würde, dieses Bild zu malen. Es war keine Seligkeit. Es war ein Kampf.«

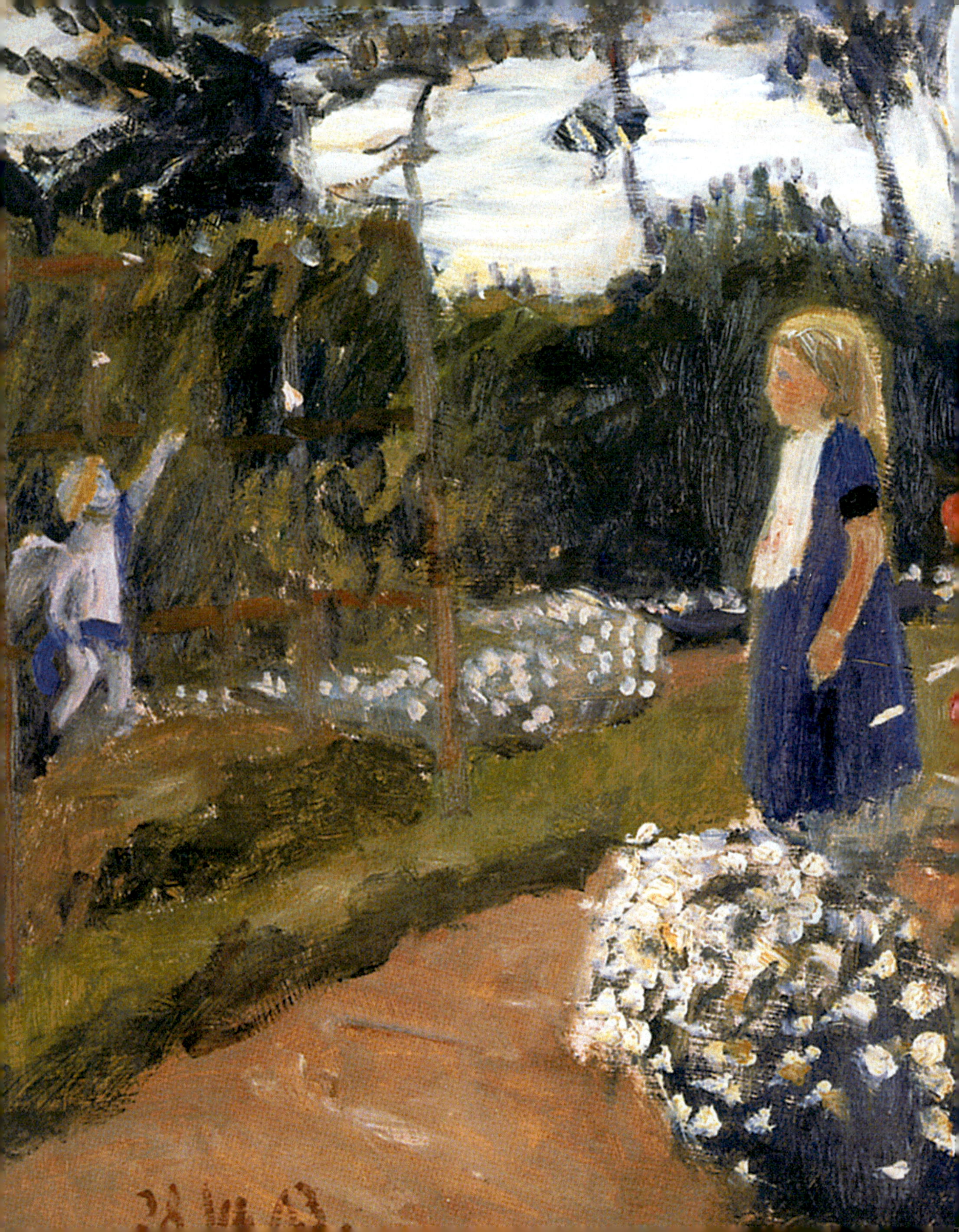

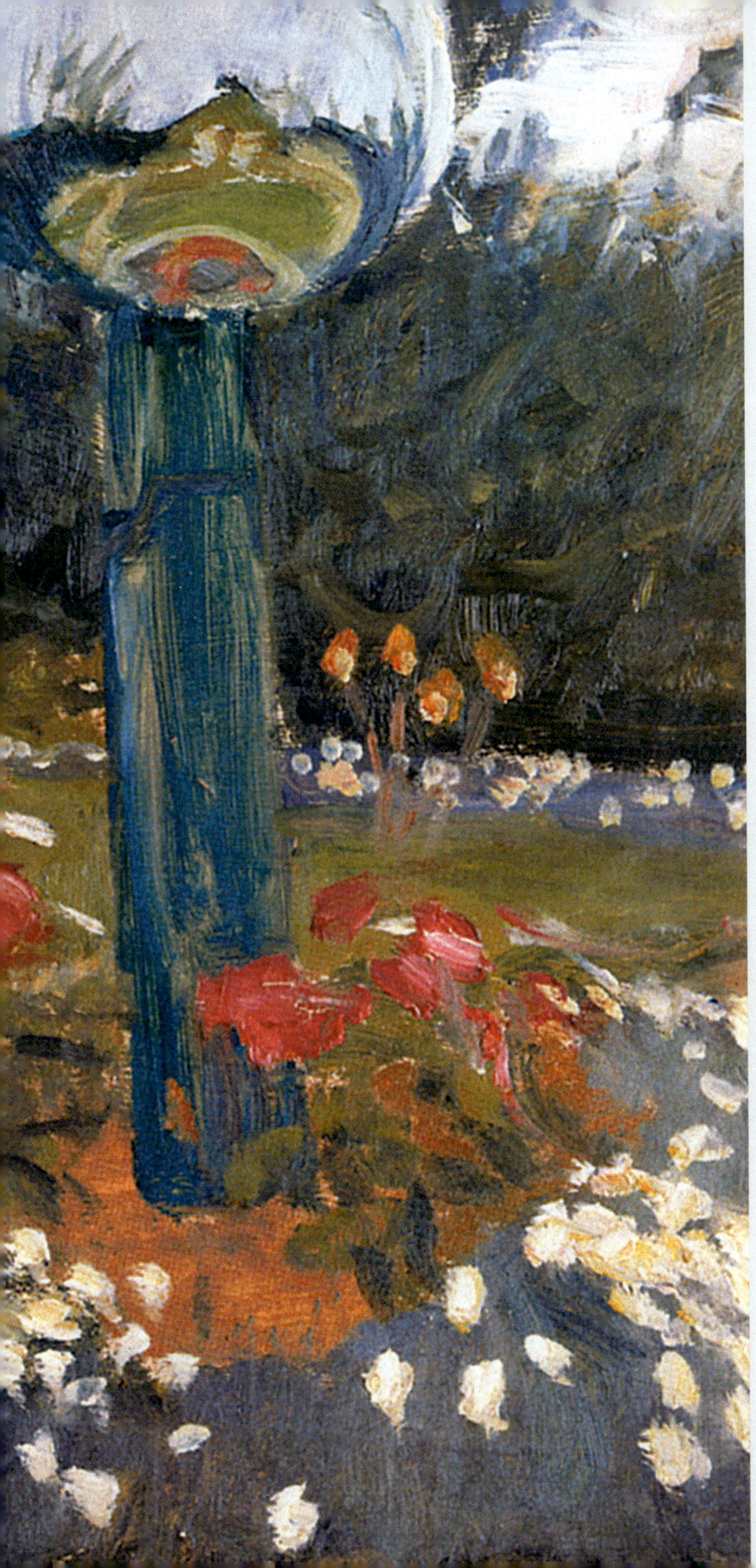

Die Kunst

~

»Das höchste und letzte
in der Kunst ist: Das Leben
wiederzugeben,
das Wesen der Dinge.«

Otto Modersohn

Im Zwiespalt – Kunst am Anfang des neuen Jahrhunderts

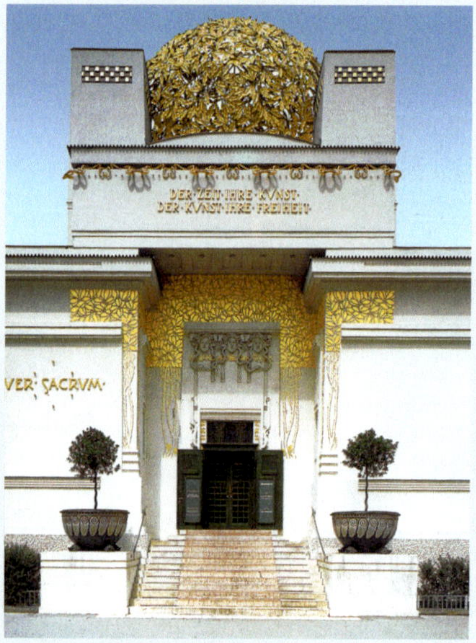

Joseph Maria Olbrich,
Secessionsgebäude,
Wien, 1897/98

Am Ende des 19. und zu Beginn des 20. Jahrhunderts standen sich die Gegensätze in der Kunst schroff gegenüber: Idealismus gegen Realismus, Naturalismus gegen Impressionismus, deutsche gegen französische Kunst. Auch in Worpswede wird dieser Kampf ausgetragen, was nicht ohne Folgen bleibt.

Zwischen Tradition und Sezession

Die Kunst am Ende des 19. Jahrhunderts ist geprägt von tiefgreifenden Auseinandersetzungen um Tradition und Moderne. Neben der offiziellen Akademie-Kunst, die von der Oberschicht aus Adel und Großbürgertum getragen wird und die Kunstwerke nach einem strengen Regelwerk in höhere (Historienbild) und niedere (Genrebild) Gattungen einteilt, entsteht eine Gegenbewegung, die diese Regeln ablehnt und nach neuen Formen für die Kunst einer neuen Zeit sucht.
Diese Suche ist innerhalb des traditionellen Kunstbetriebes nicht möglich, daher treten die fortschrittlichsten Künstler der Zeit aus diesem aus und gründen eigene Organisationen, die so genannten Sezessionen (lat. »Absonderung«, »Trennung«).

Berlin und München – Die echte und die heimliche Hauptstadt

Berlin war ab 1871 die Hauptstadt des deutschen Reiches. Die Hauptstadt der Kunst aber war München. Hier residierten die »Malerfürsten« Franz von Lenbach und Franz von Stuck in ihren »Kunstpalästen«, im Glaspalast fanden die großen internationalen Kunstausstellungen statt, in der Pinakothek versammelten sich die Meisterwerke aus alter und neuer Zeit und in den Schwabinger Lokalen malte und dichtete die künstlerische und intellektuelle Elite eine neue Kunst für das 20. Jahrhundert. Hier entsteht auch die deutsche Sezessionsbewegung. 1892 wird die Münchner Sezession mit Lovis Corinth, Max Slevogt und Fritz von Uhde an der Spitze gegründet. Die Berliner Secession folgt 1898 mit Max Liebermann und Walter Leistikow.

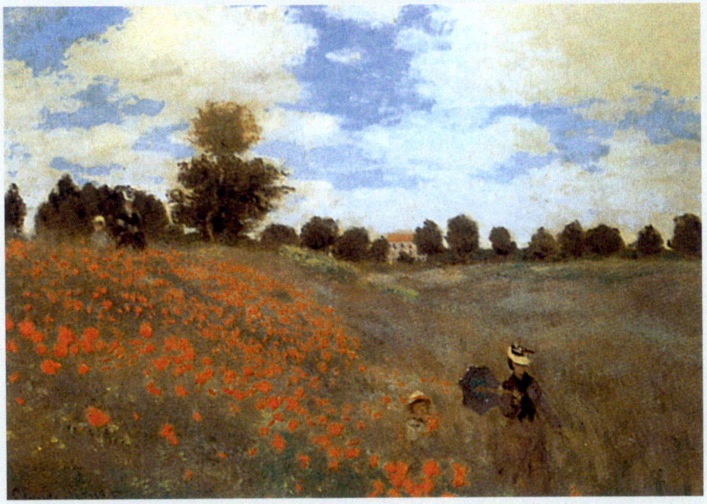

Claude Monet,
Mohnblumenfeld,
1873

Der Kampf um die Moderne

Die Kunstentwicklung war mit der Durchsetzung des Impressionismus, verbunden mit Namen wie Manet, Monet, Degas, Renoir, Ende des 19. Jahrhunderts in Frankreich weit vorangeschritten. Paris war zu dieser Zeit die »Welthauptstadt der Kunst«, Künstler aus allen Teilen Europas reisten dorthin, um sich vom kunstsinnigen Flair inspirieren zu lassen. Auch deutsche Künstler wie Max Liebermann lebten und arbeiteten dort und brachten Eindrücke der französischen Kunst mit. Zunehmend gelangten Werke moderner französischer Kunst in deutsche Museen, was vor allem in Berlin unter der restriktiven Kunstpolitik Kaiser Wilhelms II. mit Argwohn verfolgt wurde. 1908 kam es zur so genannten Tschudi-Affäre, bei der Hugo von Tschudi, einflussreicher Direktor der Berliner Nationalgalerie, nach Protesten gegen Ankäufe von Werken der französischen Impressionisten seinen Posten verlor.

Auch in Bremen regte sich Widerstand gegen die Ankaufspolitik des Kunsthallenleiters Gustav Pauli, eines Förderers der Worpsweder Künstler und Paula Modersohn-Beckers. 1911 veröffentlichte das ehemalige Gründungsmitglied der Künstlervereinigung Carl Vinnen seinen »Protest deutscher Künstler«, in dem er sich scharf gegen die vermeintliche Bevorzugung französischer Künstler gegenüber den einheimischen wandte. Die Schrift löste einen jahrelangen Richtungsstreit innerhalb der deutschen Kunst aus und polarisierte die Kunstwelt nachhaltig.

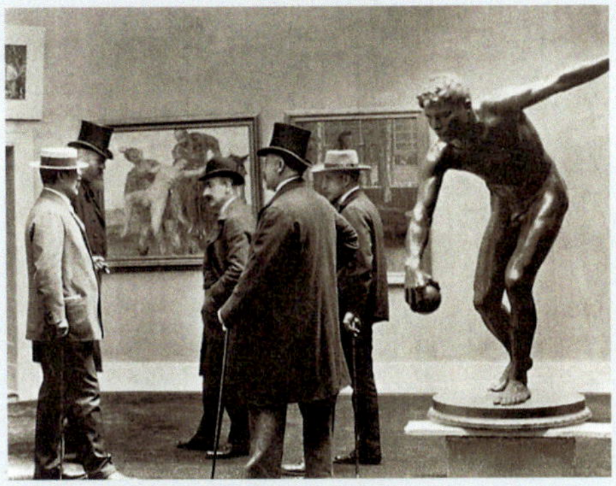

Lovis Corinth
mit Secessionsmitgliedern,
im Hintergrund
sein Gemälde *Frauenraub*,
Berlin 1905

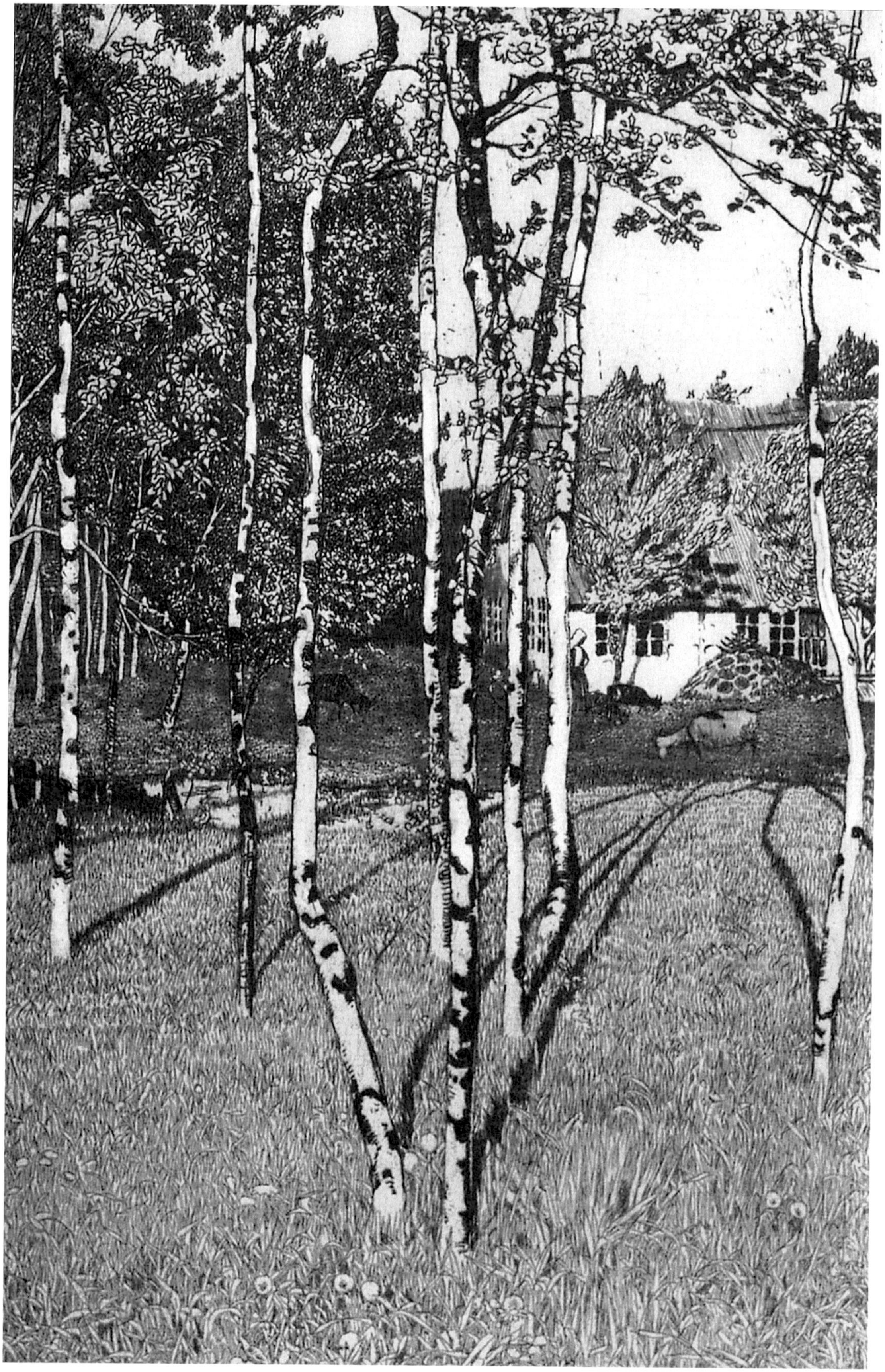

Stimmungsmaler und Farbpoeten

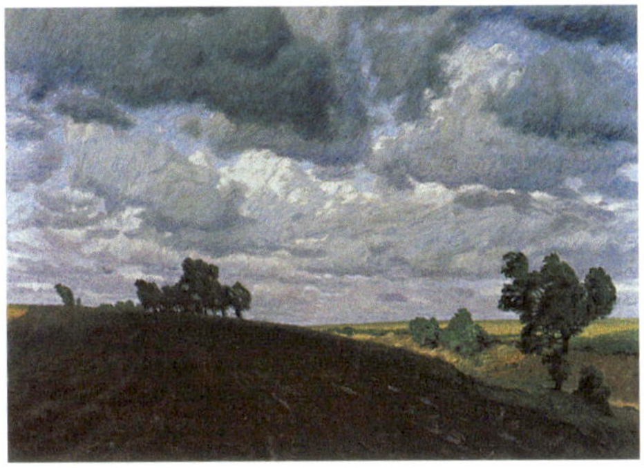

Fritz Overbeck,
Stürmischer Tag, um 1900.
In den Bildern Overbecks ist die Landschaft des Teufelsmoores im Wechsel der Jahreszeiten das wichtigste Motiv.

In Worpswede wird keine neue Kunst erfunden. Die Künstler der Gründergeneration haben ihr Handwerk auf traditionellen Akademien gelernt und geraten während ihrer Ausbildung in die Auseinandersetzungen in der Kunst am Ende des 19. Jahrhunderts – eine Auseinandersetzung, die an vielen Fronten ausgetragen wird.

»… fort mit den Akademien, nieder mit den … Lehrern«

Auch wenn der Begriff Künstlervereinigung es nahe legt, bilden die Worpsweder keine feste Gruppe oder gar eine Schule, wie es immer wieder heißt. Genau dagegen hatten sie sich ja mit ihrem Rückzug ins Moor gewandt.

Am Anfang war die Auffassung der Künstler einigermaßen einheitlich. Rembrandt und Dürer werden von fast allen als Vorbilder genannt. Und Mackensen schreibt an Modersohn, dass er sich mit ihm im Dürerschen Naturideal vereint weiß: »Ich glaube, daß sich sehr selten zwei zusammenfinden, die so ganz dasselbe Ziel verfolgen, die denselben Wahlspruch zu ihrem Ideal gemacht haben.«

Das hat am Anfang auch Auswirkungen auf den einzelnen Stil der Künstler, sodass sie von einigen Rezensenten schon in ihren ersten Ausstellungen als nahezu ununterscheidbar kritisiert werden. Aber schon bald fühlt sich vor allem Modersohn von dieser Enge bedrückt und sucht seine Freiheit, auch in künstlerischen Fragen wiederzugewinnen: »Frei muß der Künstler sein, ohne Freiheit kann er nicht gedeihen …«

←

Hans am Ende,
Sonnenschein,
1899

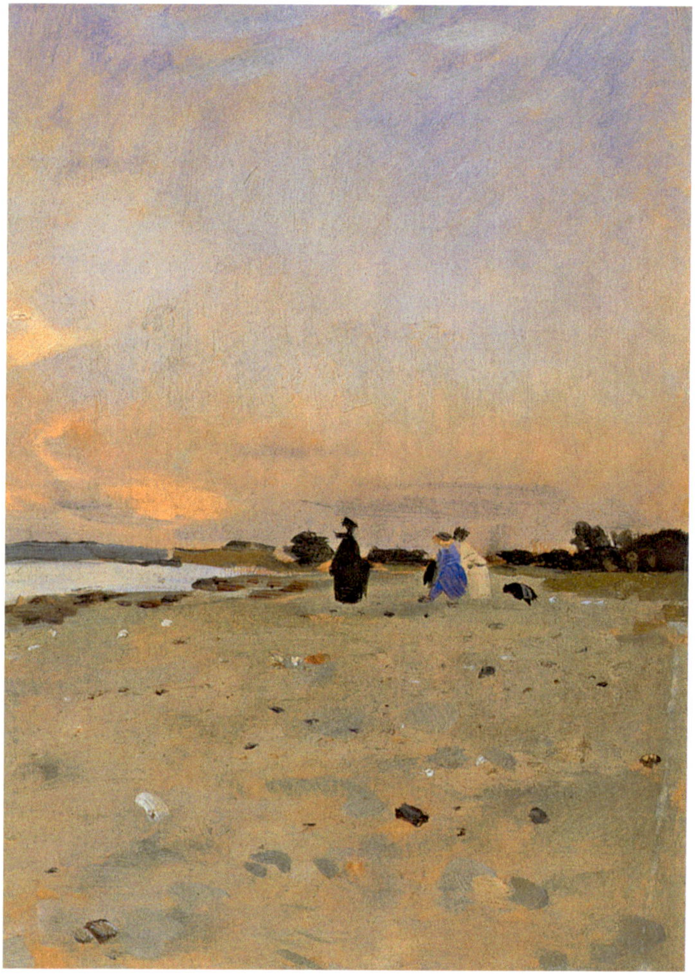

Otto Modersohn, *Flußlandschaft mit Mondsichel*, um 1890. In den feinen Abstufungen der sanften Töne zeigt sich die Meisterschaft Modersohns im Umgang mit der Farbe. »Die geheimnisvolle Farbenandacht des Nordens« hat er in seinen Bildern wohl am einfühlsamsten erfasst.

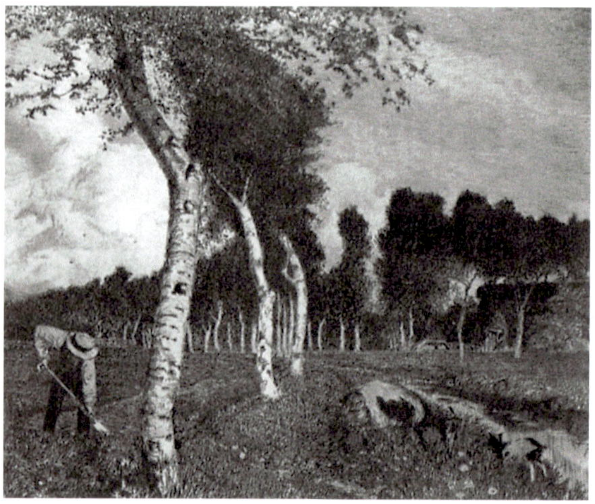

Hans am Ende, *Moorlandschaft mit grabendem Bauern*. Hans am Ende war der erste der Worpsweder Maler, der sich intensiv mit der graphischen Kunst auseinandersetzte und seine Kollegen darin unterrichtete. Seine Virtuosität auf diesem Gebiet wurde schon früh von der Fachwelt erkannt.

»Naturalisten, Stimmungsmaler, Farbenpoeten«

Auch durch die Hinwendung zu unterschiedlichen Techniken gelingt es den Künstlern, wieder mehr als Einzelne wahrgenommen zu werden. Hans am Ende zum Beispiel tritt überwiegend mit seinen meisterlichen großformatigen Radierungen in Erscheinung. Ansonsten gibt es unter den Worpswedern nicht nur realistische Naturschilderer wie Mackensen oder Stimmungsmaler wie Overbeck, auch ein Farbpoet wie Modersohn gehört dazu. Das Spektrum ist breiter als der erste Blick auf die (scheinbar) gleichen Motive vermuten lässt. Jeder der hier vorgestellten fünf Künstler (das in Osterndorf bei Bremen lebende Gründungsmitglied Carl Vinnen hatte sich schon bald aus dem Kreis zurückgezogen und wollte auch in Rilkes erster Monographie über Worpswede nicht genannt werden) suchte seinen persönlichen Ausdruck, sein ganz eigenes Sujet. Bei Mackensen sind es die Moorbauern, die im Mittelpunkt seines Werkes stehen. Overbeck spezialisiert sich in einem Maße auf die Darstellung von Wolken, dass die »Overbeckschen Wolken« noch heute ein Begriff in der Kunst sind.

Modersohn, mit seinem feinen Gespür für die Wirkung und Aussagekraft der Farben, wird der »feinste Kolorist« unter den Worpswedern. Heinrich Vogeler, das jüngste der Gründungsmitglieder, geht seinen ganz eigenen Weg, der mit der Worpsweder Landschaftsmalerei nichts zu tun hat. Er wird zum führenden Vertreter des Jugendstil in Deutschland und schafft sich am Ende seines Lebens mit den so genannten »Komplexbildern« seine eigene Spielart eines phantastischen sozialistischen Realismus.

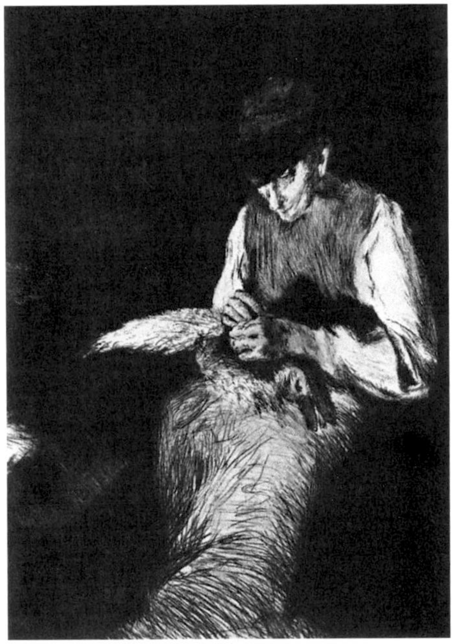

Fritz Mackensen, *Der Gänserupfer*, 1895. Mackensen stellte oft die Bauern und Torfstecher der Gegend in den Mittelpunkt seiner Werke.

Umwertung der Werte

Die Künstlerin, die heute am engsten mit dem Begriff Worpswede in Verbindung gebracht wird, ist bisher nur kurz erwähnt worden: Paula Modersohn-Becker.

Paula Becker kommt 1898 als Schülerin Fritz Mackensens nach Worpswede und gehört damit nicht zur Gründer-, aber doch zur ersten Generation der Worpsweder. Sie lebt von dieser Zeit bis zu ihrem frühen Tod 1907, mit Unterbrechungen durch ihre Parisreisen, ständig am Ort und nimmt am Geschehen in und um Worpswede entscheidenden Anteil.

Anders als bei den anderen Worpsweder Künstlern, spielt die Landschaft in ihrem Werk keine eigenständige Rolle. Ihr Thema sind die Menschen im Moor, vor allem diejenigen, die am Rande der dörflichen Gemeinschaft stehen, die Armenhäusler, Alten, Kranken und die Kinder. Eine Erkenntnis, die ihr vor allem im fernen Paris besonders zum Bewusstsein kommt: »Ich komme unsern Leuten hier wieder nahe, empfinde ihre große biblische Einfachheit.«

Paula Modersohn-Becker wurde von der Worpsweder Gemeinschaft nur in sehr begrenztem Maße als eigenständige Künstlerin wahrgenommen. Sie galt in erster Linie als die Frau Otto Modersohns und hat sich mit ihrer Kunst nur einem kleinen Kreis enger Vertrauter wie Clara Westhoff und Heinrich Vogeler geöffnet.

Otto Modersohn hat die überragenden malerischen Fähigkeiten seiner Frau, trotz aller offizieller Kritik an ihren »schwachsinnigen Krüppeln« früh erkannt: »Das ist echt Worpswede. Paula verstehen sie gar nicht, ihre Kunst ignorieren sie gänzlich ... Sie wird absolut nicht verstanden, gewürdigt als das, was sie ist ...«

In der kunstgeschichtlichen Wertung ist heute eine völlige Umkehrung der Bedeutung von Künstlern wie Mackensen, Overbeck und Modersohn und Paula Modersohn-Becker eingetreten. Galten diese bis Mitte des 20. Jahrhunderts als *die Worpsweder*, so ist es heute Paula Modersohn-Becker, die – obgleich sie Zeit ihres Lebens nur zwei Ausstellungen hatte, welche von der Kritik vernichtet wurden – für den Namen Worpswede steht.

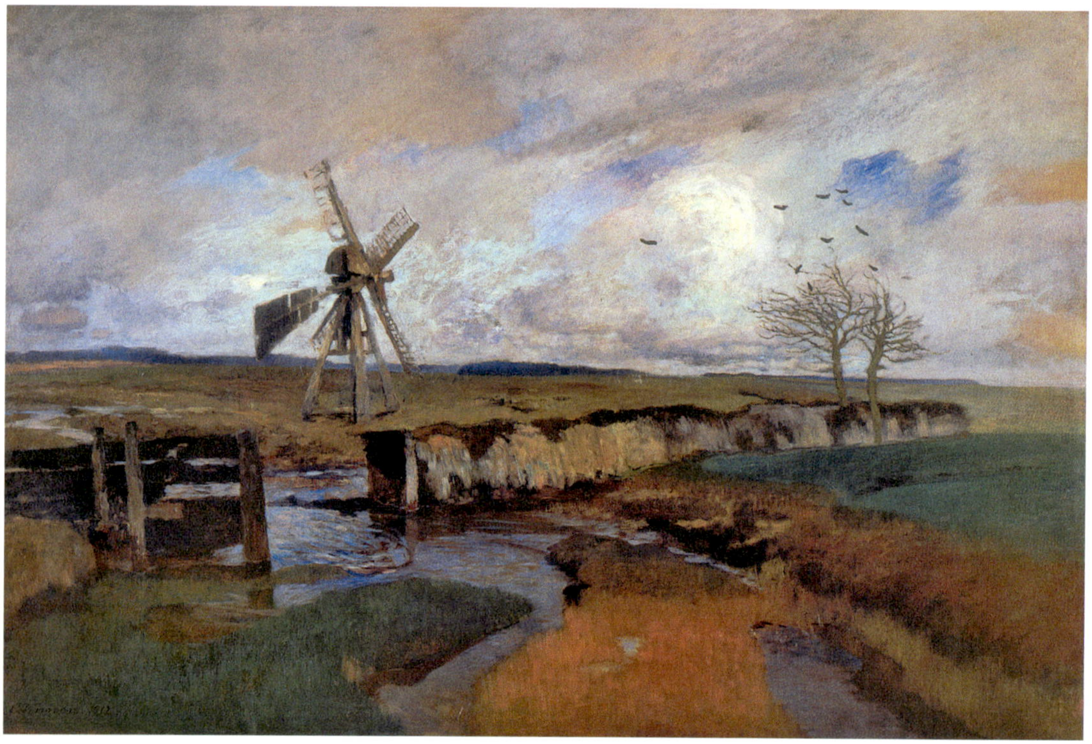

Carl Vinnen, *Landschaft mit Windmühle*, 1912.
Carl Vinnen gehörte zu den Gründungsmitgliedern der Worpsweder Künstlervereinigung, trennte sich aber schon bald von ihnen. Am Beginn des 20. Jahrhunderts genoss er einen guten Ruf als talentierter Landschaftsmaler, heute wird seine Name hauptsächlich mit dem von ihm initiierten »Protest deutscher Künstler« gegen den Ankauf moderner französischer Malerei für deutsche Museen in Verbindung gebracht.

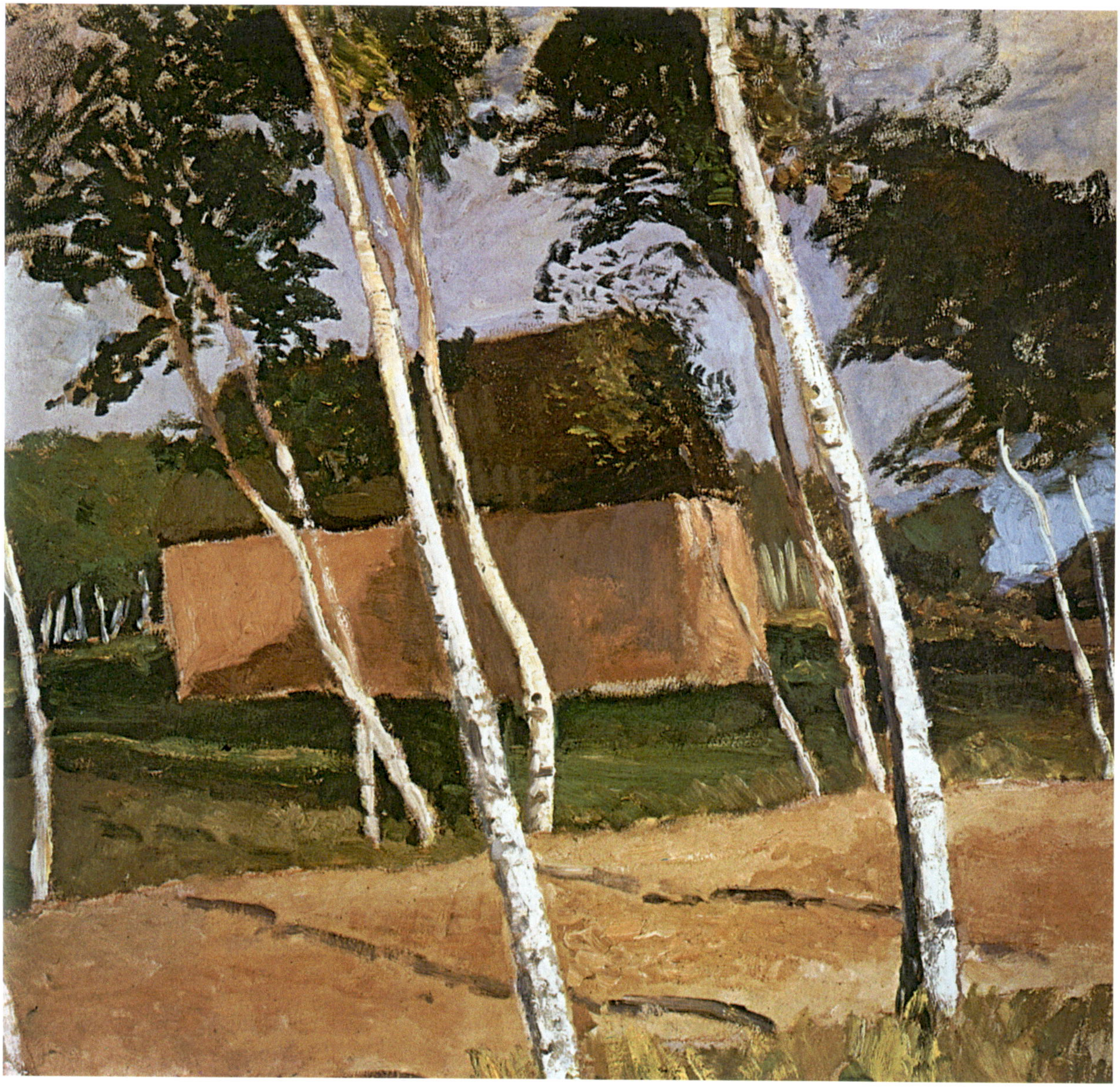

Paula Modersohn-Becker, *Worpsweder Landschaft*, um 1900.
Landschaften sind relativ selten in Paula Modersohn-Beckers Werk. Sie malte am Beginn ihrer Worpsweder Zeit einige Motive, später standen hauptsächlich die Menschen in und um Worpswede im Mittelpunkt ihres Schaffens.

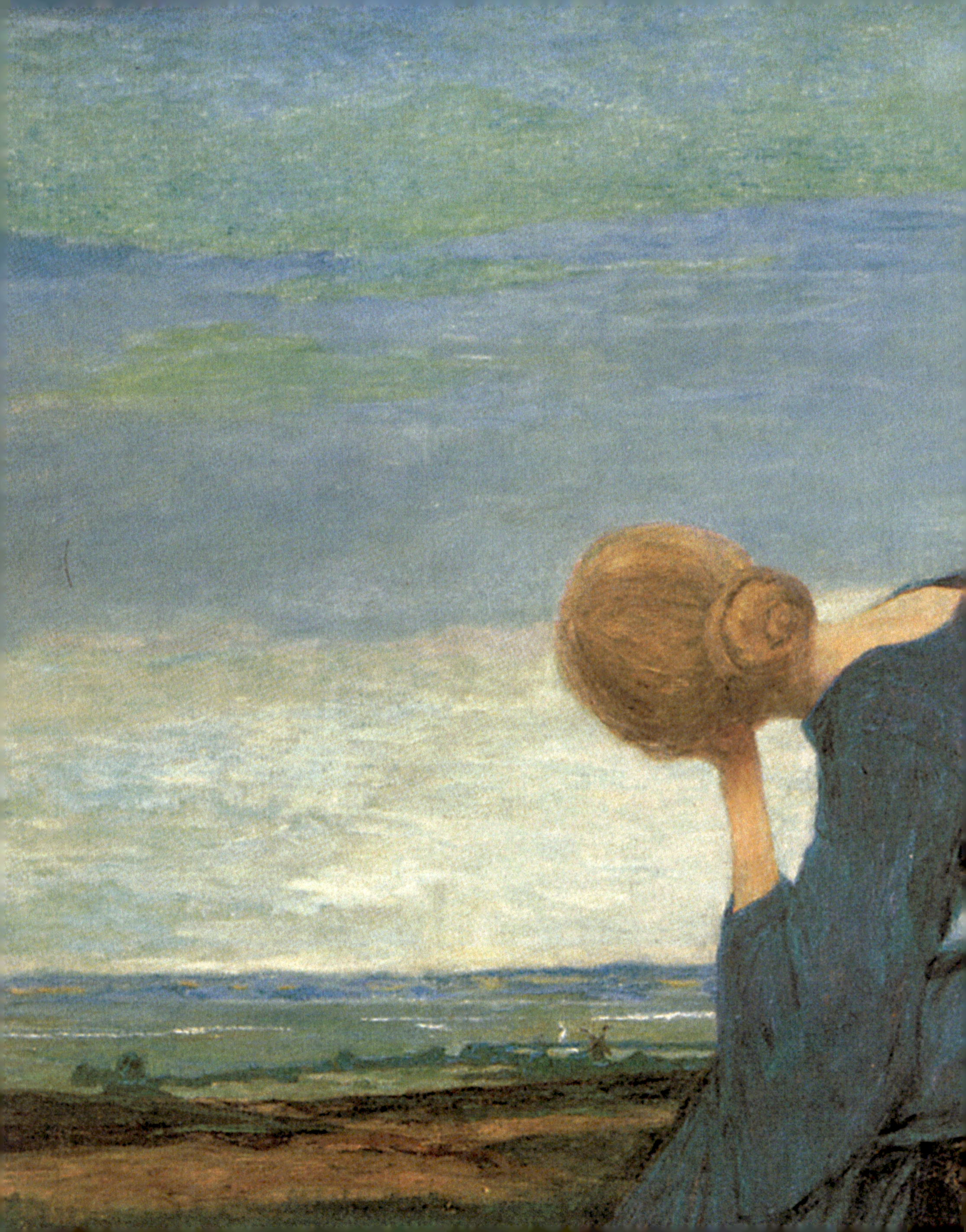

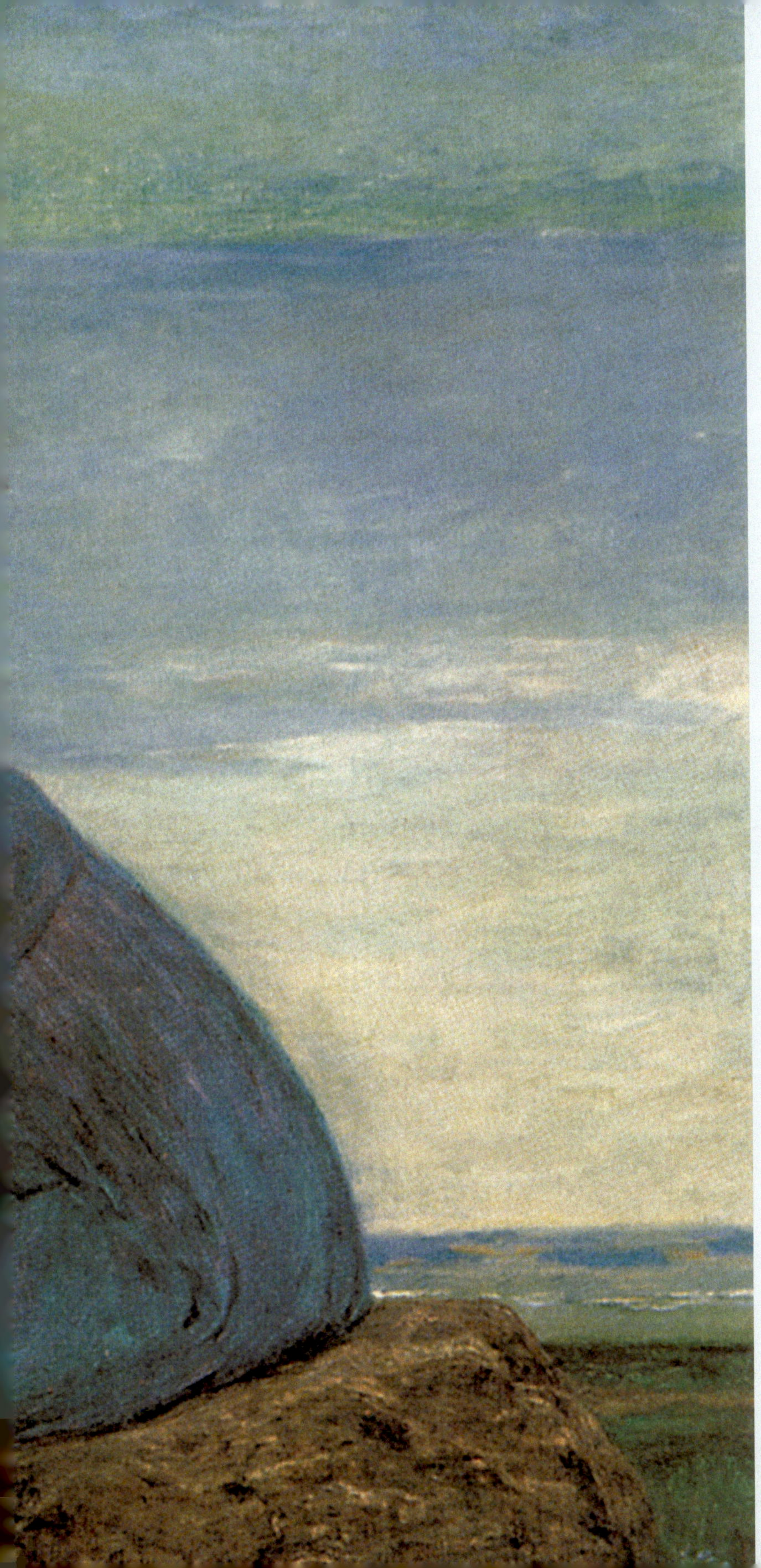

Die Künstler

~

»Dieses weltabgelegene Worpswede
mit seiner Umgebung ist …
ein wahres Eldorado für die Maler,
so reich, wie die schönsten
Stätten des gepriesenen Südens und der
majestätischen Hochgebirge.«

Die Kunstkritik über
Worpswede

Von Träumern, Parteigängern und Genies

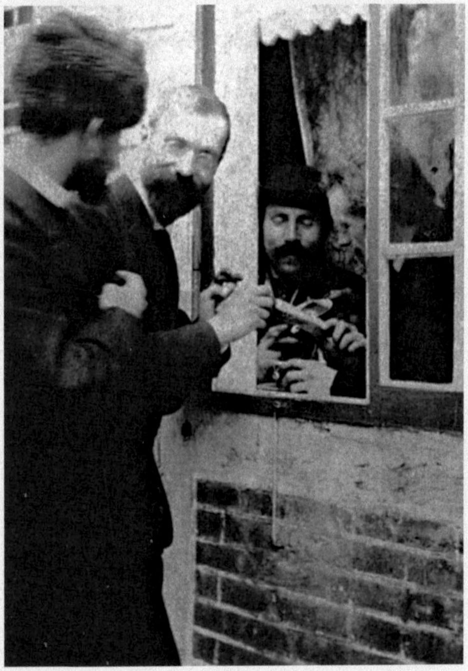

Ein Bild aus glücklichen Tagen: Hans am Ende, Otto Modersohn, Fritz Overbeck und Fritz Mackensen in trauter Runde. Fotografie

Das Zusammenleben und -arbeiten als Künstlervereinigung funktionierte nur für kurze Zeit. Zu groß waren die Unterschiede in der Kunstauffassung, zu individuell die Persönlichkeiten. Am Anfang verband die Worpsweder ihre Begeisterung für den neu entdeckten Ort und seine Möglichkeiten, am Ende gingen sie getrennte Wege in entgegengesetzte Richtungen. Und das blieb nicht ohne Kommentar:

Mackensen an Modersohn:

»... könnte ich doch mit einem von Euch all das Herrliche, was ich hier massenhaft schöpfen kann, teilen.«
»Wir müssen das Glück, daß gerade wir beide zusammengekommen sind, benützen. Ich glaube, daß sich sehr selten zwei zusammenfinden, die so ganz dasselbe Ziel verfolgen, die denselben Wahlspruch zu ihrem Ideal gemacht haben.«

Modersohn über Mackensen:

»Brief von Mackensen. – Neue Kunstanschauungen, die mir aber unklar bleiben ... Ich strebe zu anderen Zielen. Diese genialische Kraftmeierei ... steht auf einer sehr niedrigen Stufe.«

Otto über die Künstlerfreunde:

»Nicht wenig hat die Nähe von Mackensen und den übrigen dazu beigetragen, mich, im Gegensatz zu ihnen, auf meine Wege zu weisen.«

Paula Modersohn-Becker über Mackensen:

»Er versteht den Bauern durch und durch ... Mir deucht, er könne ihn nicht so gut verstehen, wäre er nicht selbst in kleinen Verhältnissen aufgewachsen. Es klingt hart von mir, grausam hart, es liegt ein großer Dünkel darin, und doch muß ich es sagen. Dies ›in kleinen Verhältnissen Aufgewachsensein‹ ... ist sein Fehler, für den er ja selbst nichts kann.«

Paula Modersohn-Becker über Vogeler:

»Er ist nicht so ein Wirklichkeitsmensch wie Mackensen, er lebt in einer Welt für sich.«

Paula Modersohn-Becker über ihren Mann:

»Er hat eine ernste, fast schwermütige Natur bei einer großen Freude an Sonnenschein und Frohsinn.«

Modersohn über Modersohn:

»Ich höre und sehe fern der Welt nichts und lebe ganz meiner Kunst.«

Vogeler über Modersohn:

»Was der gelitten hat unter dem rohen Unverstand seiner eigenen Freunde ... dem Worpswede künstlerisch alles verdankt, und der sich zurückgezogen hielt, während andere mit ihrer und seiner Kunst markteten und Politik trieben.«

Modersohn über Vogeler:

»Bei Heinrich Vogeler ein wundervoller, mir riesig sympathischer Geist, zwanglos künstlerisch.«

Modersohn über die Barkenhoff-Familie:

»Welche Wohltat war für mich dieser Herbst. Diese Stunden bei Vogelers, bei Paula Becker diese freie natürlich Art, wie man sie hier sonst in Worpswede nicht kennt. Seit langer, langer Zeit hat es eine anregende, freiere, reichere Zeit nicht gegeben.«

Modersohn über seine Frau:

»Ich war stolz auf Paula von Anfang an und bewunderte sie als Mensch und Künstler.«

und über ihre Kunst:

»... und an der Seite Paula mit ihren meisterlichen Stilleben und Skizzen, das Kühnste und Beste an Farben, was hier in Worpswede je gemalt ... Die Anderen zählen nicht ...«

Modersohn über die »Malweibchen«:

»Wenn ich da an meine Paula denke! Wie steht sie über alledem. Ihre Bildung, ihre Kunst, ihre Interessen aus tiefstem Herzensgrunde – wie turmhoch erheben sie diese über alle Weiber hier – sie ist ohne Genossinnen, das ist für sie sehr schade.«

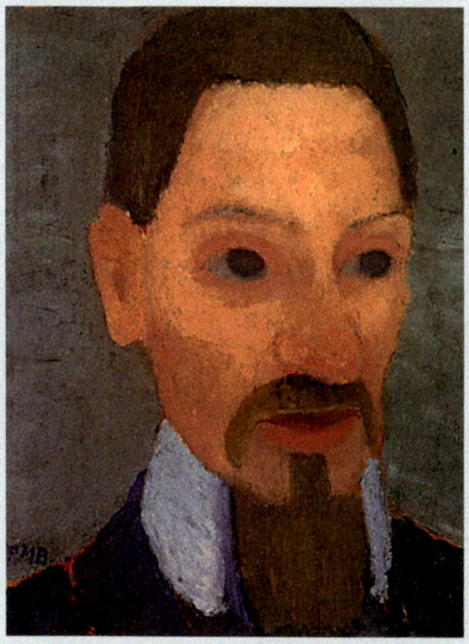

Paula Modersohn-Becker, *Bildnis Rainer Maria Rilke*, 1906

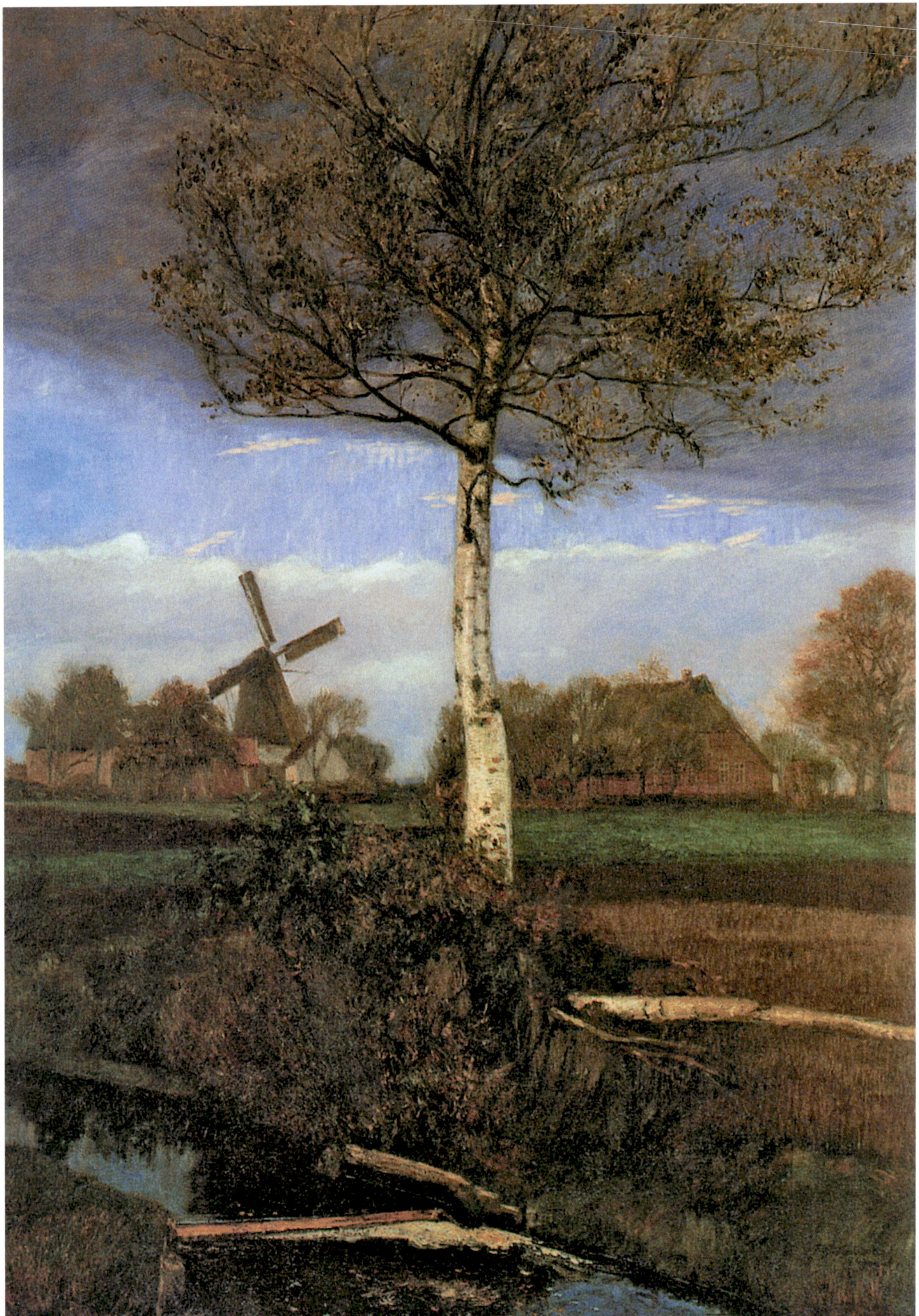

Der Entdecker: Fritz Mackensen

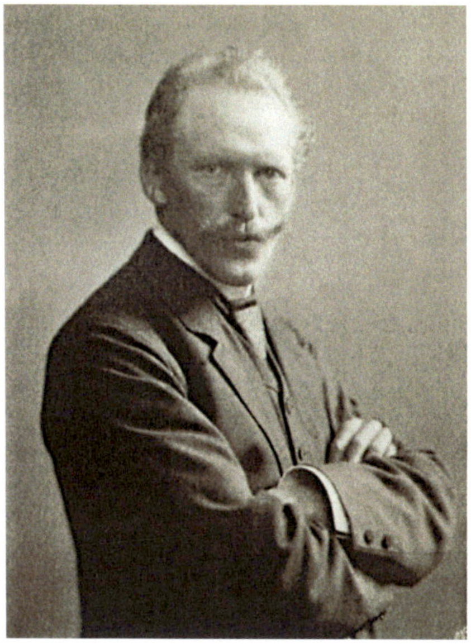

Porträtfoto
Fritz Mackensens,
um 1900

Der Begründer der Worpsweder Künstlergemeinschaft bleibt dem Ort, mit einigen Unterbrechungen, sein Leben lang treu. 1884 entdeckt er ihn bei einem ersten Besuch und verlässt ihn als letzter der »Gründergeneration« erst 1953 mit seinem Tod.

Ein Mann will nach oben

Die Eigenschaft, die Fritz Mackensen als Künstler wie als Menschen wohl am deutlichsten charakterisiert, ist Konsequenz.

1866 als Sohn eines Bäckers im niedersächsischen Greene bei Gandersheim geboren, wird seine behütete Kindheit vom frühen Tod des Vaters überschattet. Die Mutter bleibt mit vier Kindern zurück und muss die Familie mit Wasch- und Näharbeiten durchbringen. Trotzdem ermöglicht sie mit Hilfe von Verwandten den Jungen den höheren Schulbesuch.

Die zeichnerische Begabung des kleinen Fritz wird früh erkannt, sein Zeichenlehrer ermuntert ihn, sich an der Düsseldorfer Akademie zu bewerben. Gleich im ersten Jahr seines Studiums lernt er 1884 in Düsseldorf die Nichte seiner Wirtin, Emilie Stolte, kennen, die ihm voller Begeisterung von ihrer Heimat, einem kleinen Ort im Teufelsmoor bei Bremen erzählt. Die leuchtenden Schilderungen von der weiten Moor- und Heidelandschaft, vom Wolkentheater über den Moorwiesen, von glühenden Sonnenuntergängen und vom geheimnisvollen Dämmerlicht, in dem die Elfen und Kobolde der nordischen Märchen lebendig zu werden scheinen, dazu die Aussicht, dieses Paradies nahezu kostenfrei genießen zu können, locken den angehenden Maler in das weitab gelegene Moordorf Worpswede.

←

Fritz Mackensen,
Herbst,
1895/96

»Ein Tag mit seidenfarbigem Blau …«

Der erste Eindruck ist überwältigend: »Da offenbarte sich mir Worpswede in seiner allergrößten Herrlichkeit«. Es ist vor allem das Licht, das ihn so fasziniert und sofort einen Ausbruch der schöpferischen Kräfte bewirkt: »Hier male ich mein erstes Bild.«

Worpswede ist der Ort, an dem sich für Mackensen Wunsch und Wirklichkeit perfekt vereinen: »… hier ist eine Landschaft, die in Bildern *meine* Landschaft werden kann – die durch meine Bilder berühmt werden wird.«

Für das Dürersche Vorbild vom genauen Studium der Natur und ihrer getreuen Widergabe, das lebenslang das bestimmende Motto für seine Kunst bleiben wird, findet er hier die idealen Bedingungen: »Denn wahrhaft steckt die Kunst in der Natur. Wer sie heraus kann reißen, der hat sie.« Den Vorsatz, sich keiner Mode zu unterwerfen und nur dem einmal gewählten Grundsatz treu zu bleiben, verfolgt Mackensen konsequent, was ihn auch auf Irrwege führt und das heute eher zwiespältige Urteil über ihn begründet.

Fritz Mackensen vor seinem Gemälde *Gottesdienst im Freien*, Fotografie

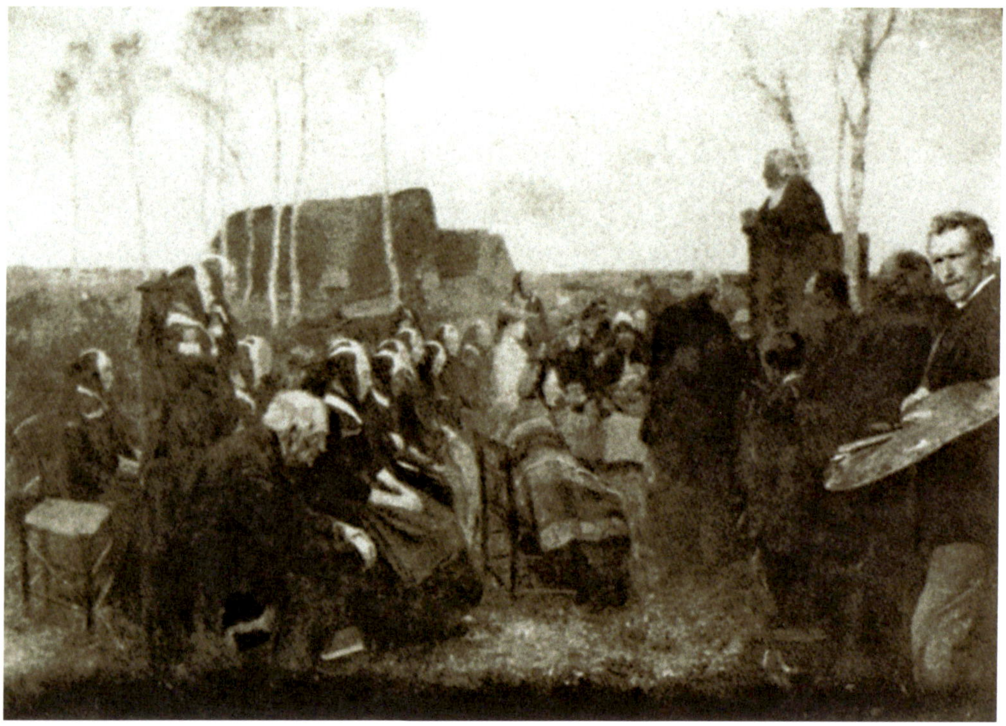

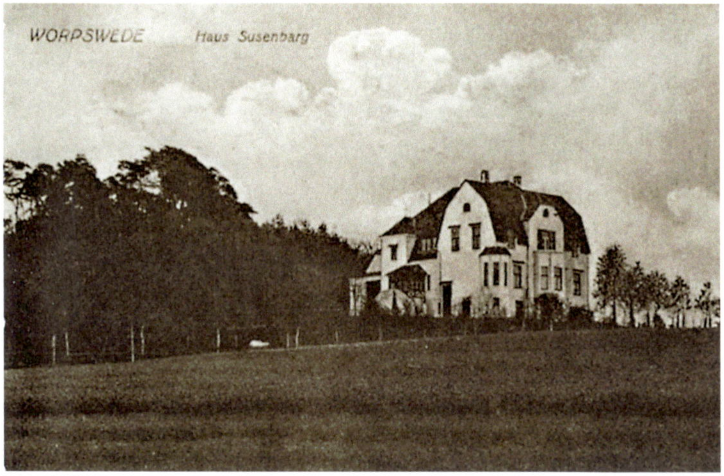

Nach der Jahrhundertwende war Mackensen zu beträchtlichem Wohlstand gelangt und ließ sich 1901 von seinem Bruder, dem Architekten Albert Mackensen, eine prächtige Villa am Fuß des Weyerbergs bauen.

Der Mann mit den Goldmedaillen

1895 ist das Jahr des Durchbruchs für die Worpsweder. Mackensen erhält auf der Internationalen Kunstausstellung in München die Große Goldmedaille für sein monumentales Bild *Gottesdienst im Moor*. Damit sind die Worpsweder anerkannt und in der Kunstwelt ein Begriff. Für Mackensen beginnt eine Zeit des Wohlstands und Erfolgs. Doch das hat nicht nur positive Auswirkungen. Unterschwellige Spannungen, auch Neid und Konkurrenzgefühle, vor allem zwischen Mackensen und Modersohn, brechen auf und führen schon vier Jahre nach der ersten gemeinsamen Ausstellung zum Bruch. Einen Tiefpunkt erreicht das persönliche Verhältnis, als Mackensen sich öffentlich vom Ehepaar Modersohn distanziert, weil Otto seine Frau Paula nackt in der freien Natur gemalt hatte, was, angeheizt durch Gerüchte, zu einem handfesten »Dorfskandal« wird, bei dem Hans am Ende im Namen der entrüsteten Sittenwächter eine Duellforderung an Heinrich Vogeler überbringen lässt, der die Modersohns verteidigt hatte. Vorfälle dieser Art zeigen die tiefe Kluft, die sich nur einige Jahre nach dem ersten gemeinsamen Malaufenthalt zwischen den Mitgliedern der Künstlergruppe auftut. Otto Modersohn erkennt schon 1897: »Um meine Art in Kunst und Leben zu leben, muß ich von Worpswede fort.«

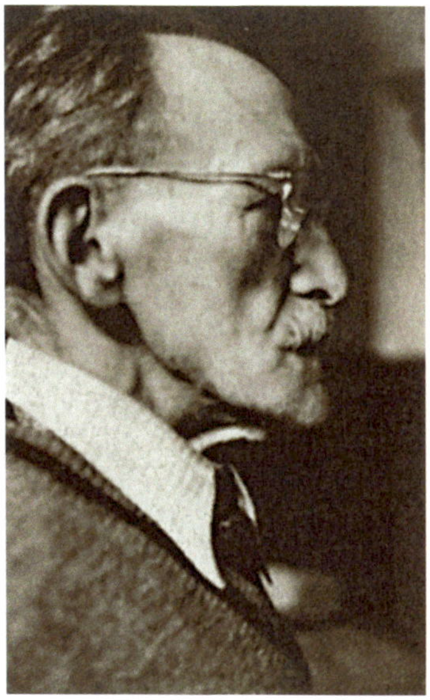

Der alte Fritz Mackensen,
Fotografie

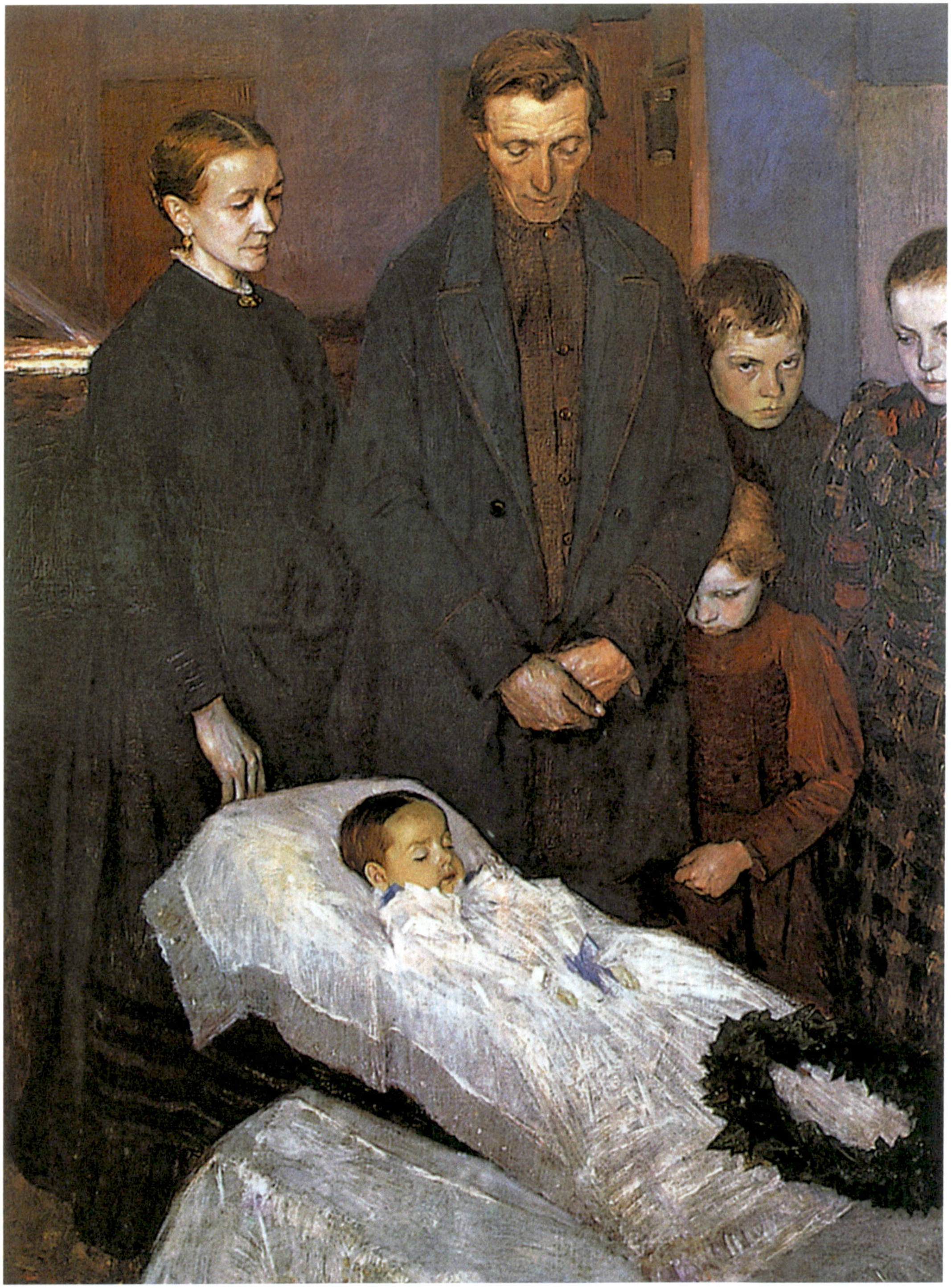

Fritz Mackensen, *Trauernde Familie*, 1897. Das Bild war ursprünglich als Triptychon angelegt, wurde aber bereits 1902 aus nicht mehr bekanntem Grund getrennt. Der linke Seitenflügel zeigt den Todesengel, der das Kind im Arm hält, der rechte Flügel das Kindergrab in einer Winterlandschaft. Die beiden Seitenflügel befinden sich in Privatbesitz.

Die Maleroffiziere und die Barkenhofffamilie

Nur gut zehn Jahre nach dem Beginn der Künstlerfreundschaft in Worpswede spaltet sich die Gruppe in zwei Lager. Auf der einen Seite die traditionsbewussten »Herren Maleroffiziere« Fritz Mackensen und Hans am Ende, auf der anderen die weltoffene, gastfreundliche »Barkenhoff-Familie« um die Ehepaare Modersohn, Vogeler und Rilke. Die Disziplin und auch Verbissenheit, mit der sich Mackensen aus kleinsten Verhältnissen innerhalb weniger Jahre zu einem erfolgreichen Maler hochgearbeitet hat, hinterlässt Spuren in seiner Persönlichkeit wie in seiner Kunstauffassung. Neuen Kunstentwicklungen, wie Jugendstil und Expressionismus, steht er gleichgültig bis ablehnend gegenüber. Er hat seinen Stil gefunden, an dem er nahezu unverändert festhalten wird. Seinem Erfolg tut das zunächst keinen Abbruch. 1908 wird er als Professor an die Weimarer Akademie berufen, 1910 als deren Direktor. Bis zu seiner Rückkehr nach Worpswede 1918 verbringt er jeden Sommer in der geliebten Landschaft des Teufelsmoors. Mit dem Machtantritt der Nationalsozialisten erlebt Fritz Mackensen, der dieser Weltanschauung schon lange nahe steht, noch einmal einen Höhepunkt der Anerkennung. 1934 wird er zum Direktor der »Nordischen Kunsthochschule Bremen« ernannt, 1936 erhält er die Goethe-Medaille. Aber auch die neu gegründete Bundesrepublik verwehrt seiner Kunst die Ehrung nicht und verleiht ihm 1953 das Bundesverdienstkreuz. Auf den Kunstmark hat das jedoch keine Auswirkungen, denn Fritz Mackensen stirbt 1953 verarmt und vereinsamt in Bremen.

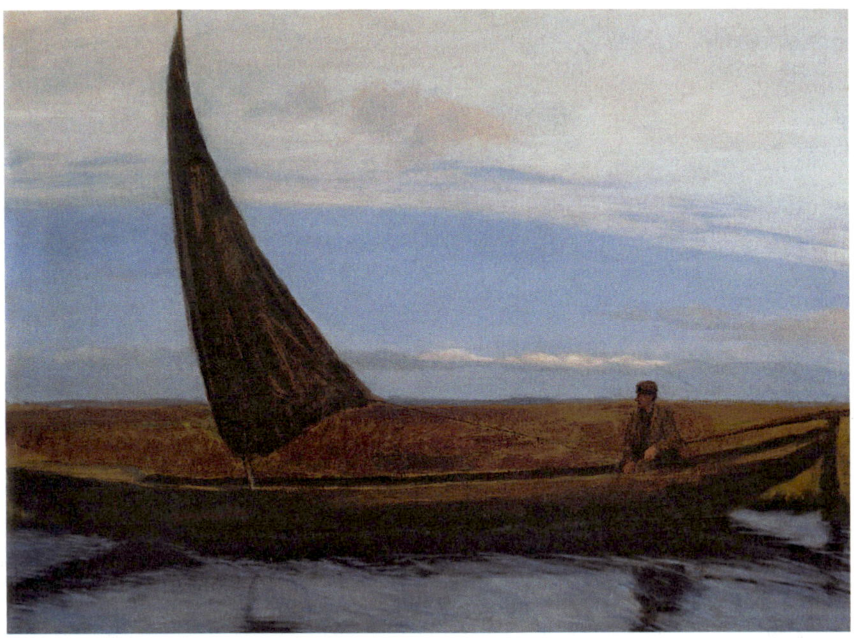

Fritz Mackensen, *Einsame Fahrt*, um 1900.
Die Verbindung von Figuren- und Landschaftsbild ist Mackensens eigentliches Thema. Rilke schreibt 1903: »Mackensens Weg geht geradeaus auf den Menschen zu, … in den Menschen … war alles zusammengefasst, was er suchte.«

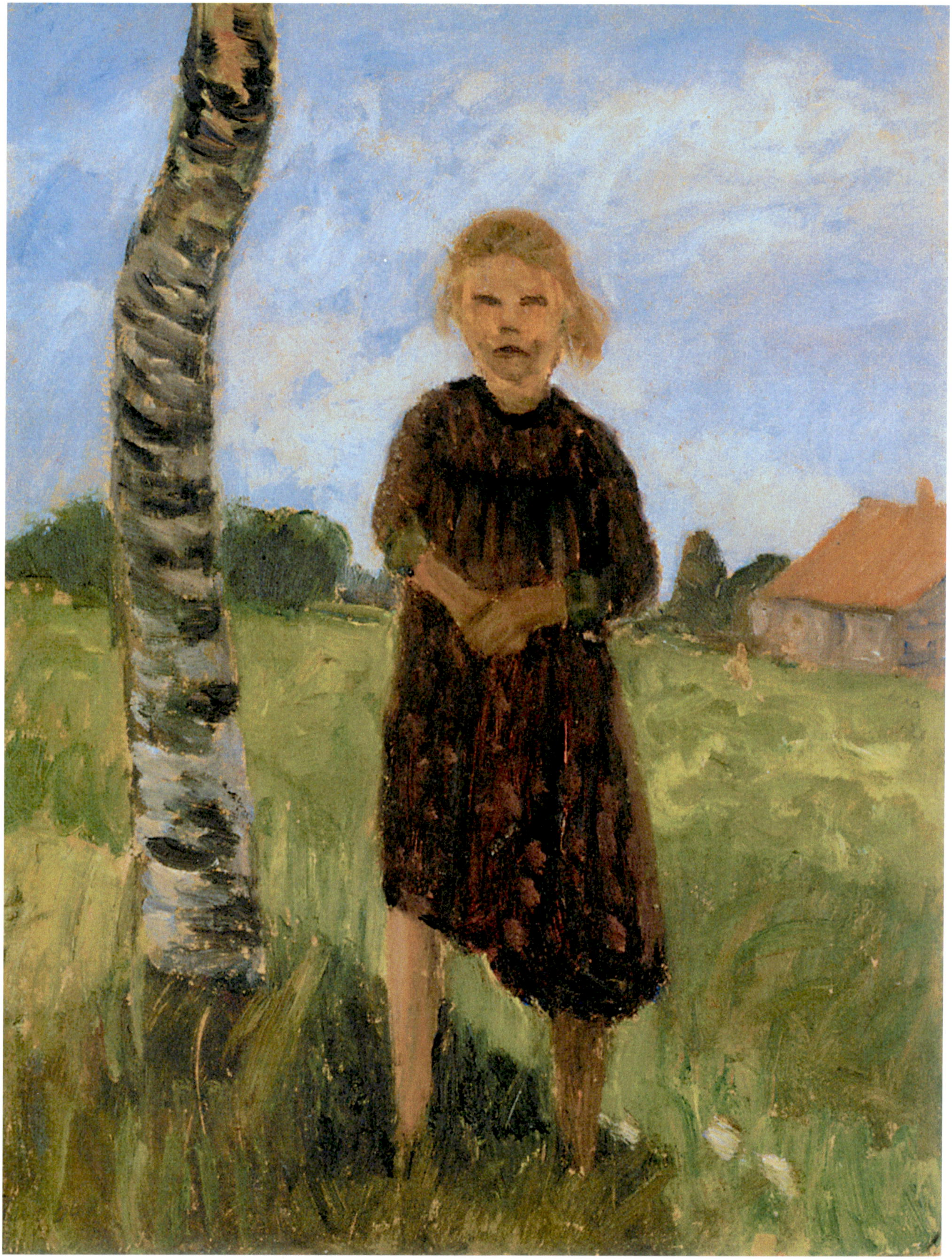

Das große Talent: Otto Modersohn

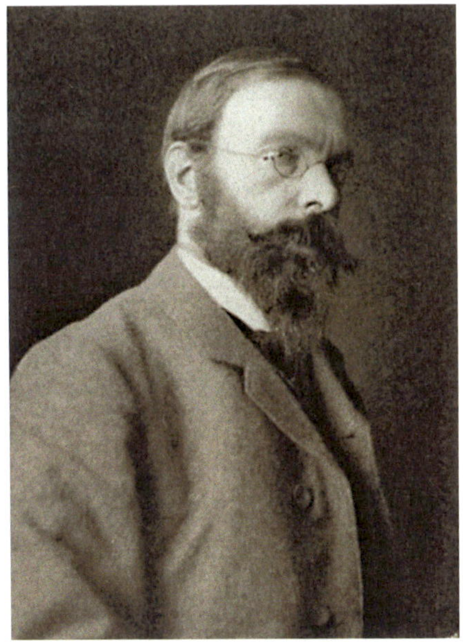

Porträtfoto
Otto Modersohns,
entstanden um 1900

»... für mein Gefühl ist Modersohn der stärkste Poet unter allen deutschen Landschaftern«, schreibt sein Freund Heinrich Vogeler über ihn. Mit dem Satz »Sein Leben ist die Natur.« bringt seine Frau Paula Modersohn-Becker seine Persönlichkeit und seine Kunst auf den Punkt.

Eine Kindheit zwischen Kirchen und Gärten

Otto Modersohn kommt 1865 im westfälischen Soest als Sohn eines Baumeisters zur Welt. Einige Jahre später zieht die Familie nach Münster, wo die prächtigen Kirchen der alten Bischofsstadt faszinierend auf den verträumten jungen Mann wirken. Wortkarg und zurückhaltend im Wesen, zieht er sich gern in die Natur und seine Märchenwelt zurück und verbringt viel Zeit im Garten und in den Wiesen und Feldern rings um die Stadt. Er sammelt Insekten und Pflanzen, die er presst und in den stillen Winterstunden detailgetreu abzeichnet. Den Wunsch, Maler zu werden, verspürt er schon als Gymnasiast und schafft es, den Vater von der Notwendigkeit zu überzeugen. Von 1884 bis 1888 studiert er an der Düsseldorfer Akademie, wo er Fritz Mackensen kennen lernt und sich mit ihm befreundet. Ähnlich wie Mackensen hat er bald keine Lust mehr auf das unfruchtbare Abzeichnen von Gipsbüsten und arrangierten Modellen. Er wechselt nach München und später nach Karlsruhe, findet aber an keiner Kunstakademie, wonach er sucht. 1889 begleitet er seinen Freund Mackensen auf einer Sommerreise ins Teufelsmoor und ist gefangen: »Es ist wirklich so recht ein Land nach meinem Sinn, die ganze Gegend atmet so einen urwüchsigen, nordischen Charakter, der mir ungemein wohltut.« Gleich bei dieser ersten Begegnung ist ihm klar, dass er hier *seinen* Ort gefunden hat: »Worpswede war uns in der Zeit schon so nahe gerückt, daß eine Trennung fast nicht mehr möglich schien.« Modersohn ist es auch, der beim Abschiedsspaziergang den

←

Otto Modersohn,
Moormädchen neben Birkenstamm,
1904.

Wie Otto Modersohn greift auch Paula Modersohn-Becker das Motiv eines Kindes inmitten der Worpsweder Landschaft häufig auf. Die unterschiedliche Handschrift beider Künstler wird in diesen Bildern besonders deutlich.

erlösenden Vorschlag macht, den Winter über in Worpswede zu bleiben. Der Vorschlag wird begeistert aufgenommen und den Akademien Lebwohl gesagt: »... fort mit den Akademien, nieder mit den Professoren und Lehrern, die Natur ist unsere Lehrerin, und danach müssen wir handeln.«

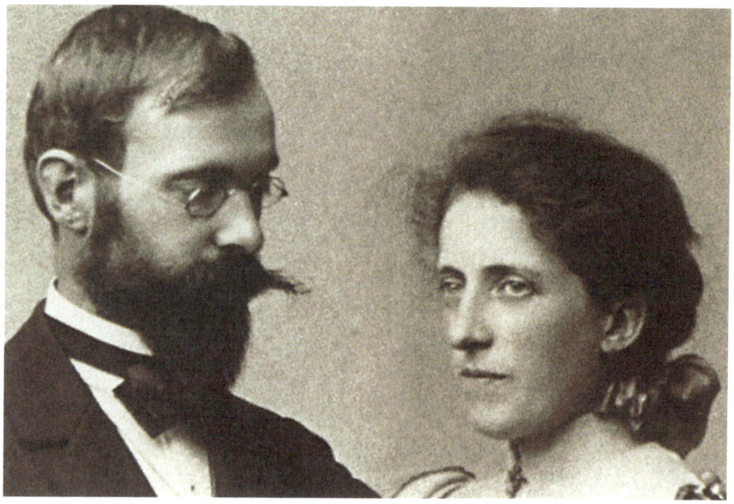

Otto Modersohn
und seine erste Frau
Helene Schröder,
Fotografie

Die Natur als große Lehrmeisterin

Hier in Worpswede findet er die Motive für seine Kunst: »... welch eine Fülle von Stoff; alles ist gut, wenn es nur recht aufgefaßt wird ...«. Doch Modersohn beschränkt sich, anders als seine Malerfreunde, nicht nur auf die stetige Auseinandersetzung mit der Natur vor seiner Haustür. Er reist nach Paris, arbeitet eine Zeitlang in Hamburg und in Berlin, besucht Ausstellungen und Galerien und bildet sich auch durch Lektüre ständig weiter. Er ist nicht nur ein sehender, sondern auch denkender Künstler und verarbeitet seine Eindrücke und Erkenntnisse in seinen Bildern ebenso wie im lebenslang geführten Tagebuch und in kunsttheoretischen Schriften. Beim Schreiben wird er sich über seine künstlerischen Ziele klar: »Eine Kunst, die über das optische Sehen ... hinausgreift und ... die Eigenschaft der Dinge will ...«

Worpswede im Wandel

Modersohn ist ein stiller, in sich gekehrter Mensch, der sich gern in seine Beschäftigung vertieft und selten in den Vordergrund tritt. Doch durch den großen Erfolg der Münchner Ausstellung verschärfen sich die Gegensätze zu den bisherigen Malerfreunden und Kollegen und er fühlt sich in Worpswede nicht mehr so wohl wie am Anfang: »Die Worpsweder Zeit geht zu Ende. ... Man nimmt Worpswede den ursprünglichen Reiz, den künstlerischen: Das Naive.« Durch seine Heirat und die Geburt seiner Tochter Elsbeth gebunden, bleibt er zunächst in Worpswede, löst sich aber 1899 aus der von ihm als einengend empfundenen Künstlergemeinschaft: »Sie bedroht unsere Ruhe, die man zum künstlerischen Schaffen ... braucht. ... Durch einen Verein wird die persönliche, individuelle Freiheit beeinträchtigt.«

1898 kommt Paula Becker als Schülerin Fritz Mackensens nach Worpswede und ist von Anfang an fasziniert von Modersohn als Mensch

Otto Modersohn,
Elsbeth im Garten,
1903.

Das Motiv der Tochter Elsbeth im Garten taucht auch in Paula Modersohn-Beckers Werk einige Male wieder auf.

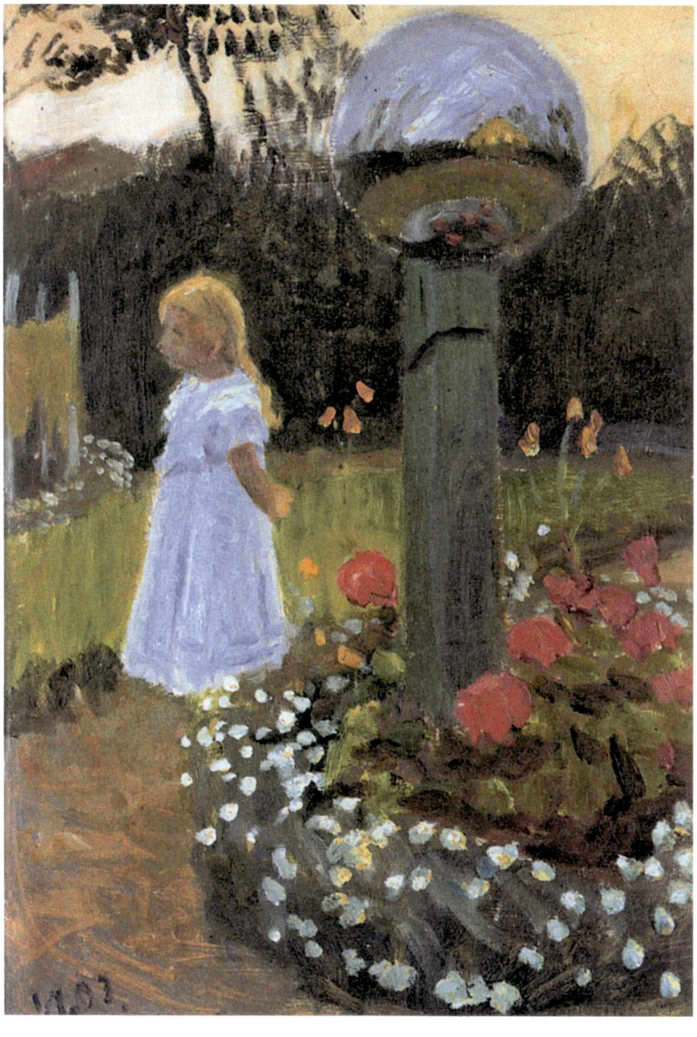

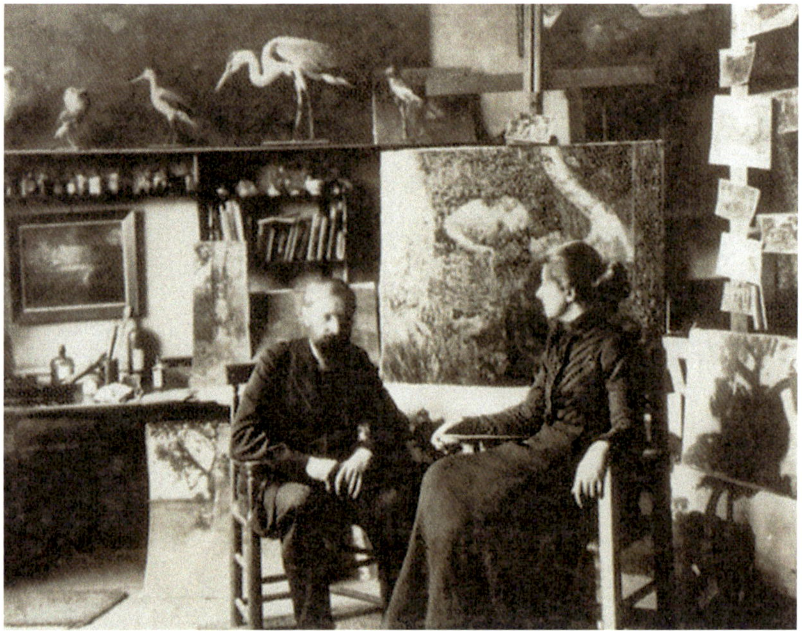

Otto Modersohn
mit Paula in seinem Atelier,
Fotografie

und Künstler: »Modersohn aber hat mir riesig gefallen. Er ist mir schon so lieb aus seinen Bildern, ein feiner Träumer.« Nach dem frühen Tod seiner Frau Helene, die Nachricht erreicht ihn in Paris, wo er mit Overbecks zu Besuch bei Paula ist, finden die beiden rasch zueinander und heiraten 1901. Die drei Worpsweder Künstlerpaare Paula und Otto Modersohn, Heinrich und Martha Vogeler und Clara und Rainer Maria Rilke werden »die Familie vom Barkenhoff«, wo sie sich allsonntäglich treffen und bei Musik, Theater und Lesungen mit der intellektuellen Elite Europas austauschen: »In Worpswede verkehren jetzt Rilkes und Modersohns und wir auf dem Barkenhoff ... sehr innig zusammen, abgeschlossen gegen Fremde und andere Einheimische«.

In den sechs Jahren seiner Ehe mit Paula erlebt Modersohn eine Hochphase seiner Schöpferkraft: »Wunderbar hat unsere Liebe auf seine Kunst gewirkt.« Im engen geistigen Austausch mit der Malerin schärft sich seine künstlerische Auffassung und er gewinnt, auch durch die vielen Reisen mit ihr, neue Eindrücke und Erkenntnisse. Als einziger der »alten Worpsweder« ergreift er im von Carl Vinnen ausgelösten Streit um den Ankauf eines Bildes von van Gogh durch den Direktor der Bremer Kunsthalle, der sich zu einer der heftigsten und tiefgreifendsten Auseinandersetzungen um den Einfluss französischer Kunst ausweitet, öffentlich Partei für die Moderne: »Die Nationalität spielt in der Kunst überhaupt keine Rolle, es kommt lediglich auf die Qualität der Kunst an.« Damit stellt er sich eindeutig gegen seine früheren Malerkollegen und vollzieht später auch die Trennung vom Ort ihrer gemeinsamen Arbeit.

Eine neue Zeit bricht an

Nach dem Tod Paula Modersohn-Beckers 1907 verlässt Otto Modersohn Worpswede und zieht ins unweit gelegene Fischerhude, das er schon einige Jahre zuvor auf Wanderungen mit Fritz Overbeck entdeckt hat. In Fischerhude findet er die in Worpswede durch die Etablierung der Künstlergemeinschaft verlorengegangene »Naivität« und Ursprünglichkeit wieder: »Dort gefiel es mir wieder so gut, daß ich am 23. Juli dorthin übersiedelte – Eine neue Zeit bricht an.«

Gemeinsam mit Heinrich Vogeler kümmert sich Modersohn um den künstlerischen Nachlass seiner verstorbenen Frau. 1909 heiratet er zum dritten Mal und wird Vater von zwei Söhnen. In seinen späteren Lebensjahren verbringt Modersohn längere Zeit auf einem alten Bauernhof im Allgäu, den er 1930 gekauft hatte. Die Natur in allen ihren Formen bleibt bis zum Schluss das beherrschende Motiv in seinem Werk: »Das alles ist meine Kunst, das ist was ich fühle, draußen fühle und drinnen fühle, und darum muß ich's machen.« Otto Modersohn stirbt 1943 in Fischerhude.

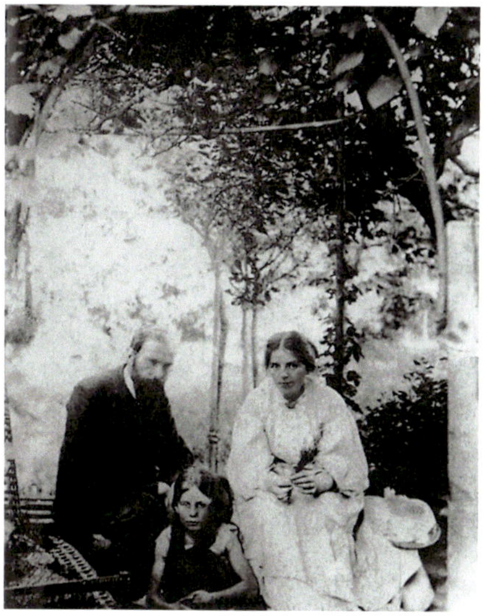

Paula, Otto und Elsbeth Modersohn, Worpswede um 1904. Paula Modersohn-Becker schreibt dazu: »Ich gehe jetzt in seinem Haus aus und ein, und wir machen zusammen Pläne es umzugestalten, und dazwischen zwitschert unser kleines Mädchen und lacht und lacht. Und dann umschlingen wir uns alle drei und singen einen frohen Indianergesang.«

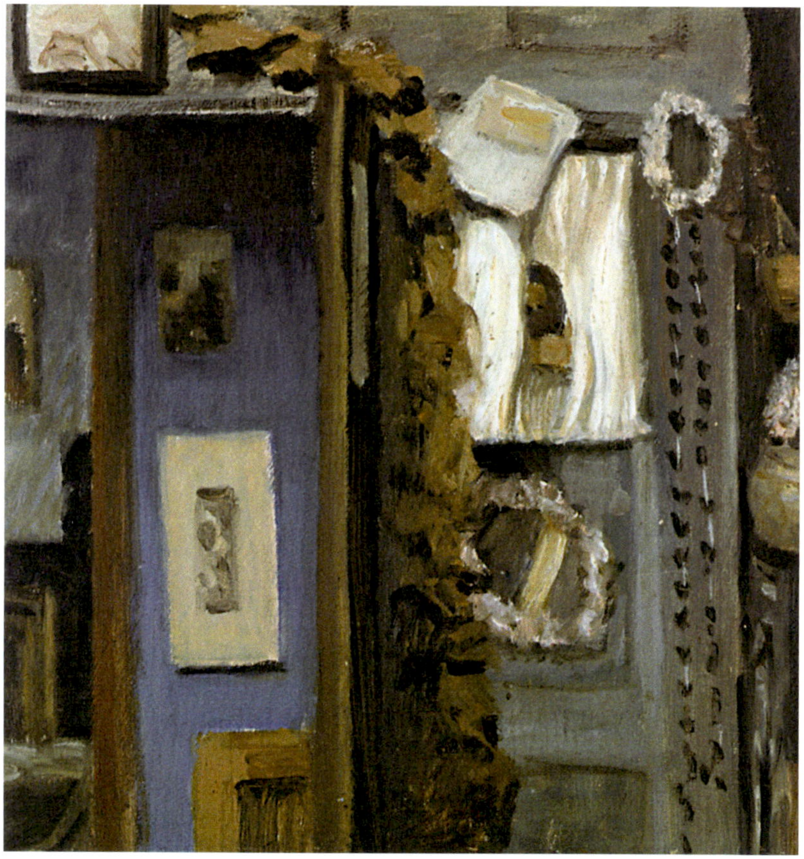

Otto Modersohn, *Durchblick in der Worpsweder Wohnung*, 1903.
Das Bild der Worpsweder Wohnung entstand in einer Phase großer künstlerischer Produktivität und persönlichen Glücks, die Modersohn in den ersten Jahren seiner Ehe mit Paula Modersohn-Becker erlebte.

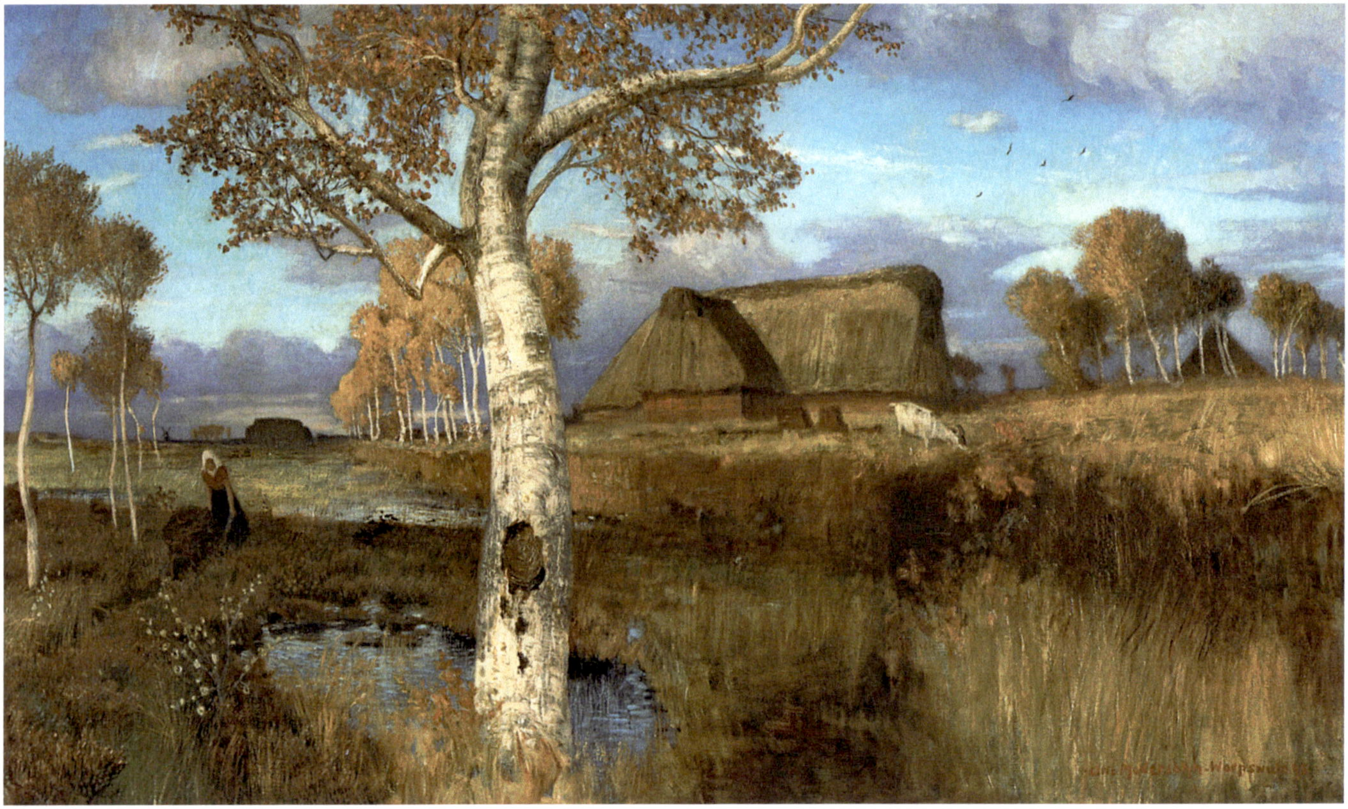

Otto Modersohn, *Herbst im Moor*, 1895.
Dieses Bild gehört zu den bekanntesten Werken Modersohns. Es befindet sich seit 1895 im Besitz der Bremer Kunsthalle, die es als Geschenk von Bremer Kunstfreunden erhielt.

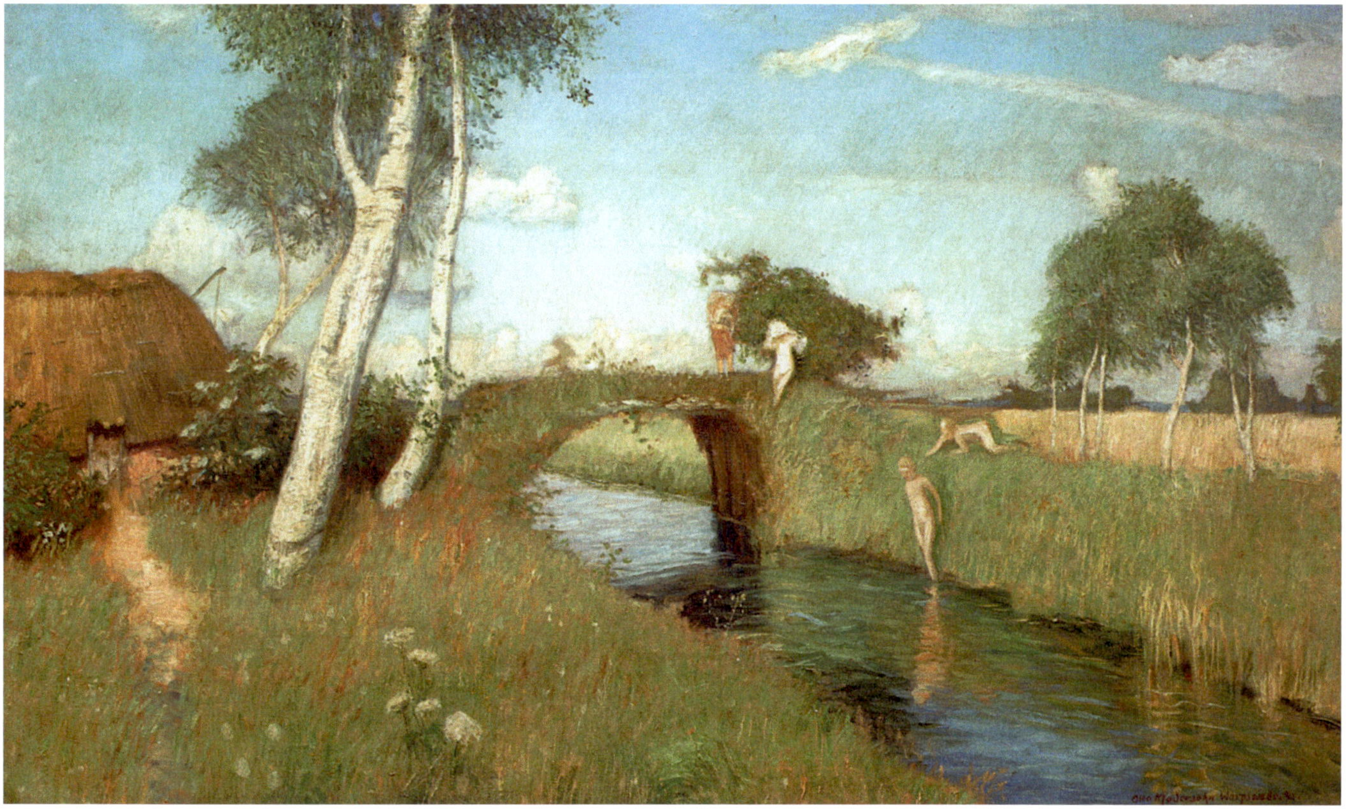

Otto Modersohn, *Sommer am Moorkanal*, 1896.
Bilder wie dieses begründen das Urteil der zeitgenössischen Kritik über Modersohn: »Der ›Persönlichste‹ dagegen ist sicher Modersohn und er ist auch das stärkste Talent unter den Worpswedern.«

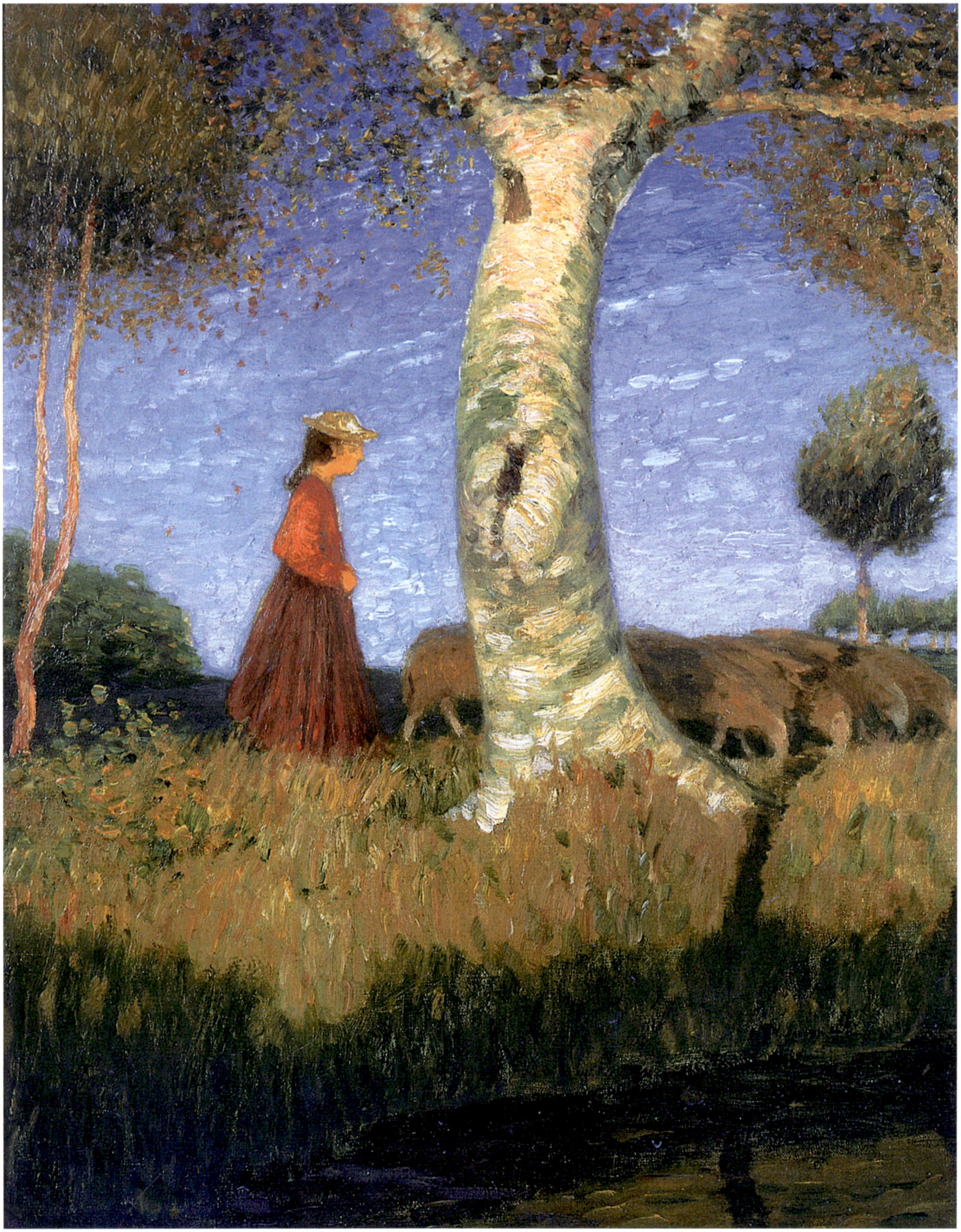

Otto Modersohn, *Sonniger Herbsttag*, um 1898.
»Meine Idee ist die: Zuerst ist gewissermaßen die Welt da, die Dinge, die Gegenstände – darüber breitet sich sie Stimmung – manchmal tritt diese zurück, manchmal herrscht sie. Am schönsten beides …«

Otto Modersohn, *Auf dem Weyerberg*, um 1900.
Der Weyerberg, der Rest einer eiszeitlichen Düne, ist mit 54 m die höchste Erhebung im Teufelsmoor. Für die Worpsweder Maler ist er zu allen Jahreszeiten ein lohnendes Motiv.

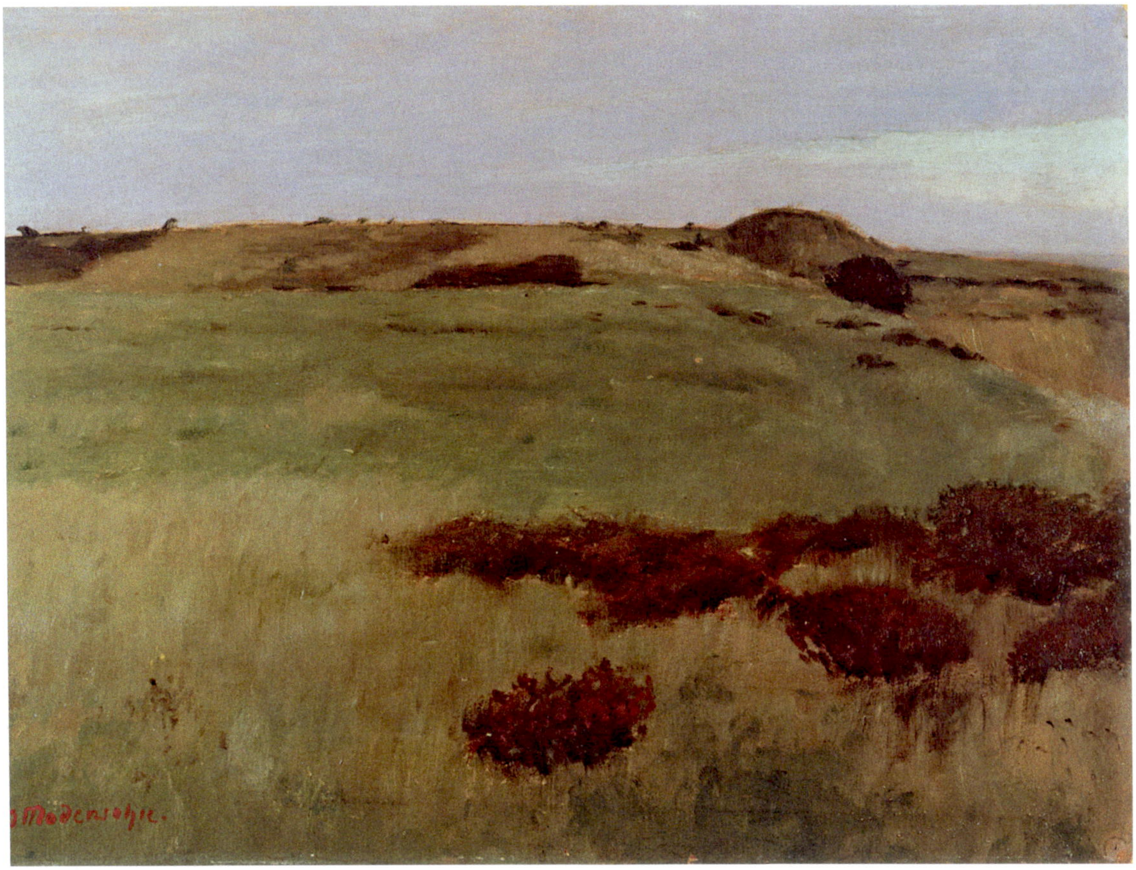

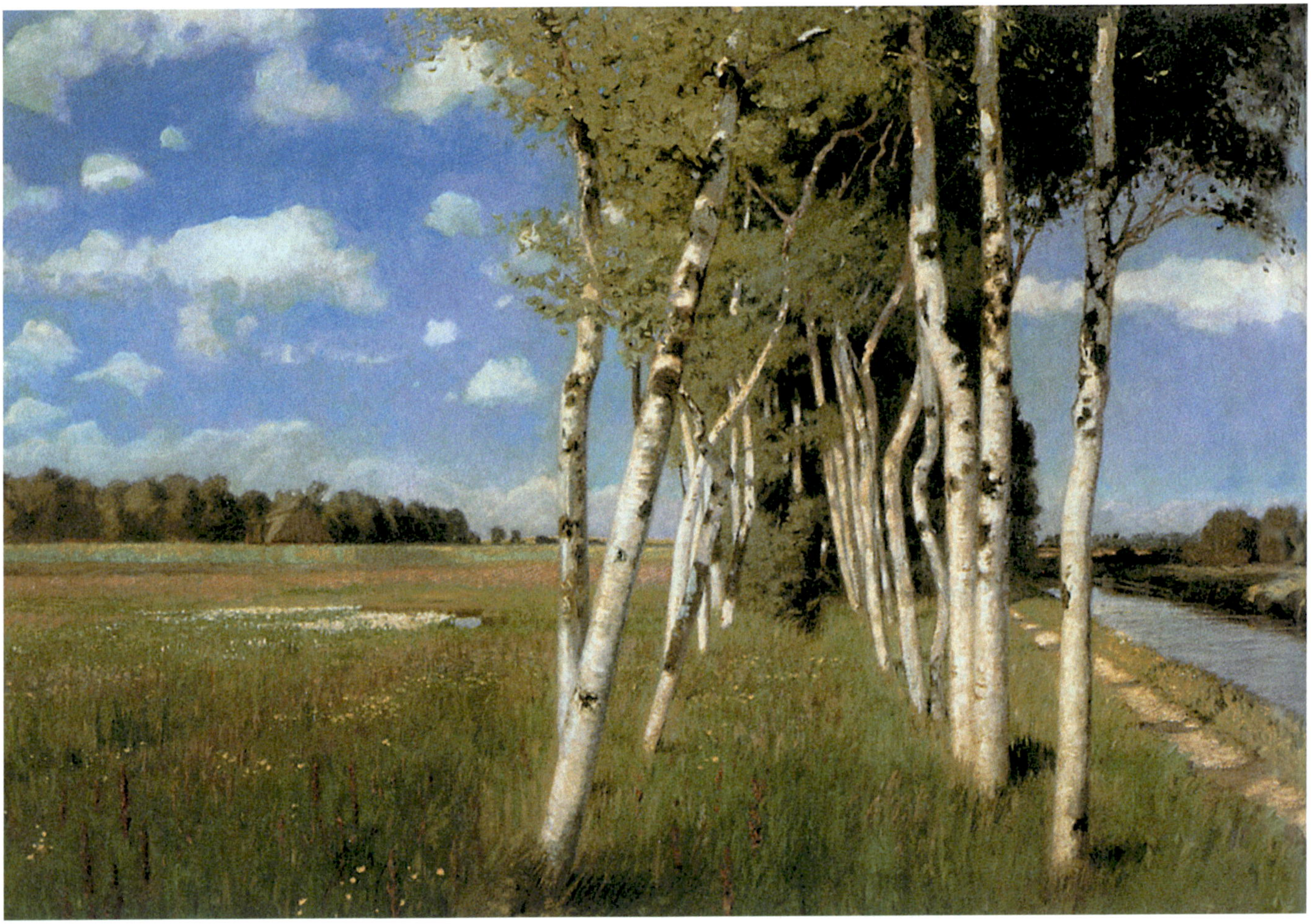

Der unbekannte Worpsweder: Hans am Ende

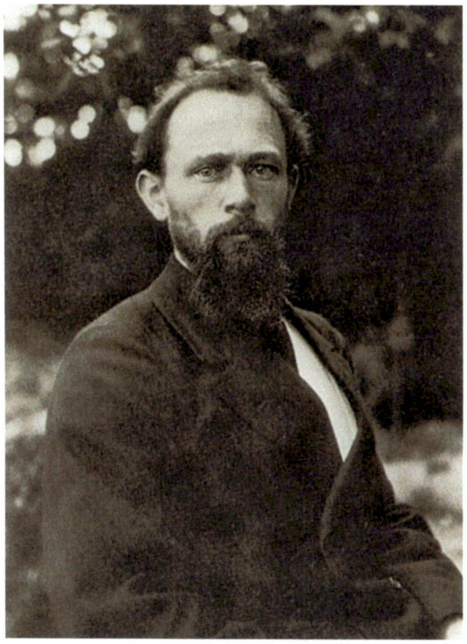

Porträtfoto
Hans am Endes

Hans am Ende zählt zu den Gründern der Worpsweder Künstlerkolonie, gilt aber bis heute als der »große Unbekannte« unter ihnen.

Hunger und Durst nach Bildern

Hans am Ende, 1864 in Trier als Sohn eines Militärpfarrers geboren, ist neben Fritz Mackensen und Otto Modersohn der Dritte im Bunde der »Urworpsweder«. Aber zwischen diesen beiden starken Künstlernaturen haben sein Werk und seine Persönlichkeit es bis heute schwer, sich zu behaupten.

Es gibt wenige Zeugnisse über ihn, die meisten fallen positiv aus. Er scheint ein freundlicher, heiter gestimmter Mensch gewesen zu sein, was seine strenge Erziehung in der berühmt-berüchtigten Eliteschule in Schulpforta nicht unbedingt erwarten ließ. Rilke hat diese karge, freudlose Kindheit in der mittelalterlichen Klosteranlage in seiner Worpswede-Monographie treffend skizziert: »Ein Geist von Askese ging durch das kalte Haus und seltsame Sehnsüchte erwachten. ... [wo] nirgends auf diesen langen Gängen, nirgends in diesen hohen Zimmern ... auch nur ein einziges Bild zu finden war, und ein ganz unbeschreiblicher Durst entstand, Bilder zu sehen.« Diesen Durst nach Bildern stillt Hans am Ende als er 1884 nach München an die Kunstakademie geht. Doch wie sein Studienkollege Fritz Mackensen, hat auch er bald das Gefühl, auf der Akademie nur seine Zeit zu verschwenden – die wirkliche Kunst ist anderswo. So nimmt er Mackensens Einladung nach Worpswede gern an und stößt im entscheidenden Sommer 1889 zu den anderen beiden Entdeckern. Auch er ist vom ersten Moment an begeistert vom Reiz der norddeutschen Moorlandschaft und spürt, dass er seine Malheimat gefunden hat. Doch nach dem ersten gemeinsam verbrachten Worpsweder Winter beginnen die Schwierigkeiten mit dem Künstlerdasein und so geht Hans am Ende für einige Zeit nach

←

Hans am Ende,
Sommertag,
1901

Hans am Endes
erstes Atelier in der alten
Worpsweder Schmiede,
Fotografie

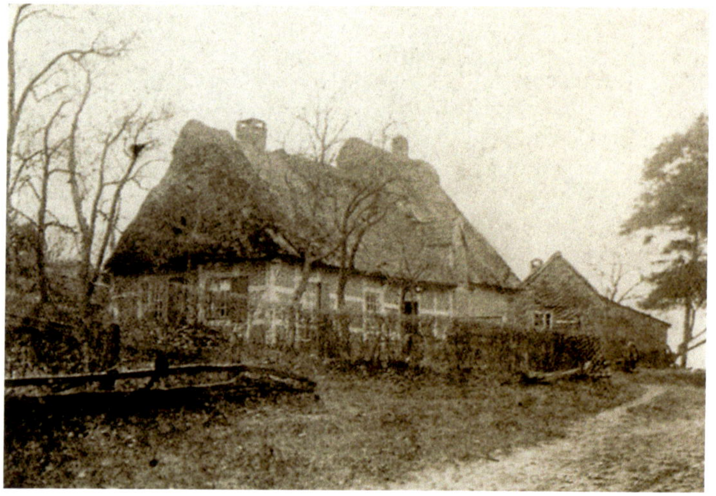

Hans am Ende, *Gehöft im Schnee*, 1901.
Hans am Ende ist vor allem durch seine graphischen Arbeiten bekannt geworden.
Sein malerisches Werk wird erst in letzter Zeit wissenschaftlich aufgearbeitet.

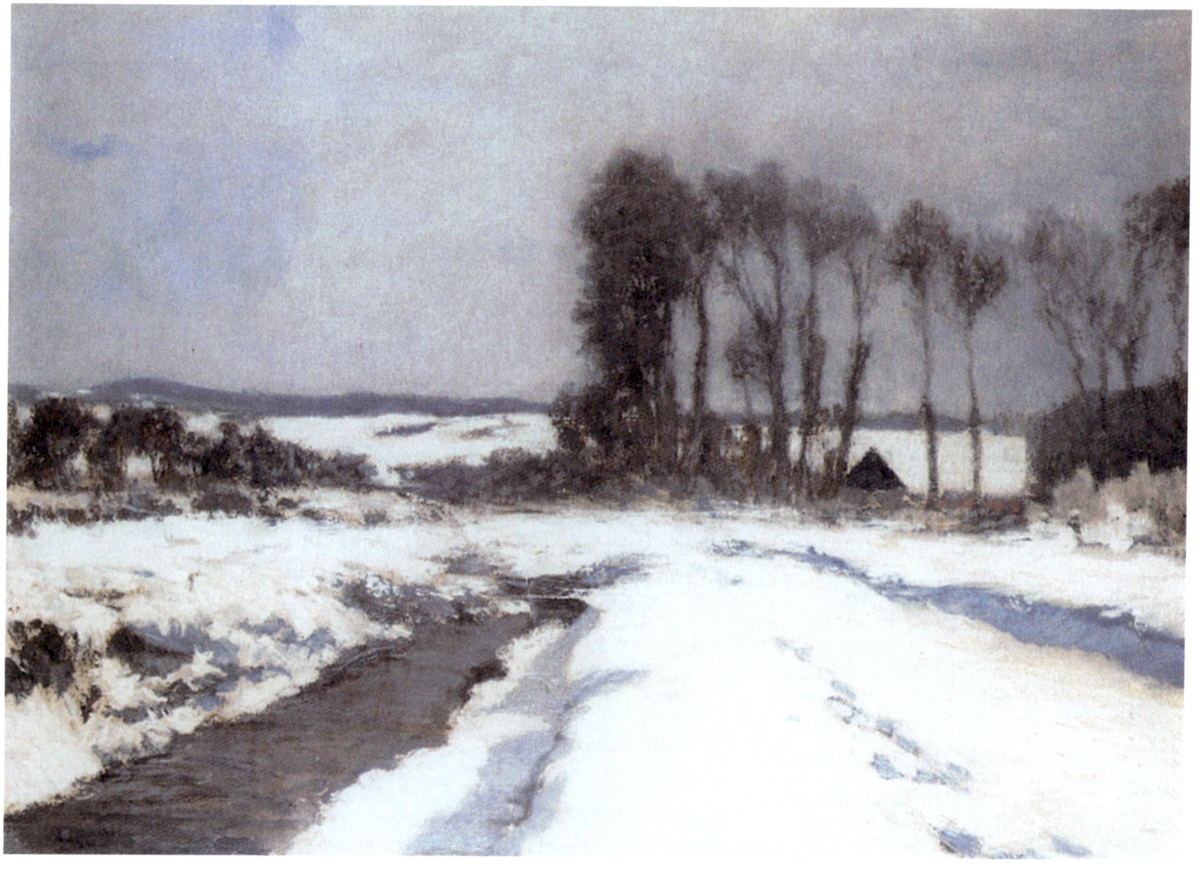

Berlin. Hier erwartet ihn das komplette Gegenteil von Worpswede und der Berliner Aufenthalt scheint für ihn die reinste Qual gewesen zu sein: »Ich fühle mich hier gänzlich wie in der Wüste, denn Berlin ist gänzlich kunstöde und -leer... Berlin ist von einem Ende bis zum anderen fad und langweilig. Und wo es das nicht ist, da ist es gemein.«

Wäre ich geblieben auf meiner Heiden!

Hier kommt zum Ausdruck, was für die Gründung Worpswedes kennzeichnend ist: Vor allem die Künstler sind es, die den scharfen Gegensatz zwischen der noch traditionell verfassten Gesellschaft und der mit Gewalt in alle Lebensbereiche einbrechenden Industrialisierung spüren. Ein Gegensatz, für den die Kunst zu dieser Zeit nach Ausdrucksformen sucht. Die jungen Maler aus Düsseldorf und München reagieren als traditionell geschulte Landschafter mit Rückzug in die Natur. Sie fliehen aus den immer voller und chaotischer werdenden Großstädten, weit weg in eine scheinbar unberührte, in Wahrheit jedoch ausschließlich vom Menschen geschaffene Landschaft – das weltabgewandte, »unberührte« Teufelsmoor, das zudem noch den Reiz zahlloser malerischer Motive bietet. Die Beschreibung Endes seiner Berliner Eindrücke lässt unwillkürlich an ein expressionistisches Gemälde denken: »Eine Menschheit zu Fuß, zu Wagen und zu Roß ist ... unterwegs ... Dazwischen türmen sich die umgefallenen Omnibusgäule, saust fackelschwingend die Feuerwehr, darüber fahren zwei, drei Stadtbahnzüge zu gleicher Zeit, Schutzleute, Generäle, Schnepfen schieben, drängeln, wimmeln, daß man Gefahr läuft, erstickt oder überfahren zu werden. Heillos, heillos!!! Wäre ich geblieben doch auf meiner Heiden!« Dahin zieht es ihn nun mit aller Macht zurück und ab 1895 ist Hans am Ende wieder in Worpswede ansässig, das er, abgesehen von einigen Reisen, erst wieder verlässt, als er 1914 als Reserveoffizier in den Krieg zieht.

Porträtfoto Hans am Endes im Malkittel

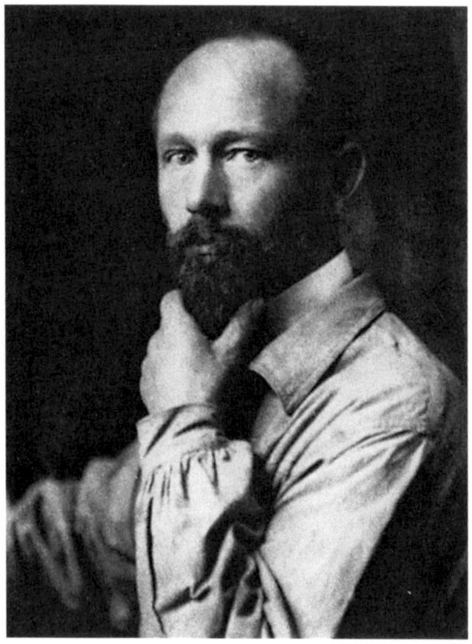

Eine vornehme Künstlernatur

Das Jahr 1895 wird auch für Hans am Ende das Jahr des Durchbruchs. Er erhält zwar im Gegensatz zu den beiden »Großen« Mackensen und Modersohn auf der Münchner Ausstellung keine Auszeichnung, aber seine großformatigen Radierungen werden überall lobend erwähnt und im November dieses Jahres verkauft er auf der Ausstellung im Hamburger Kunstverein auf einen Schlag 10 Arbeiten.

Hans am Ende hatte in München beim Kupferstecher Holzapfel die graphische Technik des Radierens erlernt und dieses Können in Worpswede perfektioniert und seine Kollegen damit vertraut gemacht. Über seinen Rang als Graphiker ist sich die Kunstkritik von Anfang an einig: »[Er] zeigt in seinen Radierungen die volle künstlerische Beherrschung des Stoffs und des Materials. Im Punkt der lauteren, naturwahren Stimmung ragt er weit über seine mitstrebenden Genossen empor.«

Mit Ausnahme von Modersohn arbeiten alle Worpsweder auch graphisch und gründen zur besseren Vermarktung ihrer Arbeiten 1895 den »Verein für Original-Radierungen vom Weyerberg«. Der wirtschaftliche Erfolg des Vereins war wohl bescheiden, aber er begründet eine graphische Tradition in Worpswede, die bis heute Bestand hat. Als Graphiker ist Hans am Ende auch in der Kunstwelt ein Begriff. Weniger bekannt sind seine Gemälde, die nach Jahrzehnten des Vergessens langsam wiederentdeckt werden. Im Urteil seiner Malerfreunde und der zeitgenössischen Kunstkritik galten diese Arbeiten nicht viel: »Gewiß sind seine Bilder sehr lieblich und freundlich, sehr heiter und sonnig. ... Trotz ihres großen Formats haben sie nicht die innerliche Größe von Modersohns oder Overbecks Werken«, schreibt der Kritiker Richard Muther. Und Modersohn notiert schon 1892/93 in sein Tagebuch: »Hans nicht originell. Farbe schwach. ... er wird nie etwas bemerkenswertes leisten.« Rilke ist in seiner Worpswede-Monographie empfänglicher und weniger kategorisch: »Hans am Ende malt Musik, und die Landschaft, in der er lebt, wirkt musikalisch auf ihn.«

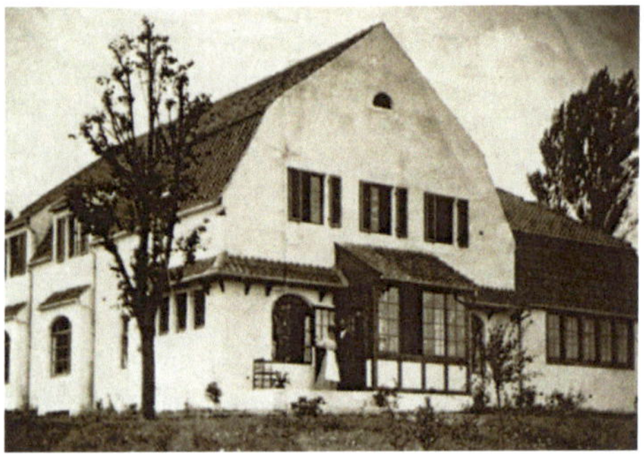

Das von Heinrich Vogeler gestaltete Wohnhaus Hans am Endes in Worpswede, Fotografie

Mit dem Rücken zur Welt

Im Streit zwischen Mackensen und Modersohn und der daraus resultierenden Spaltung der Worpsweder Künstlerschaft steht Hans am Ende auf der Seite Mackensens. Ebenso wie dieser ist er ein glühender Patriot und treuer Soldat, der seine Offiziersuniform erst lüftet und aufbügelt, bevor er die Münchner Malerkonkurrenten, die sich in Worpswede breit machen, zum Duell fordert.

Trotz dieser martialischen Anwandlungen empfindet Paula Modersohn-Becker das Zusammensein mit ihm als überaus angenehm: »Ich war einen Abend bei am Endes, der wirkte wie ein warmer, lauer Frühlingsregen ... auf mein Gemüt. ... Er ist eine weiche Künstlerseele ... [und] versteht das Unausgesprochene.«

Nach der Heirat mit Otto und dem Skandal ums Aktzeichnen im Wald, in dem sich vor allem Hans am Ende lautstark auf die Seite der »Moralverfechter« geschlagen hatte, hat sie sicher anders über ihn gedacht.

Hans am Ende lebt in Worpswede im Einklang mit seiner Kunst und der Natur. Ab 1905 ist er Vorsitzender der Baukommission im »Verschönerungsverein Worpswede« und kümmert sich darum, dass der »ursprüngliche Charakter« des Dorfes erhalten bleibt. Gerade der Bau solcher Villen, wie sie die zu Ruhm und Geld gelangten Künstler wie Fritz Mackensen und auch Hans am Ende oft ohne allzu großes Feingefühl in die Landschaft stellen, beeinträchtigt diesen Charakter zunehmend.

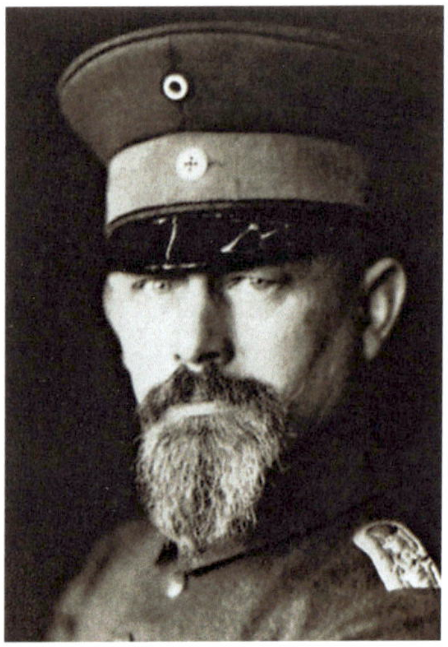

Hans am Ende in Reserveoffiziersuniform, Fotografie

Die Ehe Hans am Endes bleibt kinderlos, so dass sich nach seinem Tod niemand um den künstlerischen Nachlass kümmert. Als Reserveoffizier war Hans am Ende 1914 eingezogen worden und hatte sich aus patriotischem Pflichtgefühl an die Front gemeldet. 1918 wird er schwer verwundet und stirbt trotz der Pflege seiner Frau in einem Stettiner Kriegslazarett. Seinen Grabstein haben Freunde nach dem Zweiten Weltkrieg aus den Trümmern eines Bremer Friedhofs geborgen und in Worpswede aufgestellt.

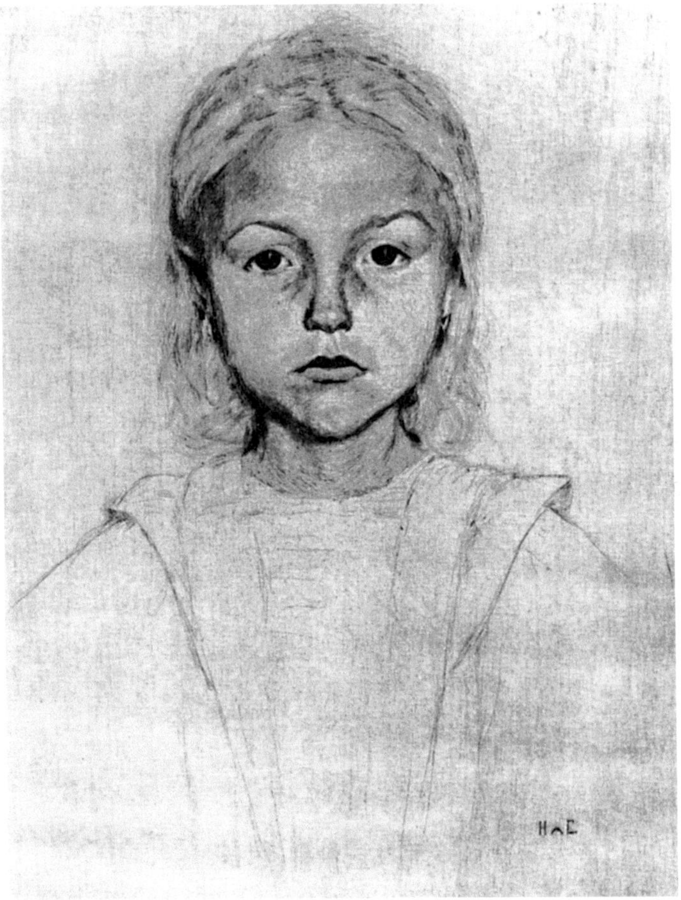

Hans am Ende, *Kinderkopf*, 1897.
Obwohl die Ehe Hans am Endes kinderlos blieb, hat er einige sehr einfühlsame Kinderporträts geschaffen.

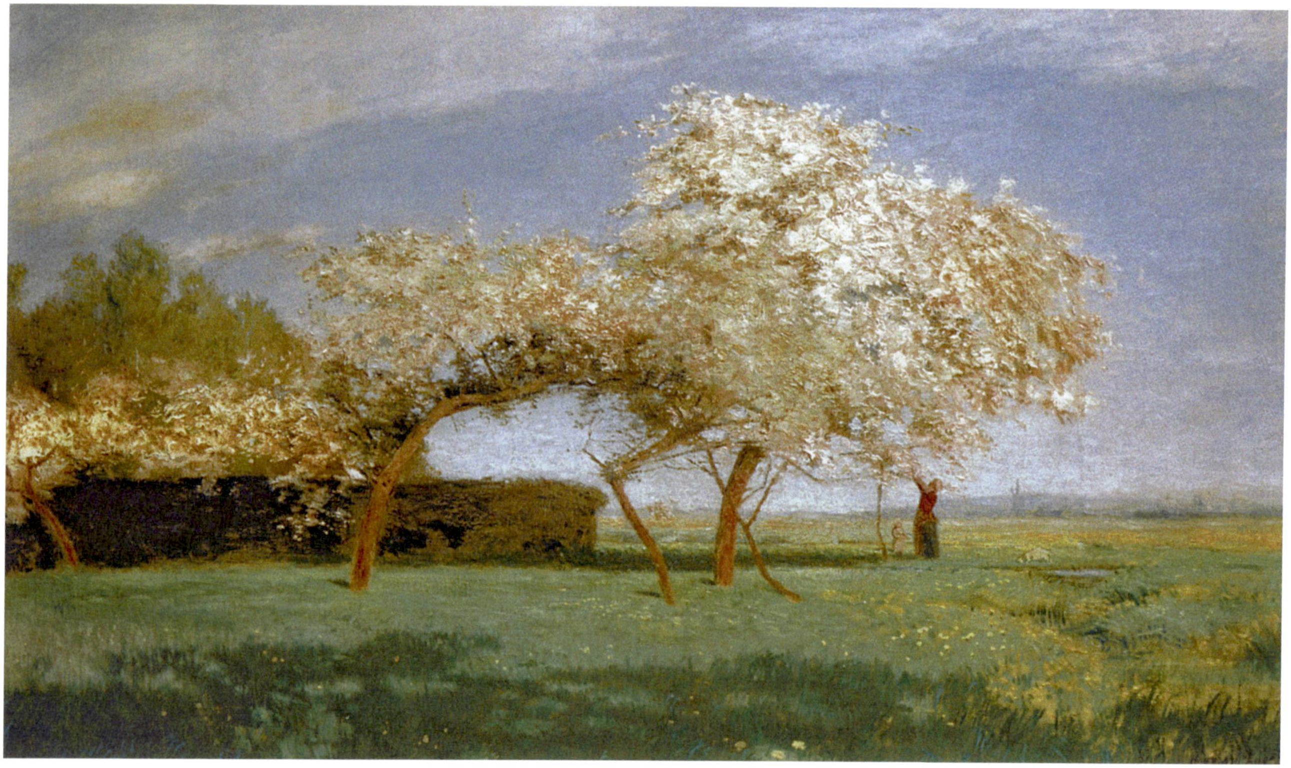

Hans am Ende, *Frühlingstag*, um 1897/98.
Heute werden die farblich außerordentlich einfühlsamen Gemälde Hans am Endes hoch bewertet, und er gilt als einer der besten Worpsweder Maler.

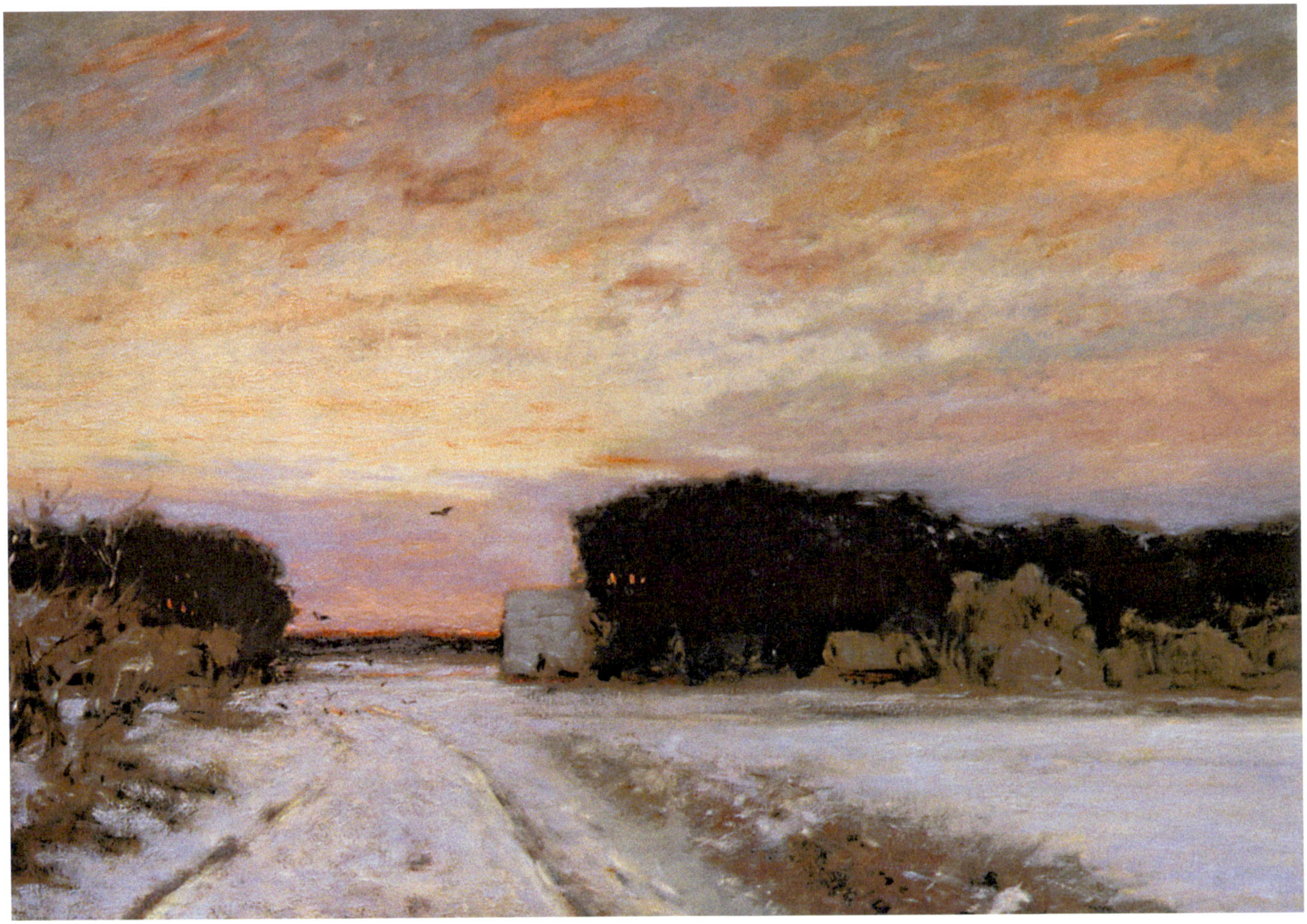

Hans am Ende, *Wintertag in Worpswede*, um 1900.
Hans am Ende stand lange im Schatten der anderen Worpsweder Künstler. Durch seine enge Verbindung mit Mackensen galt er als rückschrittlich und konservativ. Das hat viele Jahre den Blick auf sein Werk verstellt.

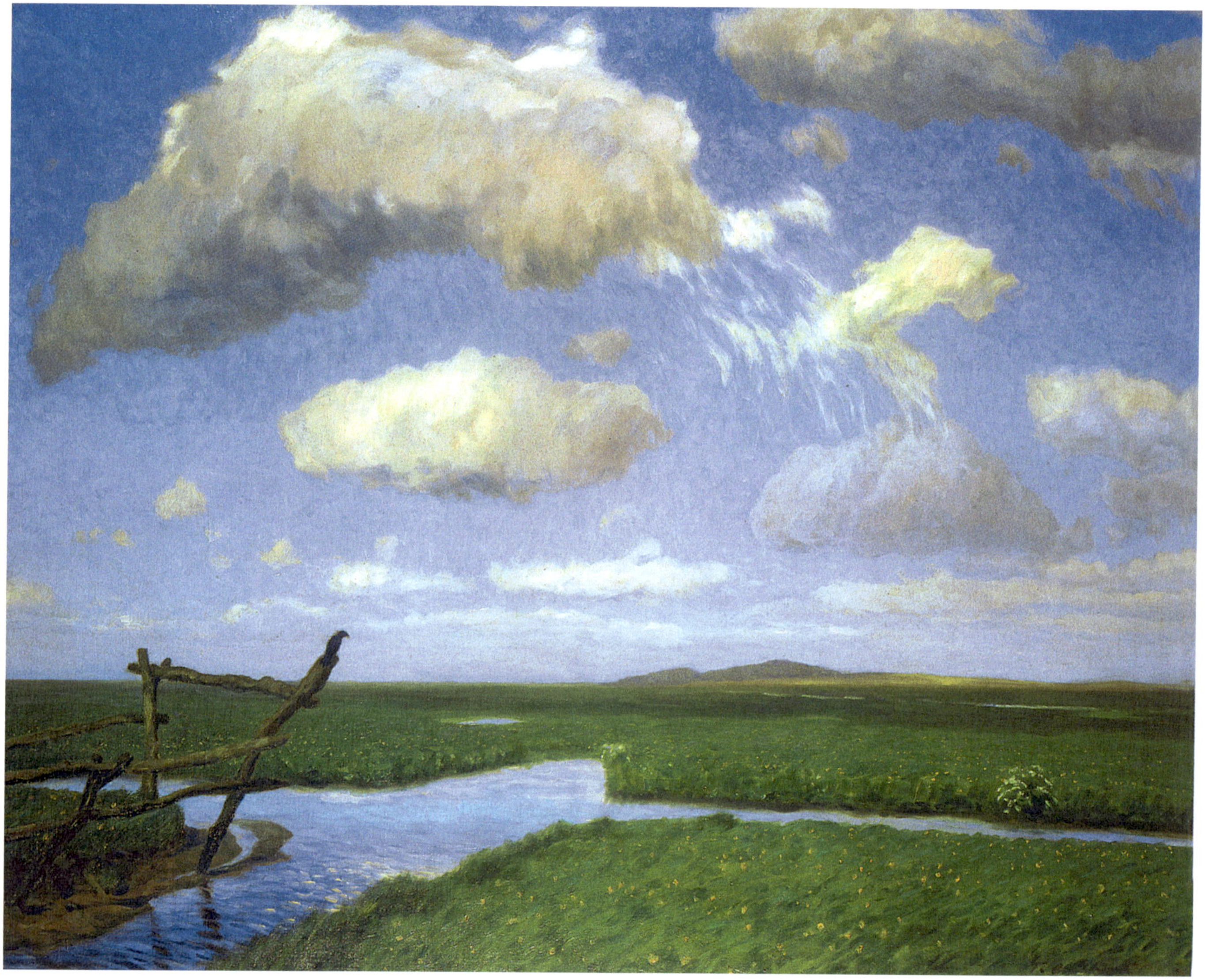

Der Wolkenmaler: Fritz Overbeck

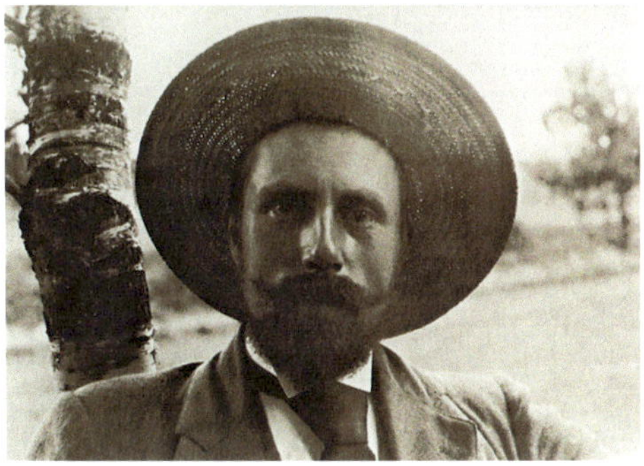

Carl Eeg,
Porträtfotografie Fritz Overbecks
mit Strohhut

Ein stiller Maler, der in seinen Bildern die lauten Töne nicht scheut. Der frühverstorbene Fritz Overbeck gehört mit Otto Modersohn zu den stärksten Schilderern der Worpsweder Landschaft.

Über Umwege ins Moor

Als gebürtiger Bremer ist Fritz Overbeck ganz in der Nähe des Teufelsmoores aufgewachsen, gelangt aber erst über die Bekanntschaft mit den Düsseldorfer Studienfreunden Mackensen und Modersohn nach Worpswede.

Fritz Overbeck wird 1869 geboren. Sein Vater ist Technischer Direktor des Norddeutschen Lloyds in Bremen, einer der größten deutschen Schifffahrtslinien. Der Vater stirbt, als Fritz acht Jahre alt ist, aber anders als bei Mackensen ist die Familie materiell abgesichert. Die zeichnerische Begabung des Jungen wird früh gefördert. Trotz mancher Bedenken kann er seinen Wunsch durchsetzen, Maler zu werden.

Er geht an die Düsseldorfer Akademie und entscheidet sich gleich zu Beginn für die Ausbildung in der Landschaftsmalerei. Im Unterschied zu seinen späteren Worpsweder Malerfreunden genießt Overbeck die Ausbildungsmöglichkeiten an der Akademie. Er ist ein eifriger Student und versucht, sein Wissen so intensiv wie möglich zu erweitern. In der Düsseldorfer Studentenverbindung Tartarus macht er die Bekanntschaft der ehemaligen Mitglieder Mackensen und Modersohn, die ihm voller Begeisterung von ihrem neuen Lebensmittelpunkt Worpswede erzählen. Der Ort ist ihm bekannt, aber nicht, dass sich dort junge Maler angesiedelt haben, die auf der Suche nach einer »neuen Natur« sind. Er verbringt ab 1892 die Sommermonate dort und siedelt ab 1894 ganz dorthin über.

←
Fritz Overbeck,
In den Wiesen (Hammewiesen)
(Detail), 1904

Unbändige Naturkraft

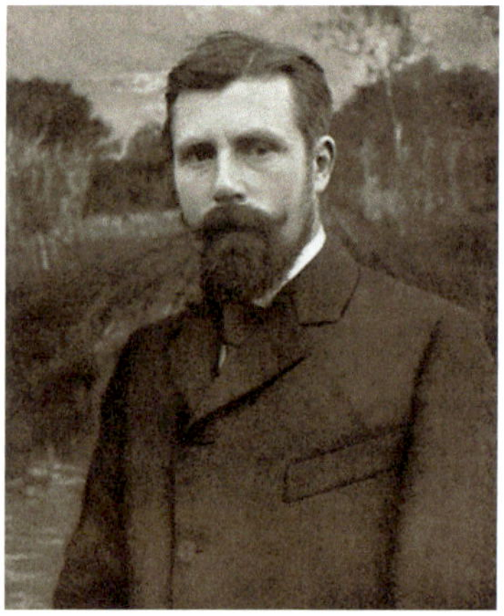

Porträtfoto Fritz Overbecks vor Gemälde, um 1900

Obwohl im Norden aufgewachsen, erschließt sich ihm das weite Land mit seinen Wasserläufen, den unendlichen Wiesenflächen und dem riesengroßen Himmel erst jetzt mit allen seinen malerischen Möglichkeiten. Das Besondere, ganz und gar Eigenständige der »Worpsweder Luft« wirkt auf ihn »... wie ein Zauber, von dem man nicht weiß, warum es ein Zauber ist«. Dieser Worpsweder Zauber liegt für ihn vor allem in der schier unermesslichen Weite des Horizonts: »Darüber spannt sich der Himmel aus, der Worpsweder Himmel, den zu schildern die Feder verzweifeln muss ...« Was mit der Schreibfeder nicht gelingen will, schafft er mit dem Pinsel. In der Schilderung der oft dramatisch aufgetürmten, manchmal nur ganz zart angedeuteten Wolkengebilde erreicht Overbeck eine eigene Meisterschaft. In seinen Bildern verlegt er die Horizontlinie oft weit nach unten, damit der Himmel möglichst viel Raum bekommt. Besonders gern zeigt er die Moorlandschaft im Kampf der Elemente: Gewitterwolken, Sturmböen oder Regenschauer sind ihm gerade recht, um ein Fest der Farben und kräftigen Kontraste in seinen Bildern zu feiern: »... das echt Landschaftliche ist bei Overbeck harscher und düsterer ... mehr mit Betonung wuchtiger Formen ... in Overbeck ist viel Kraft und starke malerische Schönheit ...« Der als überaus schweigsam und zurückhaltend charakterisierte Mann erweist sich in seinen Bildern als ein zupackender, in der Wahl seiner Farben geradezu tollkühner Maler, wie Paula Modersohn-Becker feststellt.

Brüder in der Kunst

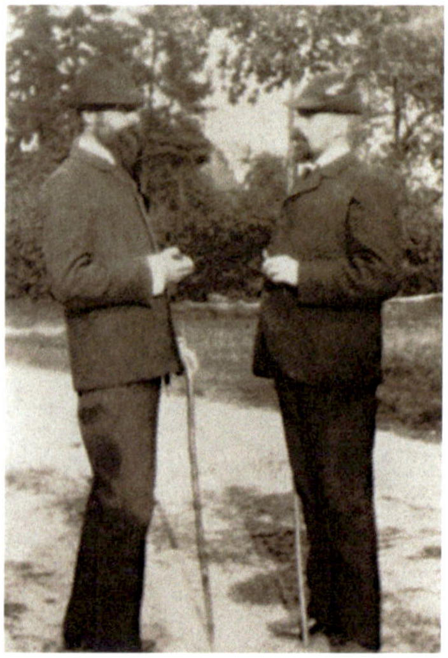

Otto Modersohn und Fritz Overbeck in Worpswede, Fotografie

In dem schon bald von Spannungen erfüllten Verhältnis der Worpsweder untereinander, erweist sich Fritz Overbecks stilles, ausgleichendes Wesen als hilfreich in den oft auch kleinlichen Auseinandersetzungen: »Meine besondere Sympathie gewann Fritz Overbeck. Der schwieg zwar fast immer. Aber der gedrungene breitschultrige Mensch mit dem widerspenstigen Schnurrbart und dem borstigen Haarschopf schmunzelte manchmal so sympathisch, als wenn manches in ihm vorging, was er nicht aussprechen konnte«, erinnert sich Heinrich Vogeler an ihn.

Mit Otto Modersohn verbindet Overbeck eine besondere Freundschaft: »Overbeck ist mein bester Freund, zu ihm habe ich das intimste Gefühl, wir ähneln uns am meisten. Seelisch, menschlich tätig, zurückhaltend, in Kunst- und Lebensauffassung verwandt.« Neben dem zufassenden Maler der hohen Wolkengebirge und sturmgepeitschten Birken existiert aber auch der feinfühlige, zart empfindende Naturbeobachter, dem in der Wiedergabe der dunkeltonig strahlenden, sattfarbenen Sonnenuntergänge im Moor wunderbare Bilder gelingen: »Nebenbei ist er ein wunderbarer Interpret jener seltsamen Abendstunden, wenn die schweren feuchtigkeitsgeschwängerten Wolken tief purpurrot leuchten ...«

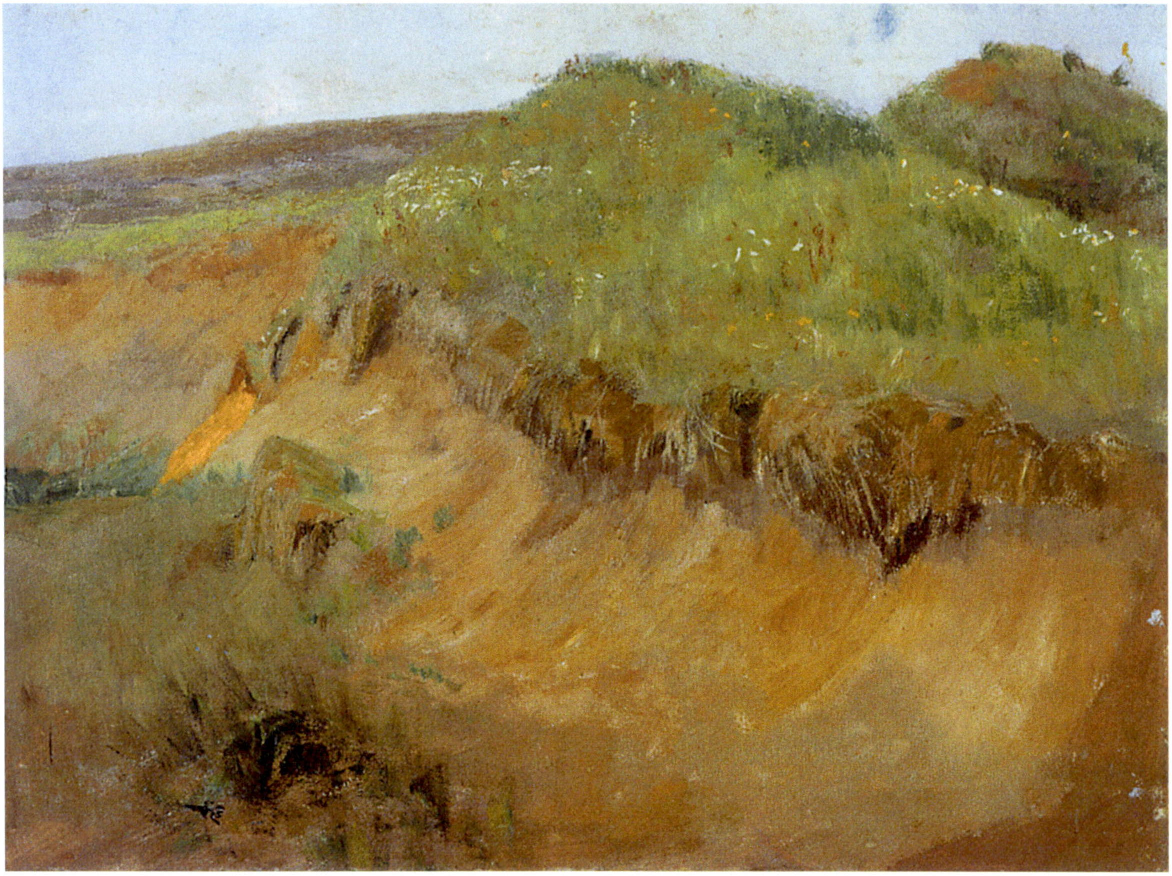

Fritz Overbeck, *Sandkuhle am Weyerberg*, um 1898

Eine unsentimentale Natur

1897 ist ein erfolgreiches Jahr für den Künstler. Er erhält zwei wichtige Auszeichnungen und verheiratet sich mit der Malerin Hermine Rothe. Gemeinsam mit seiner Frau und Otto Modersohn unternimmt er im Sommer 1900 die schicksalhafte Reise zu Paula Becker nach Paris, wo die Freunde die Nachricht vom Tod Helene Modersohns erreicht. Seine eigene Frau erkrankt nach der Geburt der beiden Kinder schwer an Tuberkulose, die den Aufenthalt in milderem Klima nötig macht. Overbeck begleitet seine Frau bei ihren Kuren. Die Bilder, die auf diesen Reisen entstehen, gehören zu den schönsten in seinem Werk.

1905 verlässt die Familie Worpswede endgültig und zieht in die Nähe von Bremen. Neben familiären Gründen werden auch die Konflikte innerhalb der Künstlergemeinschaft zu dieser Entscheidung beigetragen haben. Overbeck hatte schon früher in einem Brief an Otto Modersohn gemahnt: »... ›unser‹ Worpswede zu verteidigen, damit es nicht entweiht werde und herabsinkt zu einem Nest, wo das Künstlerproletariat sich sommerliche Rendezvous gibt, ... die nicht in unser Programm ehrlicher Arbeit und ernsten Strebens passen.« Mit dieser Haltung musste er sich im Worpswede nach der Jahrhundertwende fehl am Platz fühlen, wo sich Modersohn schon zehn Jahre zuvor »von lästigen, unsympathischen Kollegen« umstellt sah. Auf die Frage, ob ihm Worpswede nicht fehle, antwortet Overbeck: »Ich bin nicht sentimental.«

Das Schicksal hat es nicht gut gemeint mit diesem ernsthaften, freundlichen Mann. Nur drei Tage, nachdem seine Frau Hermine als geheilt nach Hause zurückgekehrt war, stirbt Fritz Overbeck 1909 mit 39 Jahren an einem Herzschlag.

Auf dem Kunstmarkt gehören neben den seltenen Gemälden vor allem auch seine meisterhaften Radierungen zu den gesuchten Objekten. Wie Heinrich Vogeler, hatte auch Overbeck seine Platten in der berühmten Berliner Kupferpresse von Otto Felsing drucken lassen, wo sie 1944 bei einem Bombenangriff zerstört wurden.

Fritz Overbeck
mit seinem Sohn
Fritz-Theodor, um 1898,
Fotografie

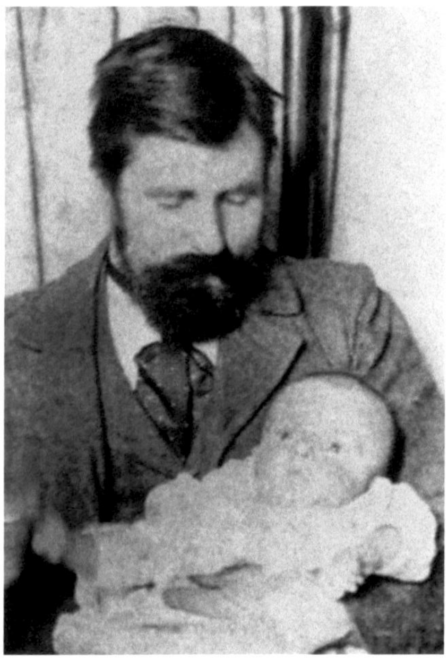

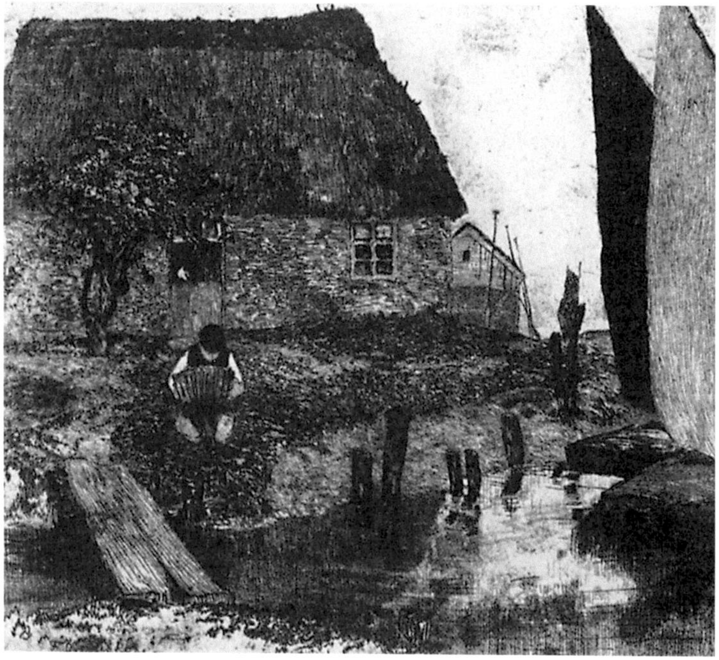

Fritz Overbeck, *Abend an der Hamme,* 1906, Radierung.
In der zeitgenössischen Kritik heißt es: »[Overbeck] strebt mit überaus kühnen Aetzwirkungen nach starken Gegensätzen von hell und dunkel.«

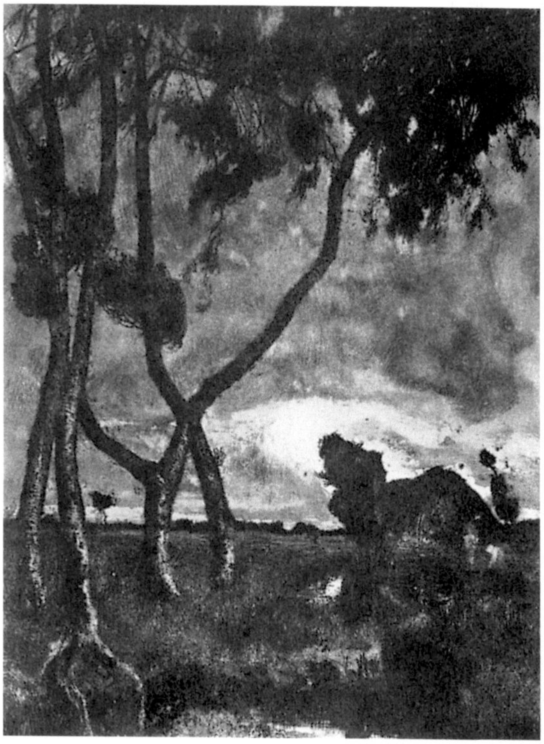

Fritz Overbeck, *Sturm im Moor,* 1894, Radierung.
Außer Modersohn haben alle Worpsweder auch ein beachtliches graphisches Werk geschaffen. Vor allem die Arbeiten Hans am Endes und Fritz Overbecks werden immer wieder hervorgehoben.

Fritz Overbeck, *Mondaufgang im Moor*, 1897, Radierung.
»Aber seine Landschaften, wenn sie auch ohne Gestalten sind, machen doch nicht den Eindruck der Einsamkeit. Die Mondnächte … liegen vor einem offen da, als wäre man aus der Stube … herausgetreten.« (Rainer Maria Rilke)

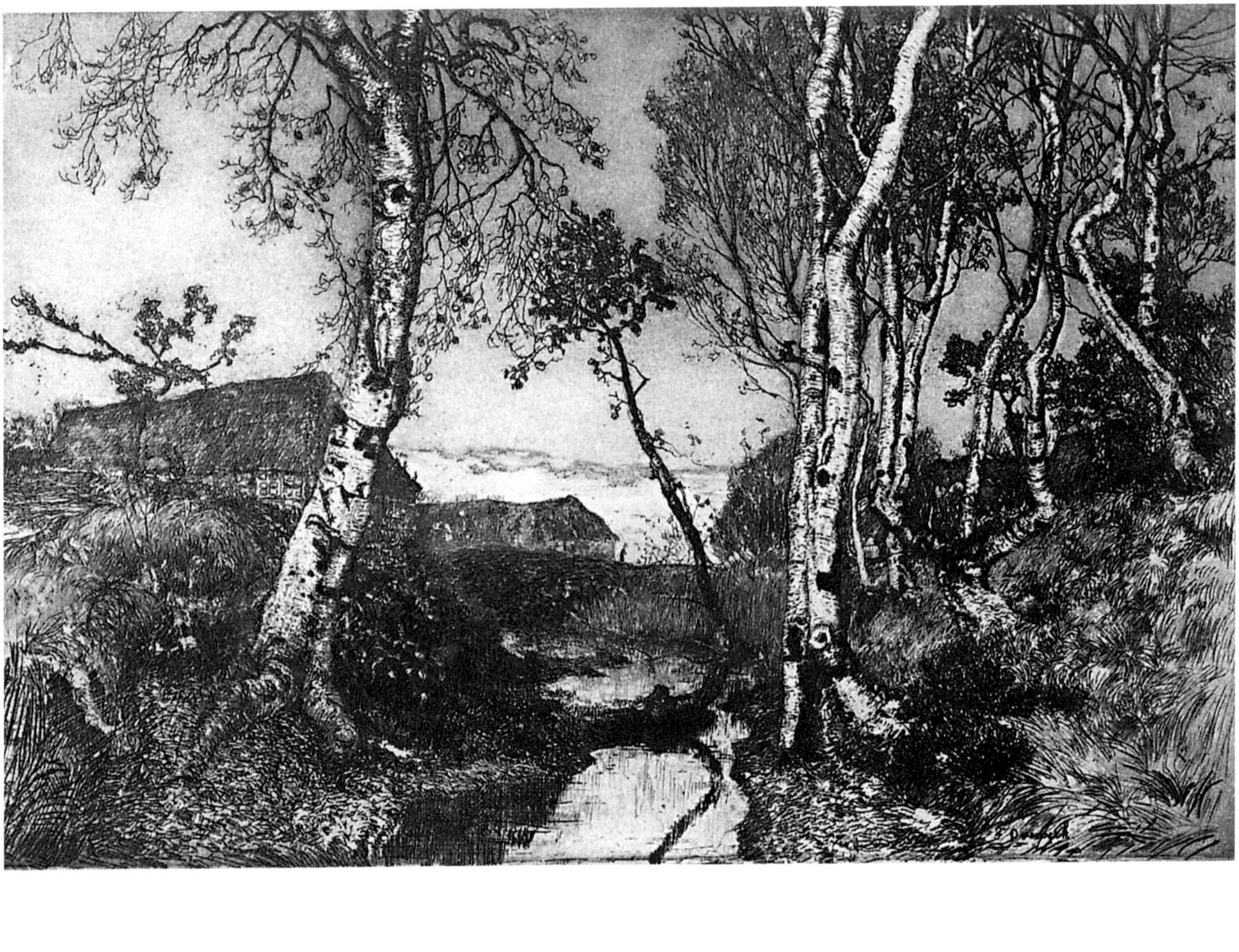

Fritz Overbeck, *Birkengang*, 1892. Neben Modersohn wird vor allem Fritz Overbeck von den Kritikern immer wieder als der talentvollste und im Umgang mit Farbe besonders virtuose Maler hervorgehoben.

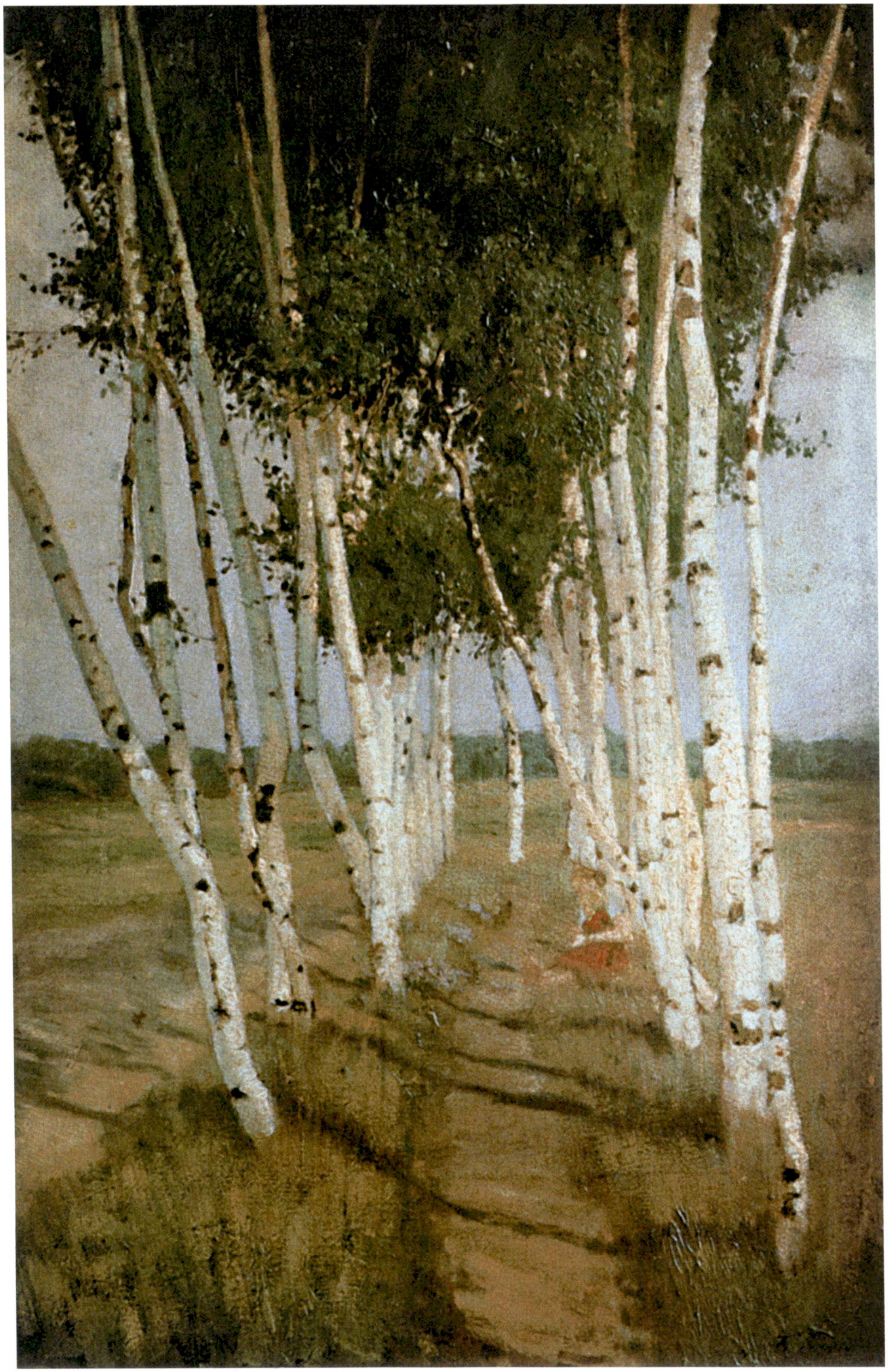

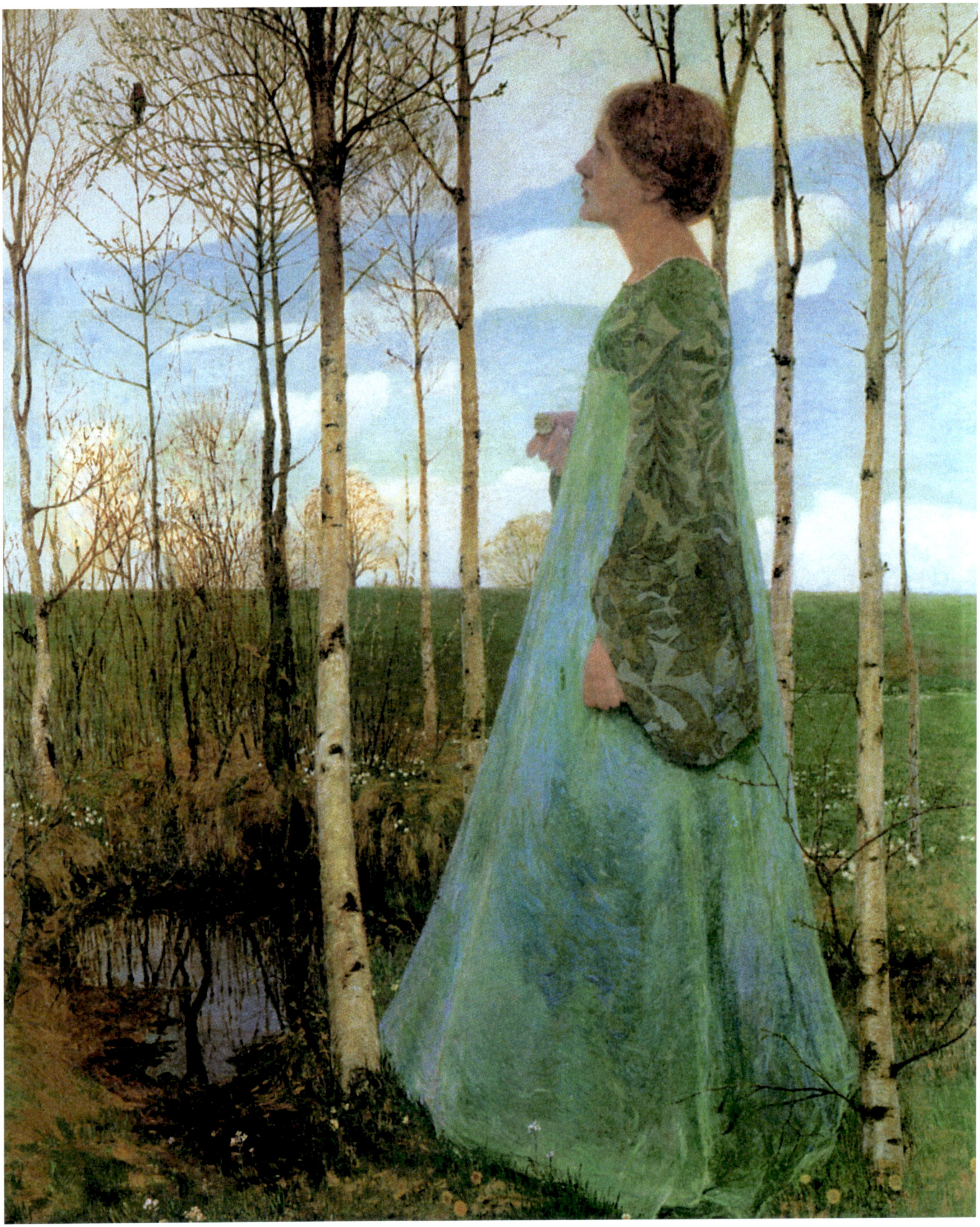

Der radikale Träumer: Heinrich Vogeler

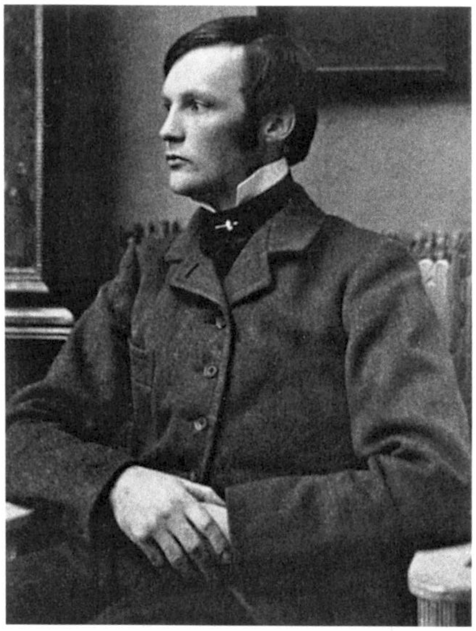

Porträtfoto
Heinrich Vogelers
im Sessel

Vom Prinzen des Jugendstil zum Kommunisten im sowjetischen Exil – die Lebensgeschichte Heinrich Vogelers ist so widersprüchlich und schillernd wie das 20. Jahrhundert.

Ein reizender Glückspilz

Heinrich Vogeler ist neben Paula Modersohn-Becker die Ausnahmeerscheinung in Worpswede. Ist es bei ihr die posthume Ehre und völlige Neubewertung ihrer Kunst, die erst nach ihrem Tod einsetzt, so ist es bei Heinrich Vogeler die radikale Wandlung, die er als Mensch und Künstler vollzieht. Am Anfang des Jahrhunderts als *der* Vertreter des deutschen Jugendstil gefeiert, verschenkt Heinrich Vogeler nach dem Ersten Weltkrieg seinen Besitz und geht in die Sowjetunion, um den Aufbau des Sozialismus aktiv mitzuerleben. Dieser Lebensweg wurde dem Bremer Bürgersohn wahrlich nicht an der Wiege gesungen. 1872 in einer wohlhabenden gutbürgerlichen Familie geboren, verläuft seine Kindheit wie die vieler anderer Jungen zu dieser Zeit. Sein Vater erwartet, dass der Sohn die Firma übernimmt und richtet die schulische Ausbildung ganz auf diese Zwecke aus. Was bei Heinrich nichts nützt, denn vor allem die Mathematik ist ihm aufs schlimmste verhasst, und er riskiert lieber den Schulverweis wegen seiner Lehrerkarikaturen, als das geliebte Zeichnen aufzugeben. Seinen Entschluss, Künstler zu werden, kann er erst durchsetzen, als er nach einer schweren Erkrankung den gemeinsamen Kuraufenthalt mit dem Vater nutzt, um diesen von der Ernsthaftigkeit seines Wunsches zu überzeugen. Nach der Rückkehr darf er an die Düsseldorfer Akademie gehen, die aber auch für ihn die schon bekannte Enttäuschung bereithält. Doch Vogeler gibt sich damit nicht zufrieden, sondern unternimmt mit Studienfreunden Reisen nach Flandern und Italien. Trotzdem macht er erst einen ordnungsgemäßen Abschluss an der Akademie, bevor er 1894 dem Ruf nach Worpswede folgt. Das Bindeglied zur Worpsweder Gemeinschaft ist Fritz Overbeck, der den Freund mit den Worten ankündigt: »Ich glaube, der wird noch einmal Bedeutendes leisten.«

←
Heinrich Vogeler,
Frühling,
1897

Mit seinem heiteren und verspielten Talent bezauberte Vogeler sein Publikum um die Jahrhundertwende mit großem Erfolg.

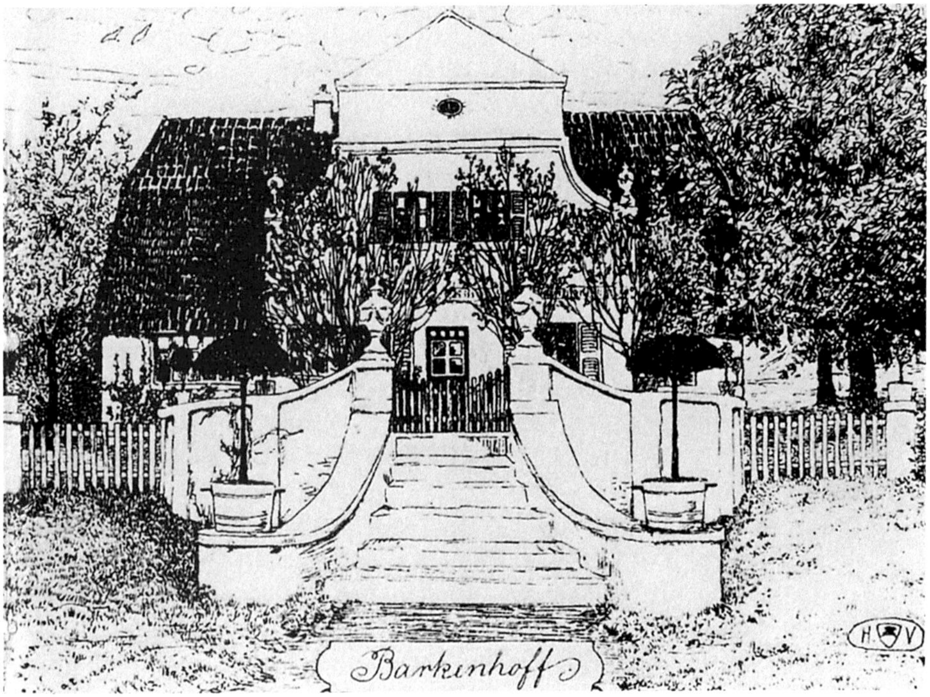

Heinrich Vogeler, *Der Barkenhoff*, 1899, Zeichnung.
Vogeler hatte den baufälligen alten Hof 1895 von seinem Erbteil erworben und in den folgenden Jahren nach seinen Vorstellungen umgebaut.

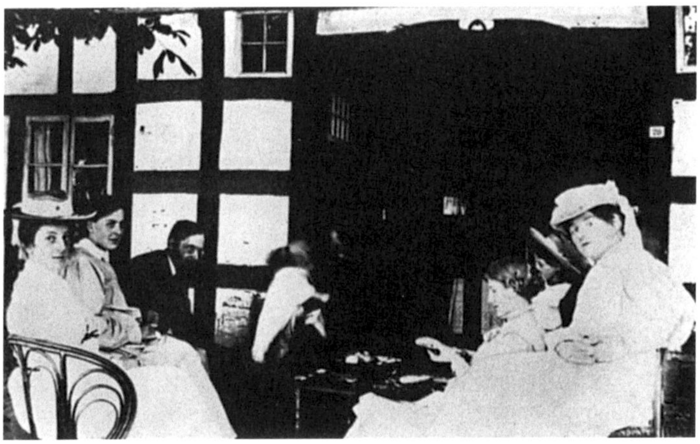

Paula Modersohn-Becker und Otto Modersohn zu Gast im Barkenhoff. Über der Tür der Hausspruch von Rilke: »Licht sei sein Loos. Ist der Herr nur das Herz und die Hand / des Bau's / mit den Linden im Land / wird auch sein Haus / schattig und groß.«

Seine starke Begabung für das Dekorative hat er schon in seinen Studienjahren erkannt und genutzt. Ihm ist kein Feld der Gestaltung fremd: Innendekoration und Architektur, Buchillustration und freie Graphik sind ihm gleichermaßen vertraut.

Mit der in Worpswede praktizierten Landschaftsmalerei hat er nichts gemeinsam. In seinen Gemälden wie in seiner Graphik lebt er vollkommen in einer träumerischen Märchenwelt, die von Rittern und Prinzessinnen bevölkert ist. Er schafft den totalen Gegenentwurf zum realen Leben in dem kleinen Moordorf, dessen Bewohner zum Teil in Hütten leben, »[die] kaum als menschliche Wohnungen kenntlich [sind]«, wie Overbeck im »Brief aus Worpswede« schreibt.

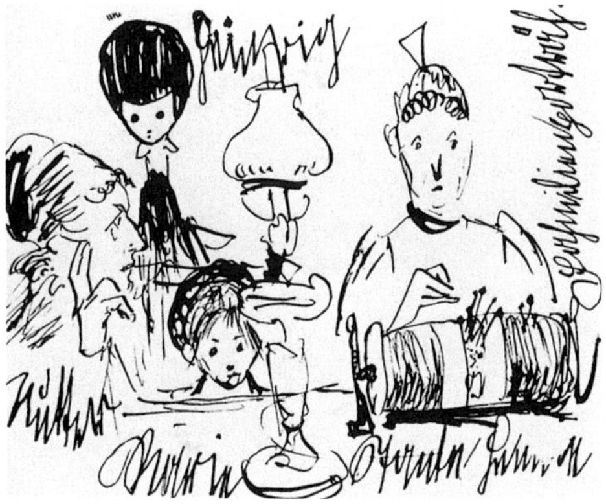

Die Vogeler-Familie, Karikatur von Heinrich Vogeler

Ein Musenhort

Vogeler erwirbt 1895 mit dem väterlichen Erbteil ein verlassenes Bauernhaus und gestaltet es in den folgenden Jahren zum »Musensitz des Jugendstil« um.

Seinen Durchbruch als Künstler erzielt er zusammen mit den übrigen Mitgliedern der Worpsweder Gemeinschaft, doch führt sein Weg in eine andere Richtung. Ab 1899 wendet er sich verstärkt der Buchgestaltung zu und wird fester Mitarbeiter der neu gegründeten Zeitschrift »Die Insel« in München. Er ist viel unterwegs, lebt in München und Dresden und reist nach England und Italien. Innerhalb kurzer Zeit avanciert er zum international gefragten Meister des Jugendstil und kann sich vor Aufträgen kaum retten. Ins Gedächtnis der Kunstwelt ist Vogeler aber auch als Schöpfer eines Gedichtbandes eingegangen, den er eigentlich nur für seine Braut Martha Schröder gedacht hatte, der aber bis heute ein Bestseller geblieben ist: »Dir« – eine Sammlung lyrischer Verse, ganz im Geist des Jugendstil illustriert.

Das Glück auf dem Barkenhoff scheint vollkommen, doch die Ehe mit Martha Schröder scheitert und auch die Blütezeit des Jugendstil war nur von kurzer Dauer, so dass den Erfolgverwöhnten bald Geldsorgen plagen.

Nach der Jahrhundertwende nimmt Vogeler immer wieder Aufträge als Architekt an. So baut er in Worpswede u. a. zwei Künstlerhäuser und eine Gaststätte. Als bleibendes Beispiel seines Wirkens aber ist noch heute der Worpsweder Bahnhof als geschlossenes Jugendstilensemble zu bewundern. Seine geschäftlichen Aktivitäten beschränken sich aber nicht nur auf Entwurf und Ausführung kunsthandwerklicher Arbeiten. Mit seinem Bruder Franz gründet er 1906 das »Worpsweder Kunst- und Gewerbehaus«, das Bilder, Graphiken und Kunsthandwerk anbietet sowie 1907 die Tarmstedter Werkstätten zur Produktion von ihm gestalteter Möbel. Der Erfolg war jedoch nicht von langer Dauer. Zwischen 1910 und 1914 lebt Vogeler häufig in Berlin, wo er sich mit gelegentlichen Illustrationsaufträgen durchschlägt.

Auf der Suche nach dem richtigen Leben

Bei Ausbruch des Ersten Weltkrieges meldet er sich freiwillig an die Front. Was er dort erlebt, wandelt ihn als Mensch und Künstler vollständig um.

1918 schreibt er in tiefster Verzweiflung über das Elend seinen berühmten Brief an den Kaiser »Das Märchen vom lieben Gott«. Seiner Bekanntheit als Künstler ist es zu verdanken, dass er dafür nicht vors Kriegsgericht, sondern ins Irrenhaus kommt. Als »nicht gemeingefährlich« eingestuft, kehrt er bald zurück. Doch die Worpsweder Zeit ist endgültig vorbei. Sein Versuch, den Barkenhoff in eine sozialistische Landkommune umzuwandeln, schlägt fehl. Obwohl sein langjähriger Gönner Ludwig Roselius immer wieder aushilft, steht der Hof regelmäßig vor dem Konkurs und Vogeler entschließt sich 1924, ihn der »Internationalen Roten Hilfe« zu überlassen, die darin ein Kinderheim einrichtet. Vogeler hinterlässt aber auch dort seine Spuren als Künstler und bemalt die Wände der ehemaligen Diele, die jetzt als Speiseraum dient, mit Szenen aus dem Krieg und

Heinrich Vogeler in seinem Arbeitszimmer im Barkenhoff, 1904, Fotografie

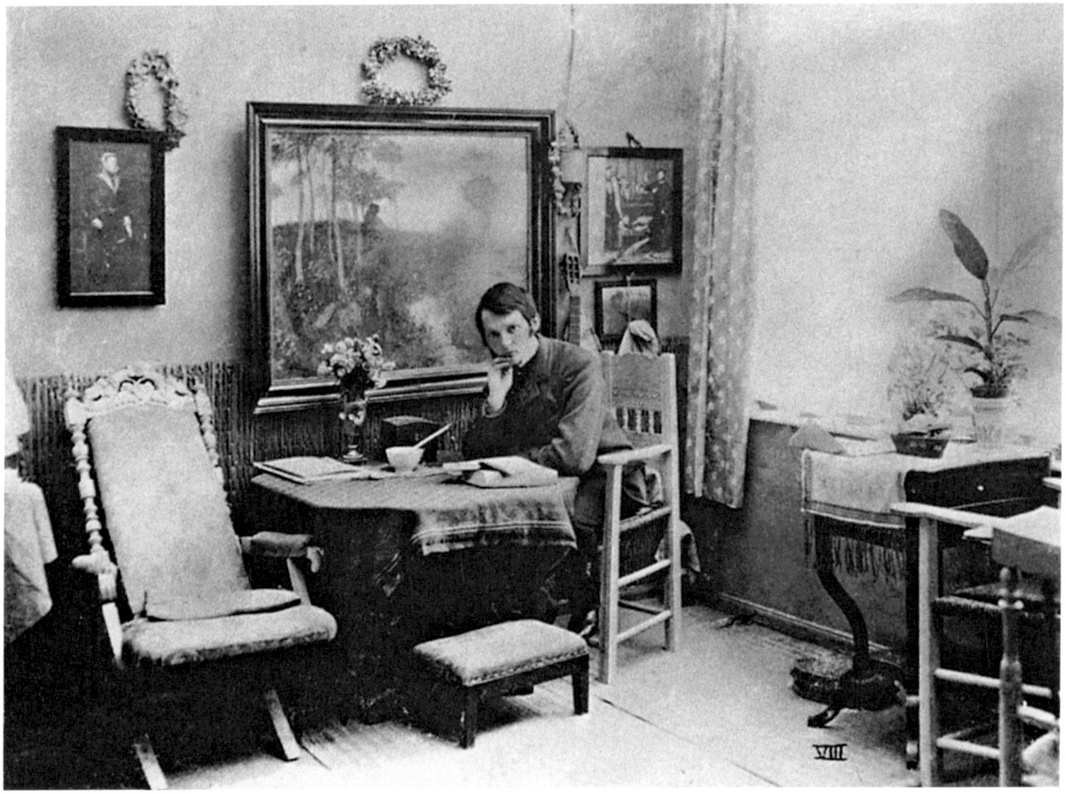

der Unterdrückung freiheitlicher Bestrebungen. Diese Wandbilder werden später zum Anlass für eine Pressekampagne, als ein übereifriger Landrat sie »zum Schutz der Kinder« entfernen lassen will. Ein Sturm der Entrüstung erhebt sich unter den Künstlern und als Kompromiss können sie an der Wand verbleiben, müssen aber verhüllt werden. In den 1930er-Jahren werden sie dann ohne viel Aufhebens entfernt.

1933 wird der Barkenhoff in eine private Gartenschule umgewandelt, 1939 wechselt er erneut den Besitzer und übersteht als »Föhrenhof« die Nazizeit.

Heinrich Vogeler heiratet 1923 Sonja Marchlewska, die Tochter Julian Marchlewskis, eines engen Kampfgefährten Lenins und geht mit ihr 1931 in die Sowjetunion. Er lebt in Moskau und ist als Maler und Architekt tätig. Nach dem Einmarsch der Wehrmacht wird er zusammen mit anderen deutschen Emigranten nach Kasachstan verschickt. Dort stirbt Heinrich Vogeler 1942, sein Grab ist unbekannt.

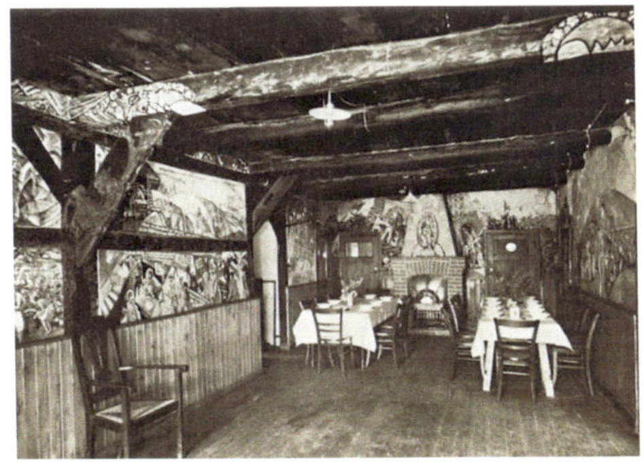

Barkenhoff-Diele mit den Wandbildern von Heinrich Vogeler, 1920–26, 1939 zerstört, Fotografie.
Vogeler hatte die Räume mit Szenen aus dem Krieg und vom Kampf der Völker gestaltet, nachdem die »Rote Hilfe« dort ein Erholungsheim für die Kinder politisch Verfolgter eingerichtet hatte.

Heinrich und Martha Vogeler auf dem Barkenhoff, um 1902, Fotografie

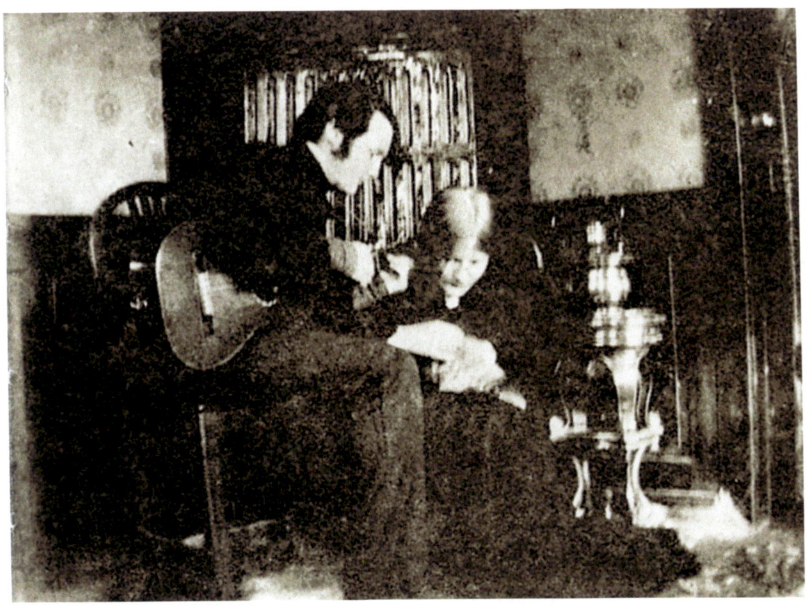

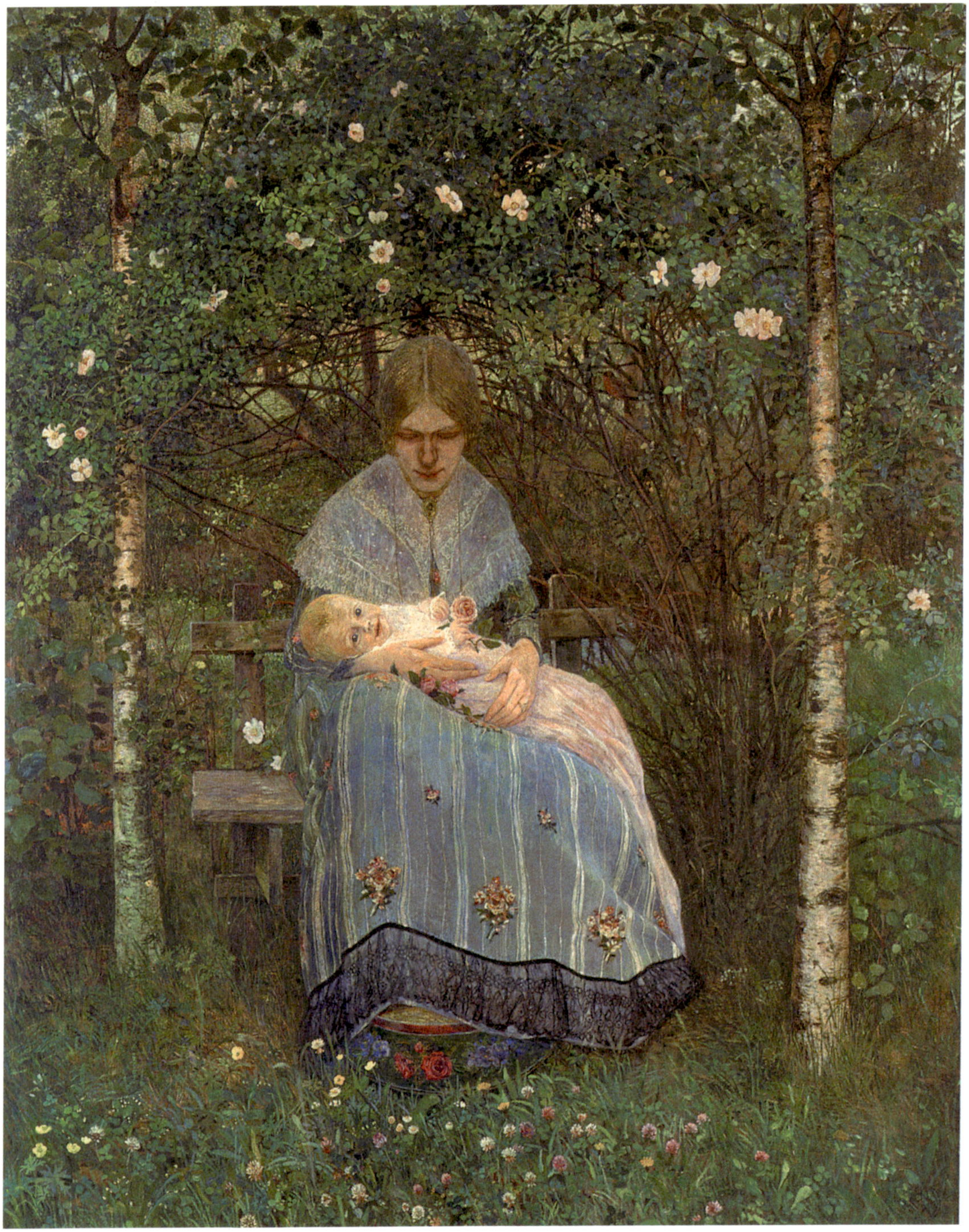

Heinrich Vogeler, *Erster Sommer*, 1902.
»Dieses kleine Weib … wurde der Genius seiner Kunst. Sie brauchte nur auf der Wiese zu stehen, und das Märchen vom Froschkönig ward lebendig. … Das sind die Bilder Vogelers, in denen er so zart und keusch von Jugend und Glück, von Lenz und Liebe erzählt …«

Heinrich Vogeler, *Internationale Rote Hilfe und Dawes-Deutschland*, 1924.
In den so genannten Komplexbildern versucht Vogeler mit Hilfe einer mehrschichtigen Erzählweise (verschiedene Ereignisse werden parallel geschildert), die verschiedenen Etappen des sozialistischen Aufbaus mit einer eindeutigen propagandistischen Aussage im Großformat zu verbinden. Von den zwischen 1923 und 1936 entstandenen ca. elf Bildern sind nur sechs erhalten.

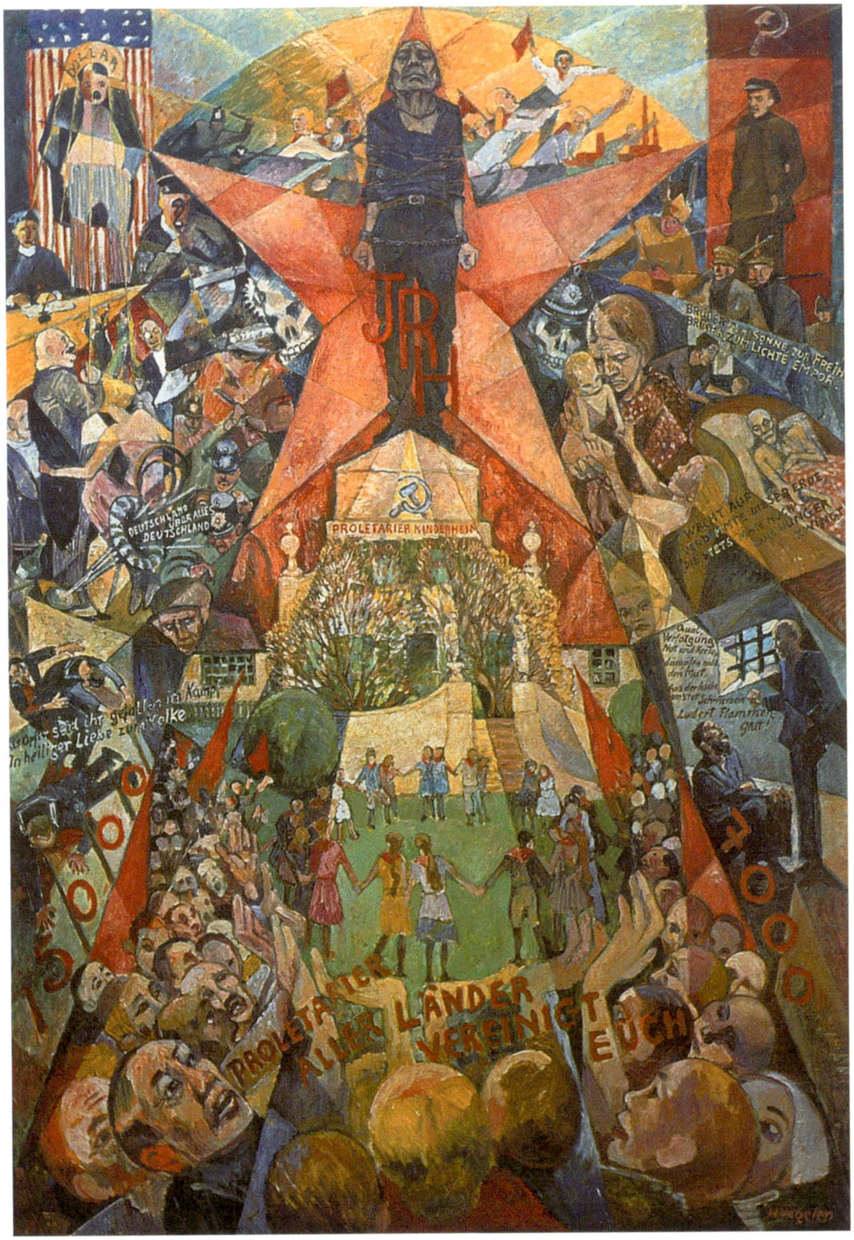

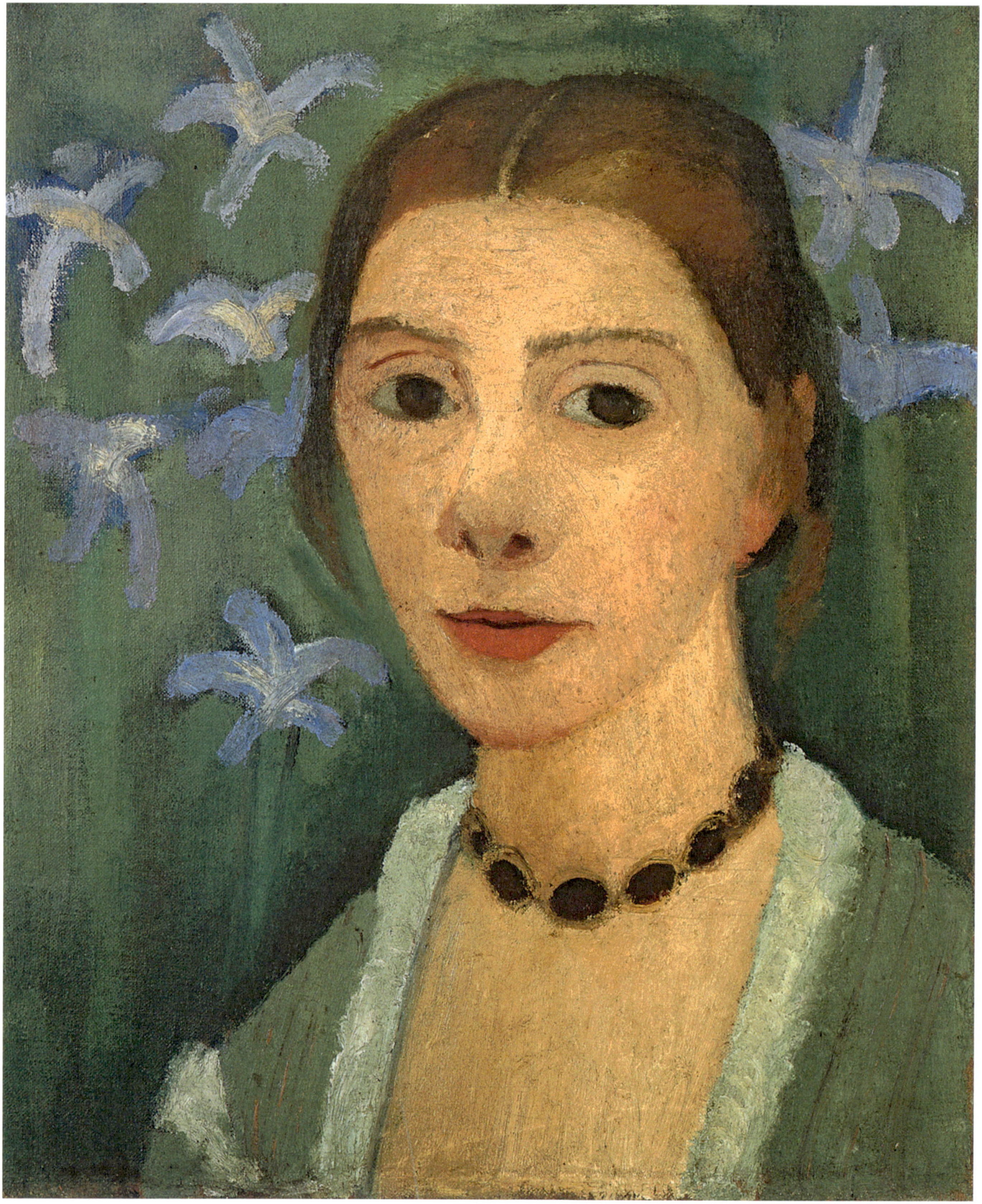

Ein Genie unter Talenten: Paula Modersohn-Becker

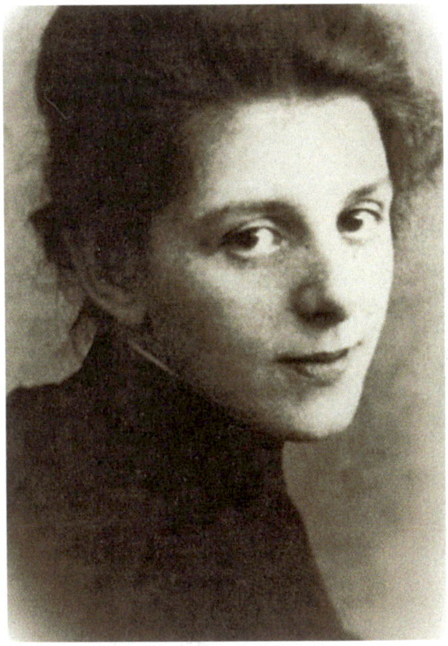

Porträtfoto von Paula Becker, um 1895

»Worpswede, Worpswede, Worpswede! ... es ist ein Wunderland, ein Götterland.« Mit diesem euphorischen Ausruf kommentiert Paula Becker 1897 ihren ersten Besuch im Künstlerort. Zehn Jahre später sehnt sie sich von ganzem Herzen nach Paris: »... daß ich von Zeit zu Zeit eine so riesige Sehnsucht nach Paris bekomme«. Zwischen diesen beiden Polen bewegt sich das Leben einer der faszinierendsten Künstlerinnen des 20. Jahrhunderts.

Sie hat »Witz, Geist, Phantasie ... einen prächtigen Farbsinn ...«

Wenn heute von Worpswede die Rede ist, denkt man an Paula Modersohn-Becker. Dass sie zu Lebzeiten nur zweimal ihre Bilder öffentlich ausgestellt hat - mit niederschmetternder Reaktion - und selbst von ihren engen Freunden viel eher als die Frau Otto Modersohns statt als eigenständige Künstlerin wahrgenommen wurde, ist vielen nicht bewusst. Aber Paula Modersohn-Becker ist als Mensch und Künstlerin einen für ihre Zeit ungewöhnlichen Weg gegangen und hat sich ihren Traum vom Leben als Künstlerin schwer erkämpft.

Paula Becker wird 1876 in Dresden-Friedrichstadt geboren. Der Vater ist Bahnbeamter und wechselt in dieser Position 1888 nach Bremen. Paulas Kindheit ist überaus behütet und glücklich. »Der Becker-Clan«, neben Paula gibt es noch sechs Geschwister, hält fest zusammen und das Verhältnis der Familienmitglieder ist voller Wärme und Zuneigung. 1892 geht Paula zu Verwandten nach England, wo sie ersten Zeichenunterricht an einer »richtigen« Kunstschule erhält. Davon ist sie so begeistert, dass sie nach ihrer Rückkehr Malerin werden will. Ein Berufswunsch, der für Frauen zu dieser Zeit in Deutschland nur unter erschwerten Bedingungen in die Praxis umzusetzen ist. Vom Widerstand der Familie ganz abgesehen. Auch für Paula hat der Vater Anderes vorgesehen und so absolviert sie erst

←

Paula Modersohn-Becker, *Selbstbildnis vor grünem Hintergrund mit blauer Iris*, um 1905

»Äußerlich reizvoll, anmutig, kräftig, gesund, energisch. – Gewandt, geschickt, nicht verlegen, selbstständig, graziös, weiblich« – so Otto Modersohn über seine geliebte Paula, die sich hier in einem Selbstporträt darstellt.

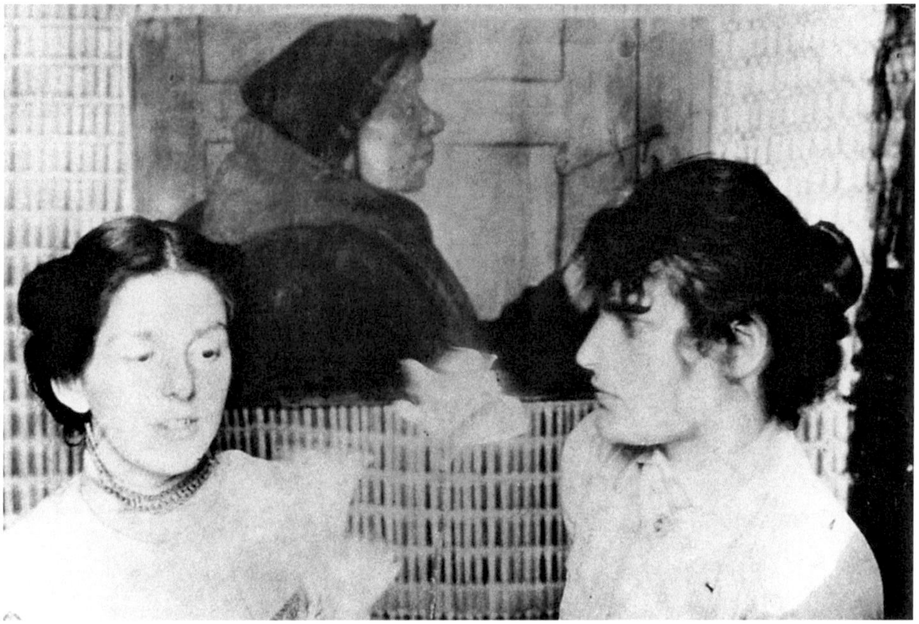

Paula Becker und Clara Westhoff in Paulas Atelier, Fotografie. Die beiden Künstlerinnen hatten sich als Schülerinnen Mackensens kennen gelernt und seit dem eine intensive Freundschaft gepflegt. Nach der Hochzeit Clara Westhoffs mit Rilke kommt es zu einem Bruch, der erst überwunden wird, als beide ab 1903 in Paris arbeiten.

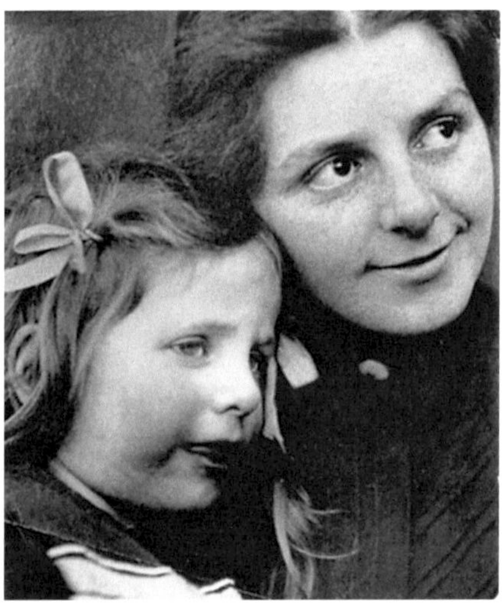

Paula und Elsbeth Modersohn, 1901, Fotografie. Modersohns kleine Tochter Elsbeth aus der Ehe mit Helene Schröder ist auf vielen Bildern Paula Modersohn-Beckers porträtiert.

einmal das Bremer Lehrerinnenseminar. Ausgemacht war, dass sie nach bestandenem Examen an einer Kunstschule studieren darf. 1896 beginnt sie die ersehnte Ausbildung an einer Berliner Malerinnenschule: »... es ist zuviel. ... mein kleines Herz [kann] all das Glück nicht tragen.«

Auf dem Weg ins »Wunderland«

Von den Worpswedern hatte Paula schon in der Bremer Ausstellung 1895 einen nachhaltigen Eindruck bekommen: »Diese Woche war ich eine eifrige Besucherin der Kunsthalle.« Während des Sommeraufenthalts 1897 in Bremen beschließt sie, dorthin zu fahren und alles mit eigenen Augen zu erkunden. Schon im Jahr darauf siedelt sie ganz nach Worpswede über und wird Schülerin von Fritz Mackensen. Ihr Verhältnis zu ihrem Lehrer ist nicht ungetrübt. Einerseits verehrt sie ihn als Künstler, erkennt aber auch seine Schwächen und Beschränkungen. Mackensen ist von ihrem Talent, wie von dem der meisten »Malweibchen« nicht überzeugt und greift ständig korrigierend ein: »Sie malte hier auch gleich tüchtig drauflos, obgleich ihr der feste Grund für das Können, das Gefühl für das Organische und die Beherrschung der Form vollständig fehlte.«

Bei Mackensen lernt sie Clara Westhoff kennen, »die Schwesterseele«, mit der sie bald eine enge Freundschaft verbindet. Schon im nächsten Jahr, 1899, gestaltet sie mit einigen anderen Worpsweder Malschülerinnen eine Ausstellung in der Bremer Kunsthalle, die zum Desaster wird:

»Daß so unqualifizierbaren Leistungen ein ganzes Kabinett eingerichtet wurde, ist sehr zu beklagen. ... Allein diesen Arbeiten gegenüber ... können wir unsere schärfste Abweisung nicht ersparen.« In der Neujahrsnacht 1899 macht sie sich auf die Reise nach Paris, das in ihrem Leben immer wieder zum Fluchtpunkt, zur Gegenwelt Worpswedes wird. Sie studiert und besucht eifrig die Kunstmuseen und Galerien: »... und ich fühle das, komme mit meiner Kunst weiter und bin froh.« Die erste Begegnung mit Cézanne wird zum prägenden Erlebnis und noch kurz vor ihrer Niederkunft 1907 schreibt sie ihrer Mutter: »Ich wollte wohl gern auf eine Woche nach Paris reisen. Da sind 56 Cézannes ausgestellt!«

Zwischen Kunst und Küche

Nach ihrer Rückkehr nach Worpswede Mitte des Jahres 1900 verlobt sie sich mit Otto Modersohn, zu dem sie sich schon länger hingezogen fühlt: »In Paris gehörten wir stillschweigend zusammen.« 1901 heiraten sie. Paula richtet ihr neues Leben in Worpswede an der Seite Modersohns ein und wird zur Mutter für seine kleine Tochter Elsbeth. Die sechs gemeinsamen Jahre sind für beide Künstler überaus produktiv, wenn auch nicht frei von Spannungen. Paula zweifelt immer wieder an ihrer Rolle als Künstlerin und Ehefrau: »Es ist meine Erfahrung, daß die Ehe nicht glücklicher macht. ... Dies schreibe ich in mein Küchenhaushaltebuch, ... sitze in meiner Küche und koche Kalbsbraten.« Doch neben dem Kalbsbraten entstehen in ihrem kleinen Atelier im Brünjeshof, von ihrer Umwelt kaum wahrgenommen,

Paula Modersohn-Becker, *Stilleben mit Orangen, Bananen, Zitronen, Tomaten,* o. J.
In Paris hatte Paula die Bilder Cézannes kennen gelernt, die für sie zu einer der wichtigsten Inspirationsquellen wurden. Der befreundete Dichter Rilke wurde durch die farbsatten Stillleben Paulas zu diesem Vers angeregt: »Denn Das verstandest du: die vollen Früchte. Die legtest du auf Schalen vor Dich hin und wogst mit Farben ihre Schwere auf.«

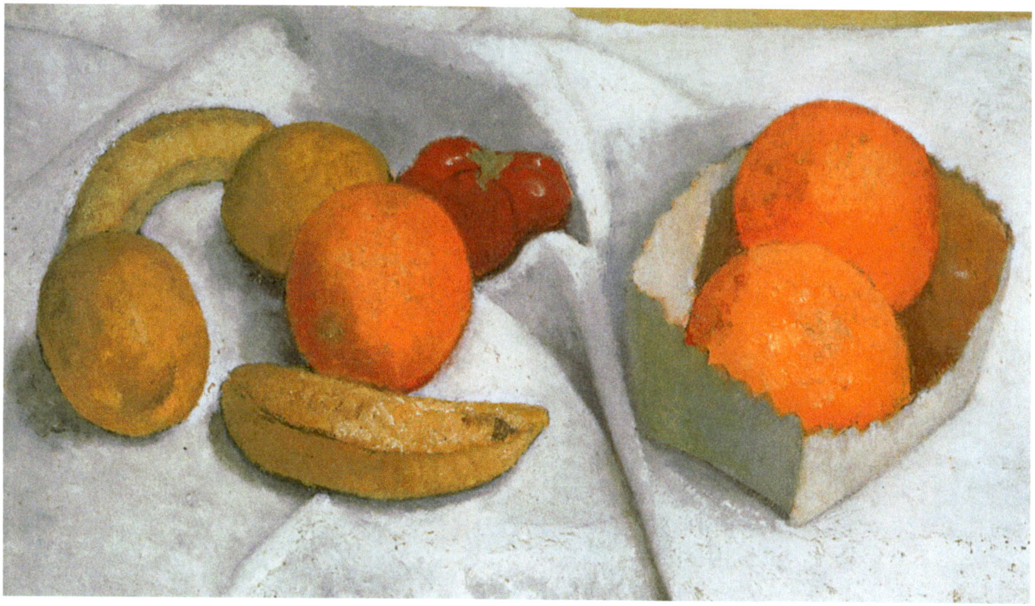

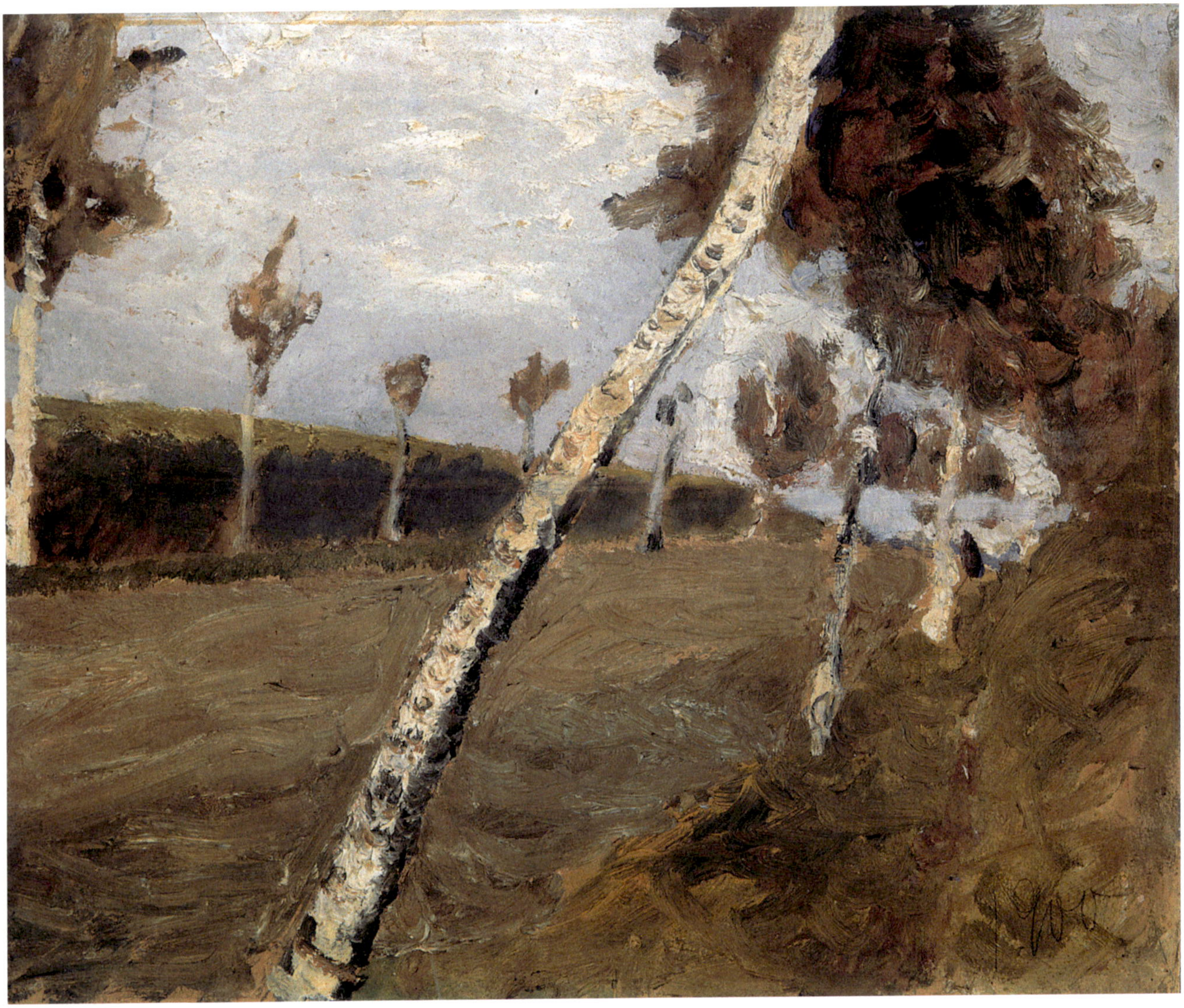

Paula Modersohn-Becker, *Birkenallee*, 1900.
»Paula sucht mit eigenen Augen die Welt zu sehen und aufzufassen …«, notiert Modersohn im Dezember 1900 in seinem Tagebuch.

Bilder, die heute zu den wegweisenden Werken des 20. Jahrhunderts gehören. Paula arbeitet unermüdlich und spürt, dass sie auf dem richtigen Weg ist: »Ich fühle, daß nun bald die Zeit kommt, ... wo ich mit Stolz fühlen werde, daß ich Malerin bin.«

Aber Worpswede ist nicht mehr ausschließlich der Ort, an dem sie wachsen kann. 1903, 1905 und 1906 geht sie wieder für längere Zeit nach Paris, 1906 mit der Absicht, sich endgültig von Otto und Worpswede zu trennen. Ihre Schwangerschaft lässt sie diese Pläne umstellen und 1907 mit Otto zurückkehren: »Die Hauptsache ist: Stille für die Arbeit.« Am 2. November 1907 wird ihre Tochter Mathilde geboren, am 20. November stirbt Paula Modersohn-Becker an einer Embolie.

»Ich weiß, ich werde nicht sehr lange leben. Aber ist das denn traurig? Ist ein Fest schöner, weil es länger ist? Und mein Leben ist ein Fest, ein kurzes, intensives Fest.«

Paula Modersohn-Becker, *Kopf eines kleinen Mädchens mit Strohhut*, um 1905. »Das ist wirklich ein feines, erstes Stück Malerei – frei, naiv, koloristisch fein gestimmt, intim und doch Malerisch groß«, urteilt Modersohn über Paulas Kinderbilder.

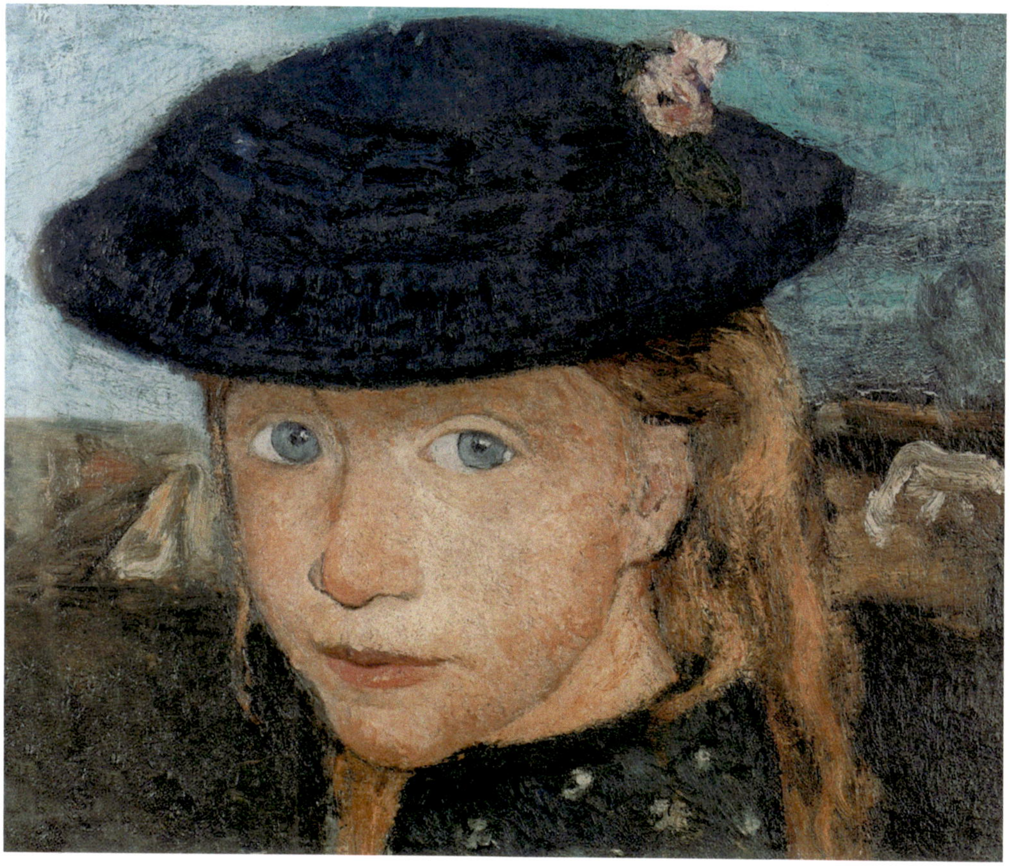

Paula Modersohn-Becker, *Stilleben mit Milchsatte (Frühstückstisch)*, 1905.
»Paulas herrliche Stilleben haben mich ganz gefangengenommen, mit ihnen verglichen besteht nichts.« Modersohn ist, neben Vogeler, der einzige in Worpswede, der Paulas künstlerische Arbeit ernst nimmt und ihren Wert erkennt.

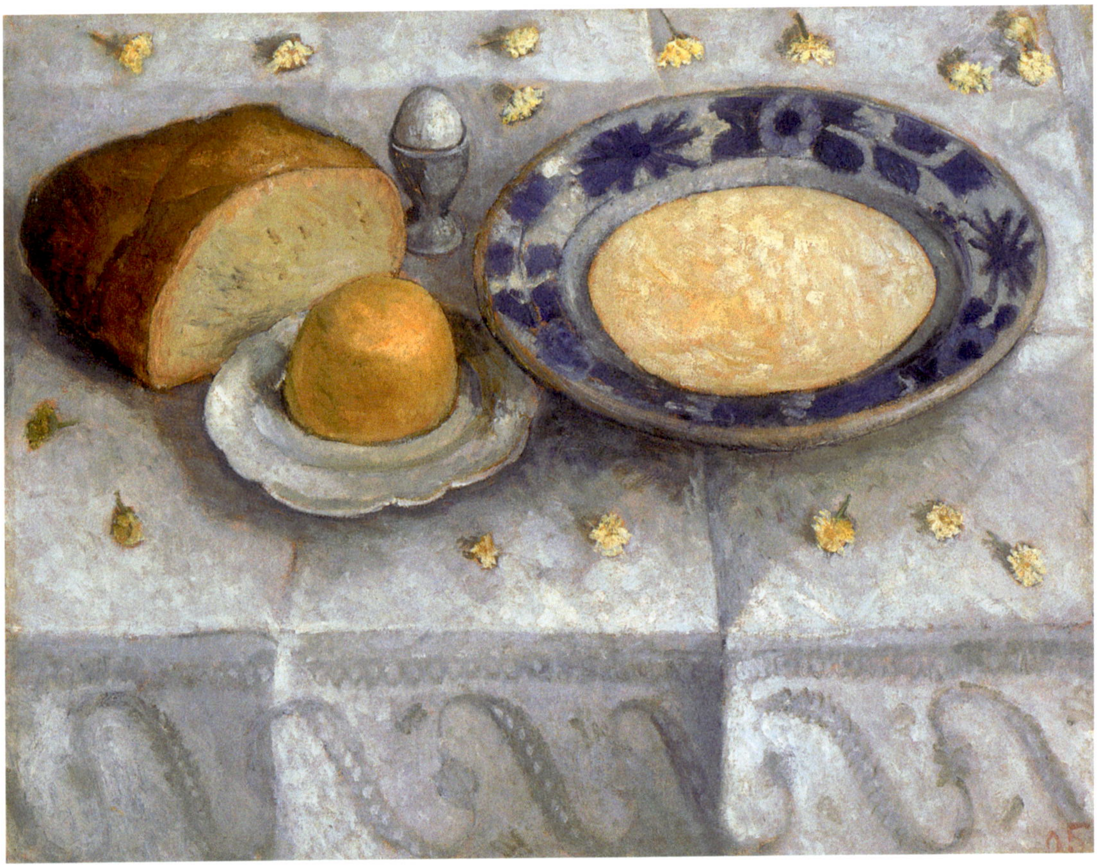

Paula Modersohn-Becker, *Alte Armenhäuslerin im Garten mit Glaskugel und Mohnblumen*, 1906. Auch Paula Modersohn-Becker versucht sich in ihren Tagebüchern und Briefen über ihre künstlerischen Ziele klar zu werden: »Intim bin ich wohl immer gewesen … und das primitive habe ich im Grunde immer geliebt.«

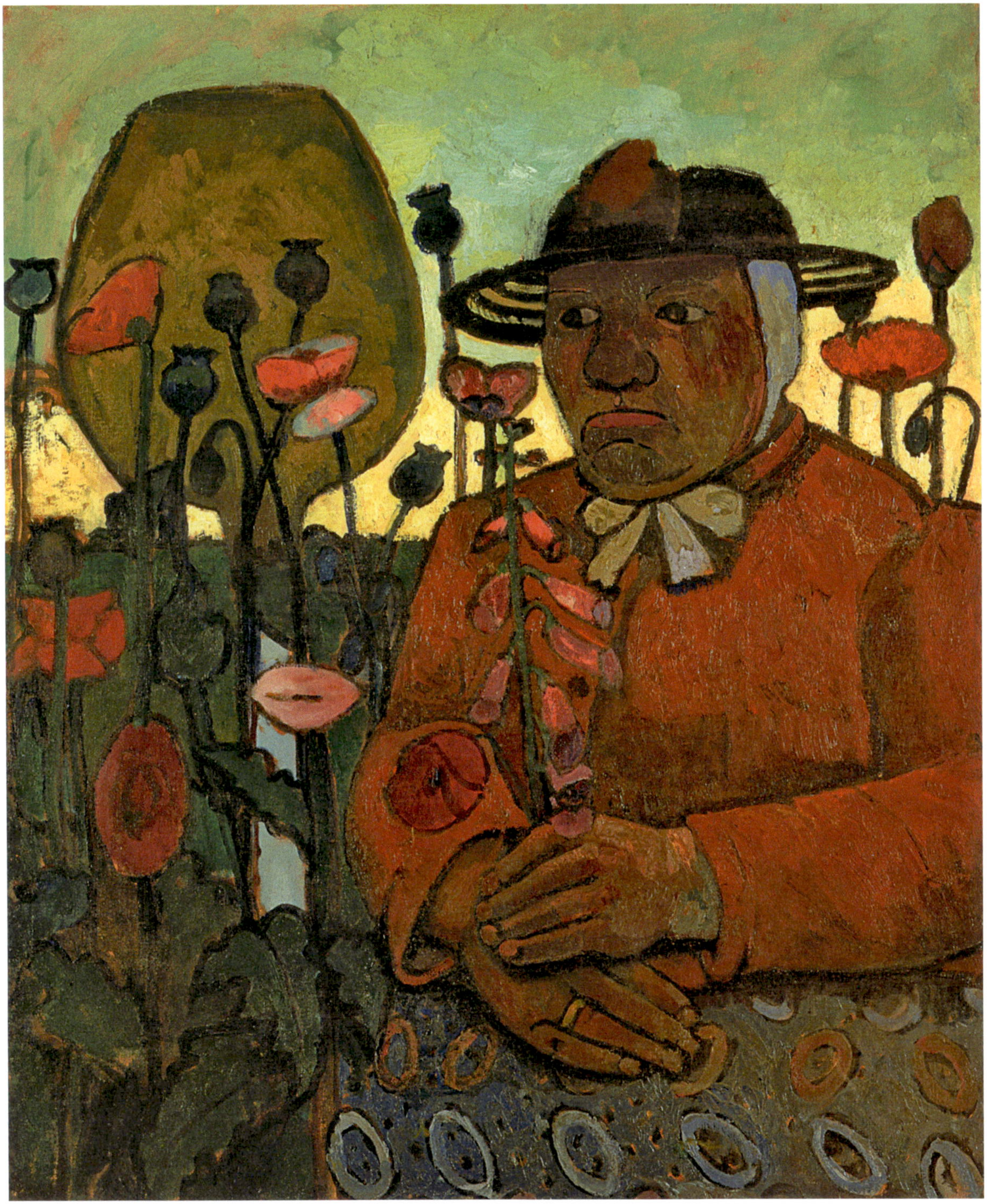

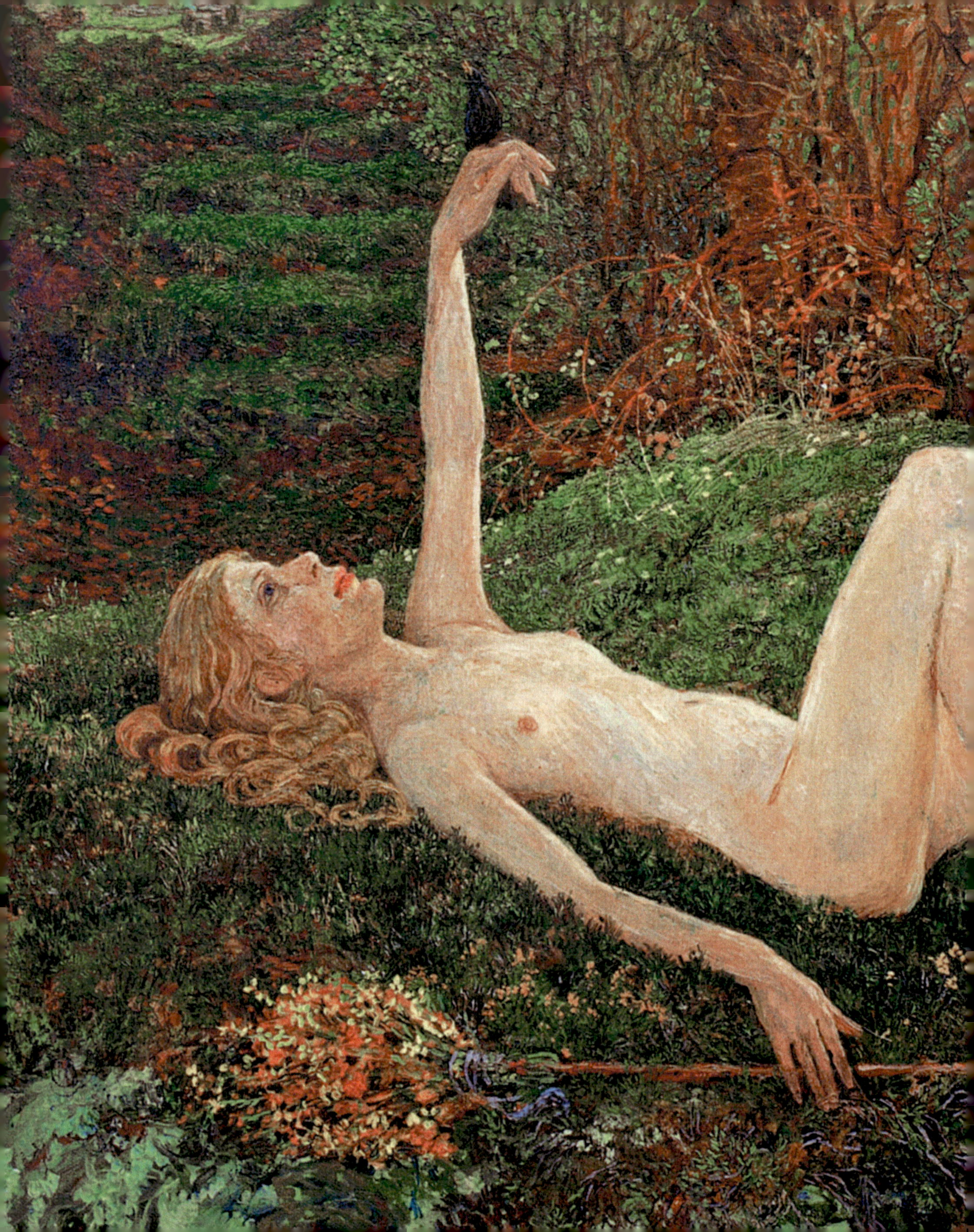

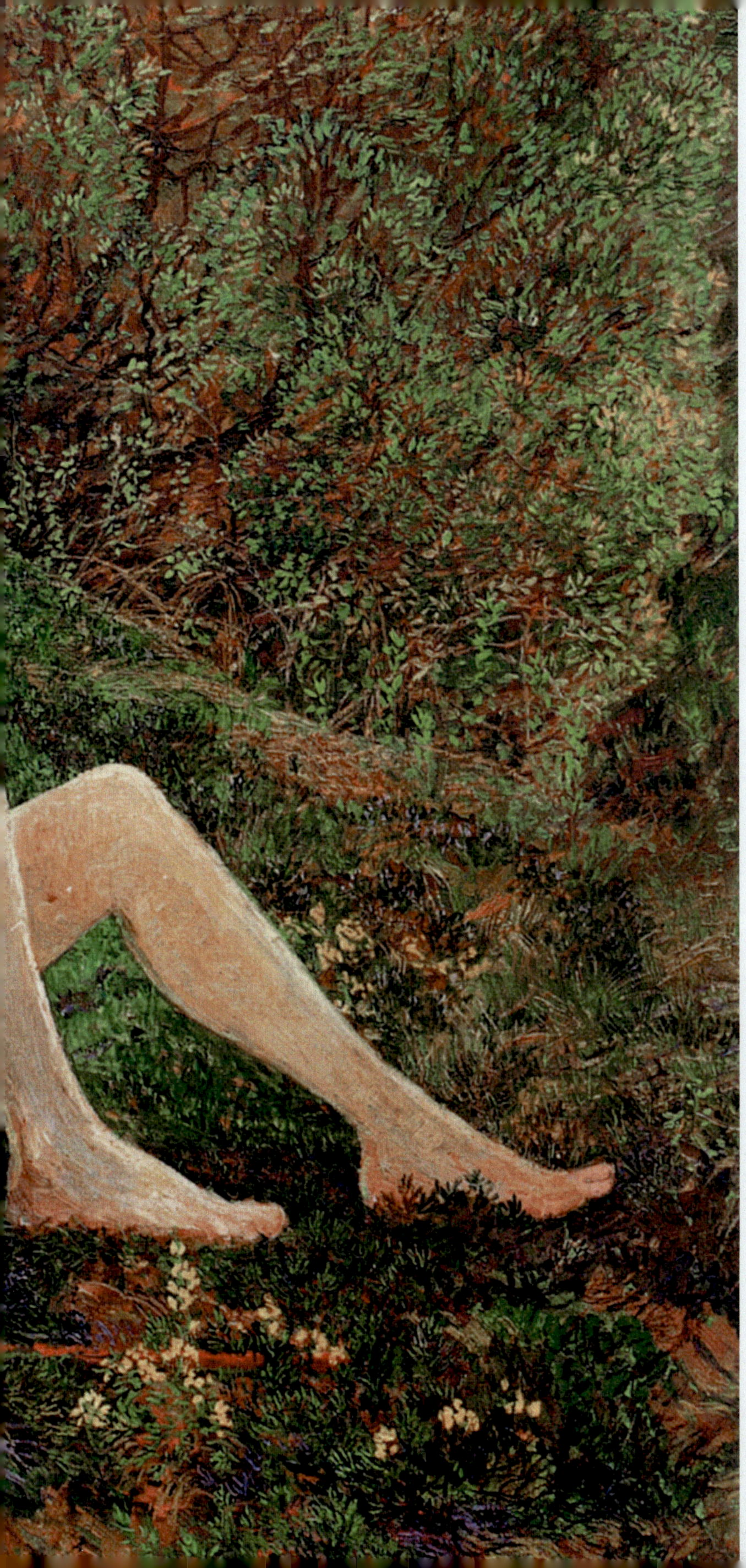

Die Liebe

~

In der Kunst geht es
wie in der Liebe.
Je mehr man sich gibt,
desto mehr man
empfängt.

Paula Modersohn-Becker

Liebe, Kunst und Alltag

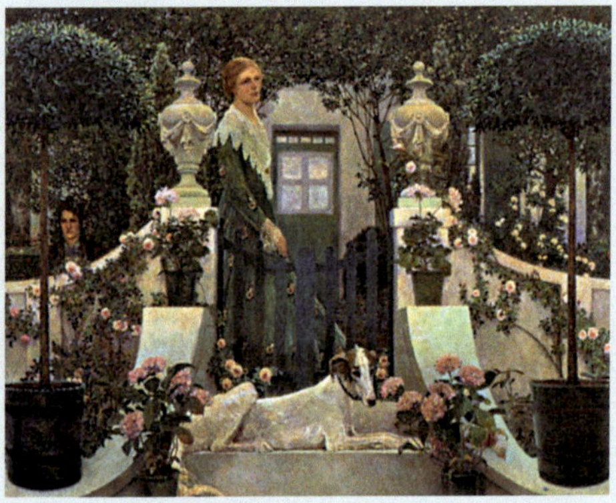

Heinrich Vogeler, *Sommerabend (Das Konzert)*, 1902–05

1901 ist das Worpsweder Hochzeitsjahr. Gleich dreimal innerhalb von drei Monaten läuten die Hochzeitsglocken für Heinrich Vogeler und Martha Schröder, Rainer Maria Rilke und Clara Westhoff und Otto Modersohn und Paula Becker. Doch es ist nicht einfach zwischen Liebe und Kunst, Alltag und Karriere, Freiheit und Verpflichtung, allen Ansprüchen gerecht zu werden und das große Gefühl auch in den kleinen Sorgen zu bewahren.

Modersohn an Paula:

»Aber einen wie starken Trost habe ich in Dir, meine Paula. Unser Wesen trifft sich in seinen Tiefen, das ist eine stetige Quelle des reinsten Glücks.«

Paula an Modersohn:

»Sei still geküßt und laß Dir den geliebten Kopf leise streicheln. Ich bin Dein, Du bist mein, des sollst Du gewiß sein. Schlaf auch immer recht schön und viel und iß kräftig.« »... Lieber Otto, laß eine Zeit ruhig verstreichen und laß uns beide abwarten, wie meine Gefühle dann sind. Nur, Lieber, versuche den Gedanken ins Auge zu fassen, daß sich unsere Wege scheiden werden ...«

Modersohn an Paula:

»Du bist mir immer noch eine Welt. Du suchst Freiheit. Nimm alle Freiheiten, reife, lebe von mir getrennt mal, tue alles, was Deiner Natur nötig ist ...«

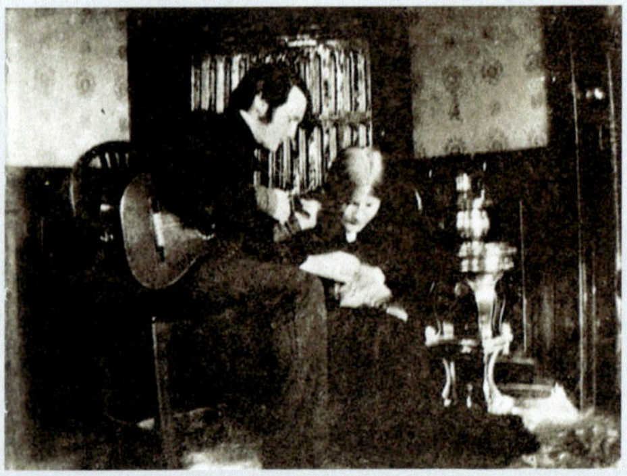

Heinrich und Martha Vogeler im Jahr nach ihrer Hochzeit

Paula Modersohn-Becker an Clara Rilke-Westhoff:

»Fordert das denn die Liebe, daß man werde wie der andere? Nein, und tausendfach nein.«

Paula Modersohn-Becker an Rilke:

»Und bitte, bitte geben Sie uns keine Rätsel auf. Mein Mann und ich sind zwei einfache Menschen, wir können so schwer raten, und hinterher tut uns der Kopf weh und das Herz.«

Vogeler über seine Ehe:

»Wenn ich dann und wann in das Haus der Martha kam, so war ich sozusagen bei mir zu Besuch, bei dem einstigen jungen Romantiker mit dem Biedermeierkragen, bei dem zufriedenen Kleinbürger, der sich dachte, wenn man Besitz hatte, ein Stück Land, sein Gemüse bauen konnte und Träume in Kunstwerke umsetzen, so hatte man die große Freiheit und Unabhängigkeit gefunden ...«

Perfekte Harmonie ohne Happy End

Heinrich und Martha Vogeler machen den Barkenhoff in den Jahren bis zum Ersten Weltkrieg zu einem Treffpunkt der geistigen und künstlerischen Elite Europas. Ab 1910 wird die Ehe durch ein Verhältnis Marthas mit einem Hausgast dauerhaft belastet. Vogeler ist viel auf Reisen und sucht nach Orientierung außerhalb Worpswedes. 1920 trennt sich das Paar endgültig und Vogeler übereignet den Barkenhoff der »Roten Arbeiterhilfe Deutschland«. Das freundschaftliche Verhältnis zwischen Vogeler und Modersohn überdauert den Umzug Modersohns nach Fischerhude und die Trennung Vogelers von Martha. Bis zu dessen Weggang nach Berlin und in die Sowjetunion 1931 stehen beide Künstler im Briefwechsel und kümmern sich gemeinsam um Paulas künstlerisches Erbe und ihre Anerkennung in der Kunstwelt.

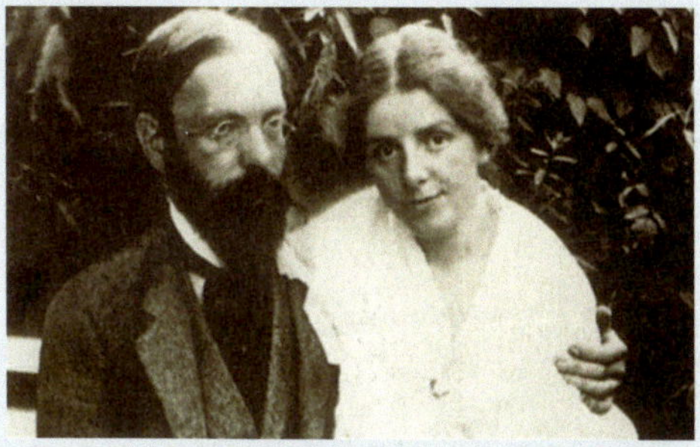

Otto und Paula Modersohn, 1903, Fotografie

Ehe auf Distanz

Rainer Maria Rilke und Clara Westhoff leben nach der kurzen gemeinsamen Zeit in Westerwede nicht wieder in einem gemeinsamen Hausstand; die Ehe wird aber nicht geschieden. Rilke ist in den Jahren bis zu seinem Tod 1926 ständig auf Reisen und zu Gast bei Freunden und Förderern. Clara unternimmt ebenfalls ausgedehnte Reisen und geht später mit ihrer Tochter nach München, 1917 nach Fischerhude, wo sie bis zu ihrem Tod 1954 lebt. Das Verhältnis zwischen Paula und Clara und Rilke und Modersohn hatte sich nach der Eheschließung stark verschlechtert. Die Modersohns empfinden den Einfluss Rilkes auf seine Frau als negativ. Es kommt zu Auseinandersetzungen. Erst in Paris nähert sich Paula wieder an Rilke und Clara an.

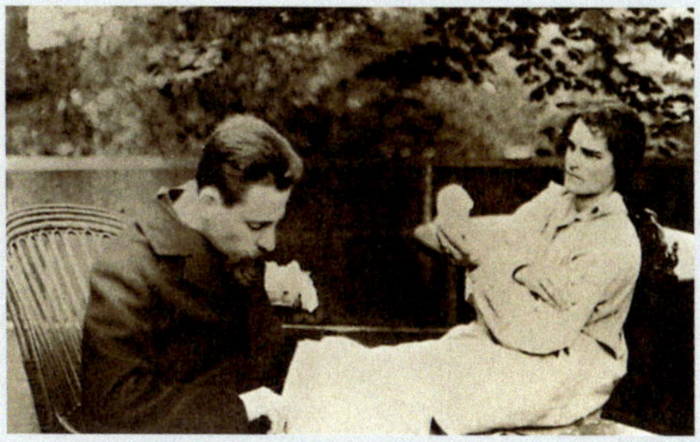

Clara Rilke-Westhoff porträtiert Rainer Maria Rilke auf der Terrasse von Schloss Friedelhausen, 1905, Fotografie

Liebe und Kunst zwischen Küche und Karriere

Paula und Otto Modersohn leben gemeinsam mit Ottos Tochter Elsbeth aus erster Ehe in Worpswede. Ihre Ehe bleibt zunächst kinderlos. Paula fühlt sich bald von den Worpsweder Verhältnissen eingeengt und ist ab 1903 immer wieder für längere Zeit in Paris. 1906 geht sie mit der Absicht dorthin, sich von Otto zu trennen. Das Drängen Modersohns und ihre Schwangerschaft führen sie Mitte 1907 doch wieder nach Worpswede zurück, wo sie im November nach der Geburt der Tochter Mathilde stirbt.
Ihr Mann und Heinrich Vogeler setzen sich sehr für ihre Kunst ein und organisieren in den Jahren nach Paulas Tod zahlreiche Ausstellungen.

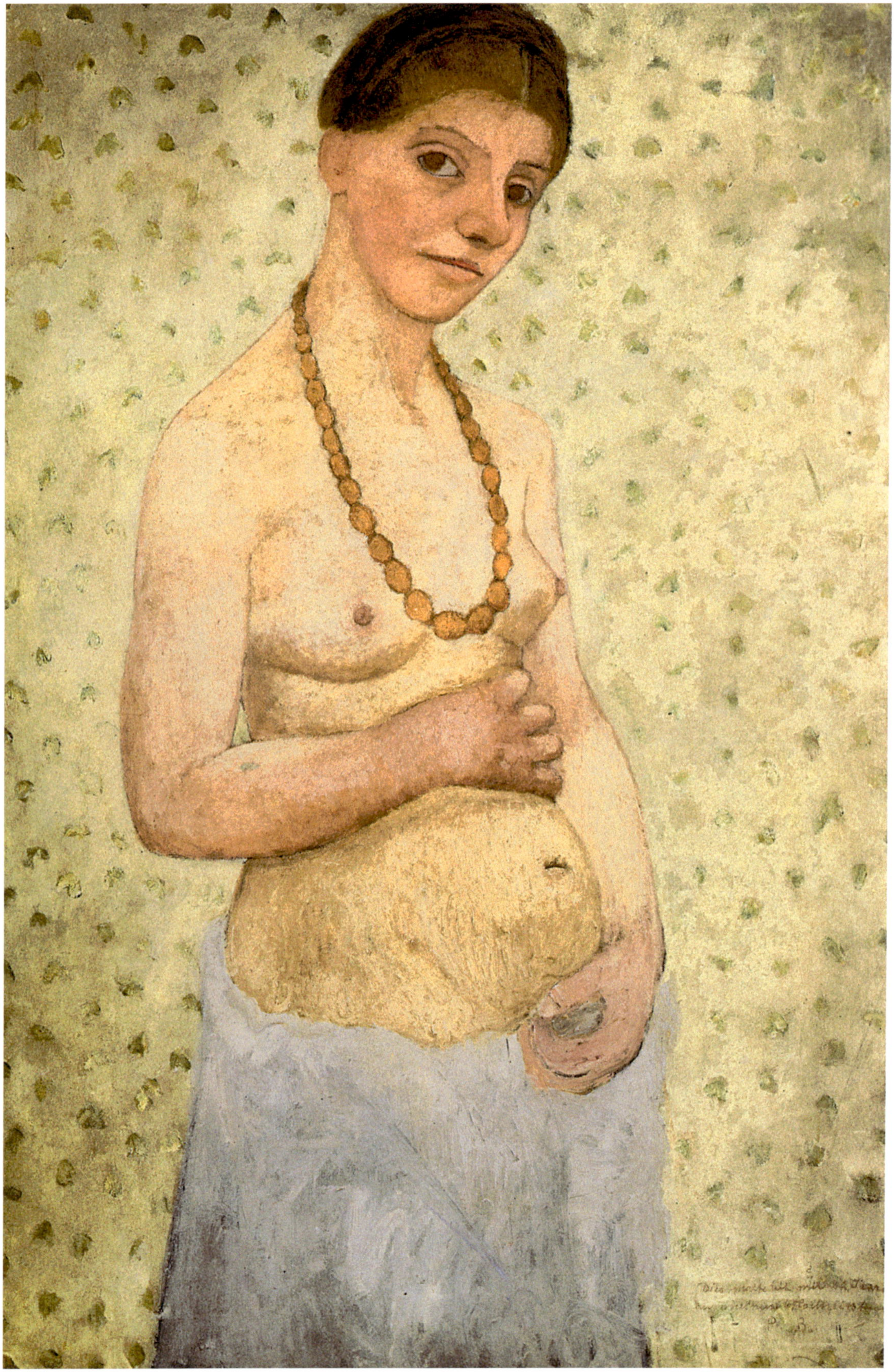

König Rother und die blonde Malerin

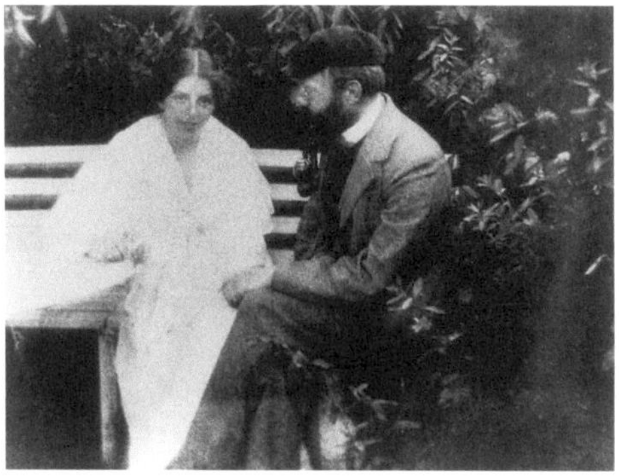

Paula Modersohn-Becker und Otto Modersohn, 1903, Fotografie

Als Paula Becker 1897 nach Worpswede kommt, möchte sie ihn »kennenlernen, diesen Modersohn«. Er ist bei ihrer ersten Begegnung von ihrer Anmut bezaubert: »Lebendigkeit, Lebhaftigkeit, Gewandtheit ... Anmut in Kleidung, Haltung, Bewegung, Redeweise ...«

Worpswede-Paris-Worpswede

Als Paula Becker im Juli 1897 voller Enthusiasmus nach Worpswede kommt, sind es vor allem die Bilder Otto Modersohns, die es ihr angetan haben. Sie hatte sie zwei Jahre zuvor in der Bremer Ausstellung entdeckt und ist nun neugierig, den Ort und den Maler kennen zu lernen: »Sonst interessierte mich noch riesig ein Modersohn.«

Sie wird Schülerin von Fritz Mackensen und findet rasch Zugang zum Worpsweder Kreis. Im Hause Modersohn ist sie ein gern gesehener Gast und auch Ottos kranke Frau Helene findet Gefallen an der sympathischen jungen Frau, »weil sie so natürlich und zwanglos war«.

Vor allem mit dem stillen und meist in sich gekehrten Modersohn findet sie schnell eine gemeinsame Ebene, tauscht sich mit ihm über Kunst und Theorie aus und besucht ihn in seinem Atelier: »Sie kniete auf dem Strohteppich und betrachtete alles mit Interesse«. Modersohn schätzt ihr Urteil über seine Arbeiten, obwohl er von ihr noch kaum etwas gesehen hat. Aber was er sieht, lässt ihn, im Gegensatz zu den allermeisten anderen Worpswedern, ihr großes Talent erkennen. Als ihre erste Ausstellung in der Bremer Kunsthalle so wütende Kritik hervorruft, zeigt er in seinem Tagebuch Mitgefühl: »Warum sind sie alle gegen sie?«

Während ihrer ersten Parisreise, die Paula unmittelbar nach dem Bremer Verriss antritt, entwickelt sich ein intensiver Briefwechsel, in dem sie ihn an ihren Erlebnissen und künstlerischen Erfahrungen teilhaben lässt: »Sie müssen einfach herkommen, Sie dürfen dies gar nicht an sich vorübergehen lassen. Gerade Sie mit Ihren Farben ...« Im Juni reist Modersohn zusammen mit dem Ehepaar Overbeck an die Seine: »Und

←

Paula Modersohn-Becker, *Selbstbildnis am 6. Hochzeitstag*, 1906

Den 6. Hochzeitstag erlebt Paula allein in Paris. Sie ist entschlossen, sich von Otto zu trennen. Als sie das Bild malt, ist sie selbst nicht schwanger. Im Oktober des Jahres folgt ihr Modersohn nach Paris und beide leben ein halbes Jahr gemeinsam dort.

am Montag kommen die Worpsweder! (Modersohn und die Overbecks) Das ist die Hauptriesenfreude.« Doch die Reise wird überschattet vom Tod Helene Modersohns, die schon lange krank und pflegebedürftig gewesen war. Modersohn reist sofort zurück, Paula folgt kurz darauf.

Liebesbriefe im Moor

Zwischen beiden hat sich in den letzten Monaten ein enges Verhältnis entwickelt, das in Worpswede fortgesetzt wird: »Ganz allmählich ward unsere Freundschaft immer inniger, und wir fühlten beide, daß wir Gefährten fürs Leben geworden waren.«

Doch das Verhältnis soll so kurz nach dem Tod Helenes noch nicht öffentlich gemacht werden. Also wird im Moor ein geheimer Briefkasten angelegt, in dem die beiden Liebenden täglich Botschaften austauschen: »In einer Kuhle in der Heide, nicht weit von ihrem Atelier, wurden die Ergüsse unserer Liebe unter einem Stein niedergelegt.« Doch die Verbindung lässt sich nicht lange verheimlichen und so verloben sich Paula Becker und Otto Modersohn am 12. September 1900.

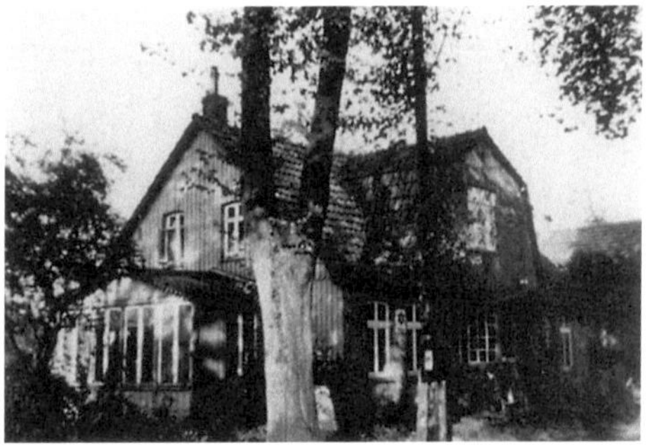

Haus Modersohn in Worpswede, Fotografie.
Otto Modersohn hatte das Haus 1921 verkauft. Heute beherbergt es als »Museum am Modersohn-Haus« Werke der ehemaligen Besitzer.

LebensKunst

Die nächsten Monate scheinen für beide eine Hoch-Zeit einzuläuten. Tagebücher und Briefe sind angefüllt mit Äußerungen reinen Glücks: »... ja, ich sitze im Glück, tief und sanft und das Leben umweht mich süß«, schreibt Paula im Herbst dieses Jahres. Und Modersohn notiert in seiner zurückhaltenden Art: »Unvergeßliche Tage – eine einzige Harmonie, die ... Liebe bildete den Mittelpunkt«

Sie fühlen sich nicht nur als Menschen zueinander hingezogen, sondern erleben durch die Gemeinsamkeit und den geistigen Austausch auch künstlerisch ein enormes Vorwärtskommen: »Ein großes gemeinsames Streben verbindet uns – alle Tage. Das ist die rechte Lebenskunst, die auch die rechte Kunst ins Leben bringt.«

Die Trauung findet am 25. Mai 1901 in Bremen am Sterbebett von Paulas Vater statt, der zu schwach war, um das Haus zu verlassen.

Kunst und Küche

Doch die reine Harmonie bleibt auf Dauer nicht ungetrübt. Paulas Eltern hatten ihre Tochter schon im Vorfeld der Heirat gedrängt, einen Hauswirtschaftskurs zu absolvieren, um sich auf die Pflichten einer Ehefrau und Mutter, die sie für Modersohns kleine Tochter Elsbeth werden soll, vorzubereiten.

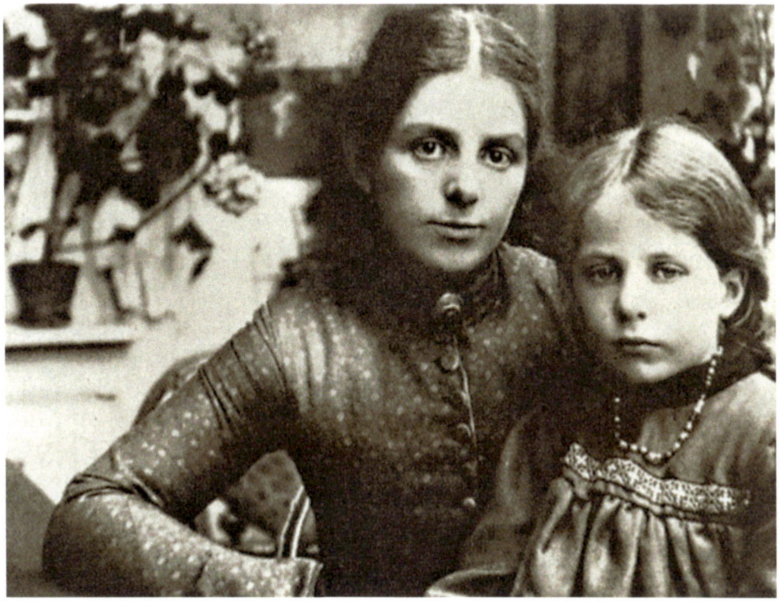

Paula und
Elsbeth Modersohn,
Fotografie

Paula ist davon nicht sehr begeistert – »Und ein jeder von uns versucht, ... tüchtig zu schaffen, Du mein König ... schöne, schöne Bilder, ich – Suppen, Klöße und Ragouts«, – nutzt aber die Zeit in Berlin, um viel in den Museen und Galerien herumzustreifen.

Paula behält auch ihr Atelier in Worpswede: »Dies ist ... die liebste Stube aus meinem ganzen Leben.« Sie richtet die Hausarbeit so ein, dass sie jeden Tag ein paar Stunden frei hat, um zu arbeiten. Auf Dauer reicht ihr das jedoch nicht, um mit ihrer Kunst wirklich vorwärts zu kommen. Sie fühlt die Beschränkungen, einerseits der Ehe und andererseits Worpswedes. Zwischen 1903 und 1905 reist sie zweimal nach Paris, besucht Rodin und nimmt Kontakt zum Ehepaar Rilke auf, mit dem das Verhältnis nach der Heirat von Clara Westhoff mit Rainer Maria Rilke im April 1901 zwischenzeitlich arg belastet gewesen war. Während sie in Paris lebt und dort Anregungen jeder Art für ihre Kunst gewinnt, hält sie Modersohn in Worpswede brieflich auf dem Laufenden. Er bemüht sich um Verständnis für seine Frau, kann aber manchmal seinen Ärger nicht unterdrücken: »Begabt in der Kunst ist Paula ja sehr ... Wenn sich damit nur mehr menschliche Tugenden verbänden. Das muß das schwerste für ein Frauenzimmer sein: geistig hoch, intelligent und doch ganz Weib.«

Auch ein gewisses Konkurrenzgefühl zwischen den Künstlern bleibt nicht aus: »›Diese kleine Deern soll besser malen wie Du ...‹, Junge, Junge, jetzt fange ich an ... Das wird ein Wettlauf.«

Paula Modersohn-Becker,
Skizze Otto Modersohn:
»Drei Tage war der Meister krank,
jetzt raucht er wieder, Gott sei
Dank!«, um 1905

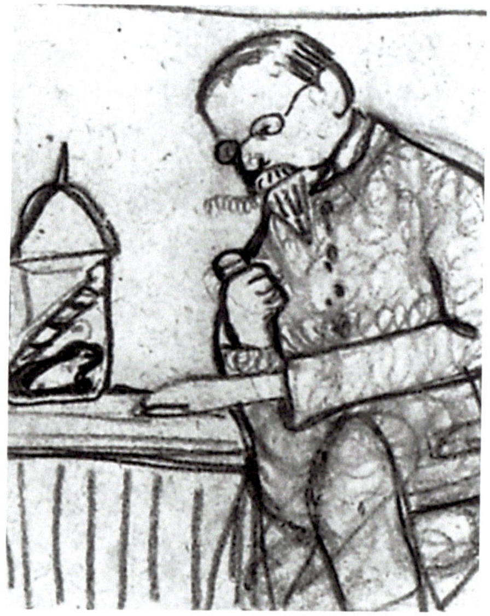

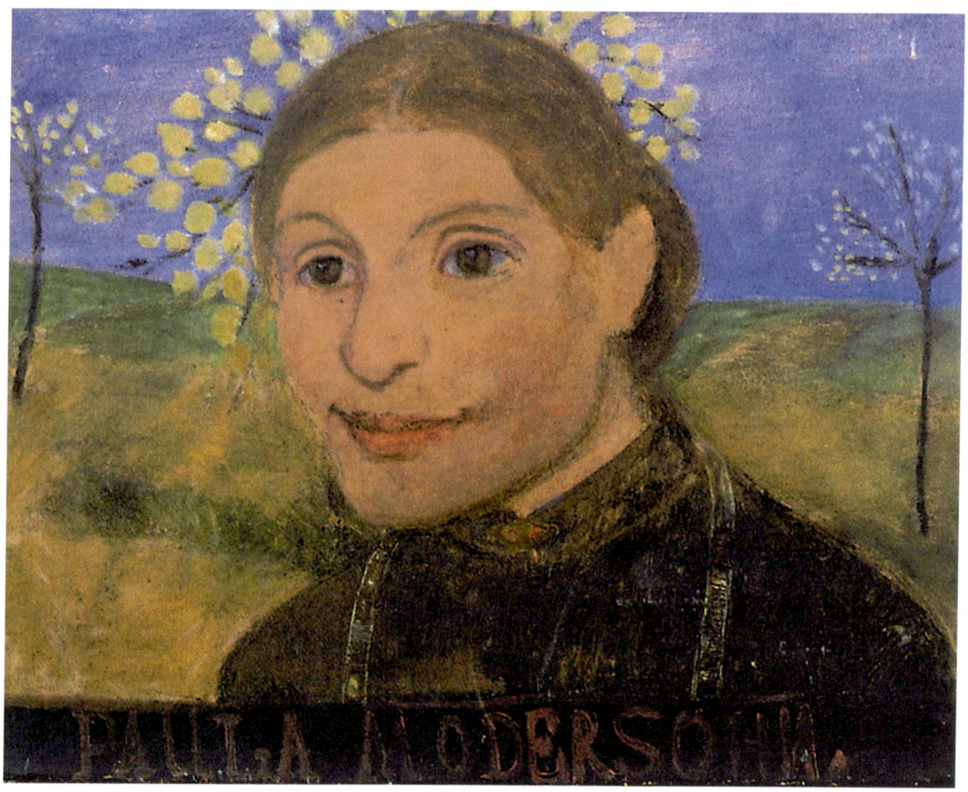

Paula Modersohn-Becker, *Selbstbildnis vor blühenden Bäumen*, um 1903.
Paula Modersohn-Becker hat eine Vielzahl von Selbstbildnissen hinterlassen. Nach eigener Aussage strebt sie dabei nach der »… große[n] Einfachheit der Form, das ist etwas Wunderbares.«

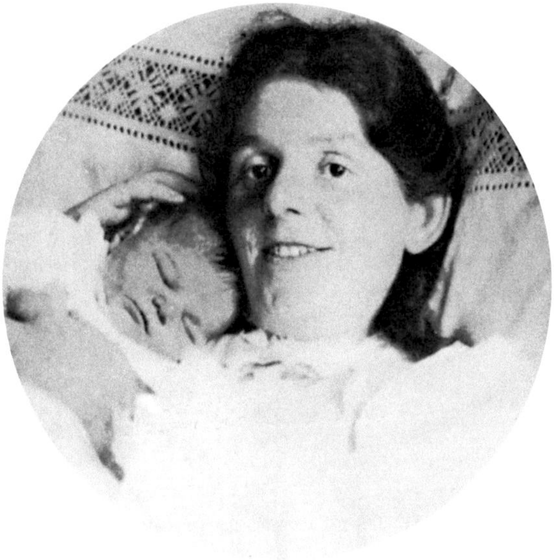

Paula und Tochter Mathilde im Kindbett, 1907, Fotografie

Ausbruch und Rückkehr

Dreimal ist Paula zwischen 1900 und 1905 nach Paris aufgebrochen, dreimal ist sie nach Worpswede zurückgekehrt. Die Reise im Februar 1906 soll ihre letzte sein und wird dies auch, aber endgültiger als gedacht.

Diesmal ist sie fest entschlossen, nicht zu Modersohn zurückzugehen: »Nun habe ich Otto Modersohn verlassen und stehe zwischen meinem alten Leben und meinem neuen Leben.«

Sie richtet sich ein Atelier in Paris ein und erlebt eine überaus schöpferische Zeit. Sie steht im Kontakt mit bedeutenden Künstlern wie Maillol und begegnet neuen Menschen, die wichtig für ihre Kunst werden, wie dem Bildhauer Bernhard Hoetger. Hoetger ist es auch, der auf sie einwirkt, die Ehe mit Modersohn nicht aufzulösen: »Otto wird nun doch herkommen. Hoetger hat einen Abend in mich hineingepredigt.«

Der Aufenthalt Modersohns in Paris bewirkt einen Sinneswandel: »Ich werde in mein früheres Leben zurückkehren mit einigen Änderungen.«

Jetzt, im 7. Jahr ihrer Ehe, als sie nicht mehr damit gerechnet hat, wird sie schwanger. Im Frühjahr 1907 kehrt sie nach Worpswede zurück, wo sie am 20. November, wenige Tage nach der Geburt Mathildes, stirbt.

Otto bleibt mit den beiden kleinen Mädchen und dem künstlerischen Nachlass seiner Frau zurück: »Dieses jähe Ende aus blühender Gesundheit und reichstem Leben war für mich lange nicht zu fassen.«

Gemeinsam mit Heinrich Vogeler bemüht er sich um Paulas Werk: »Paula wächst immer mehr, sie steht als eine der größten Künstlerinnen da, das wußte und ahnte ich lange ...«

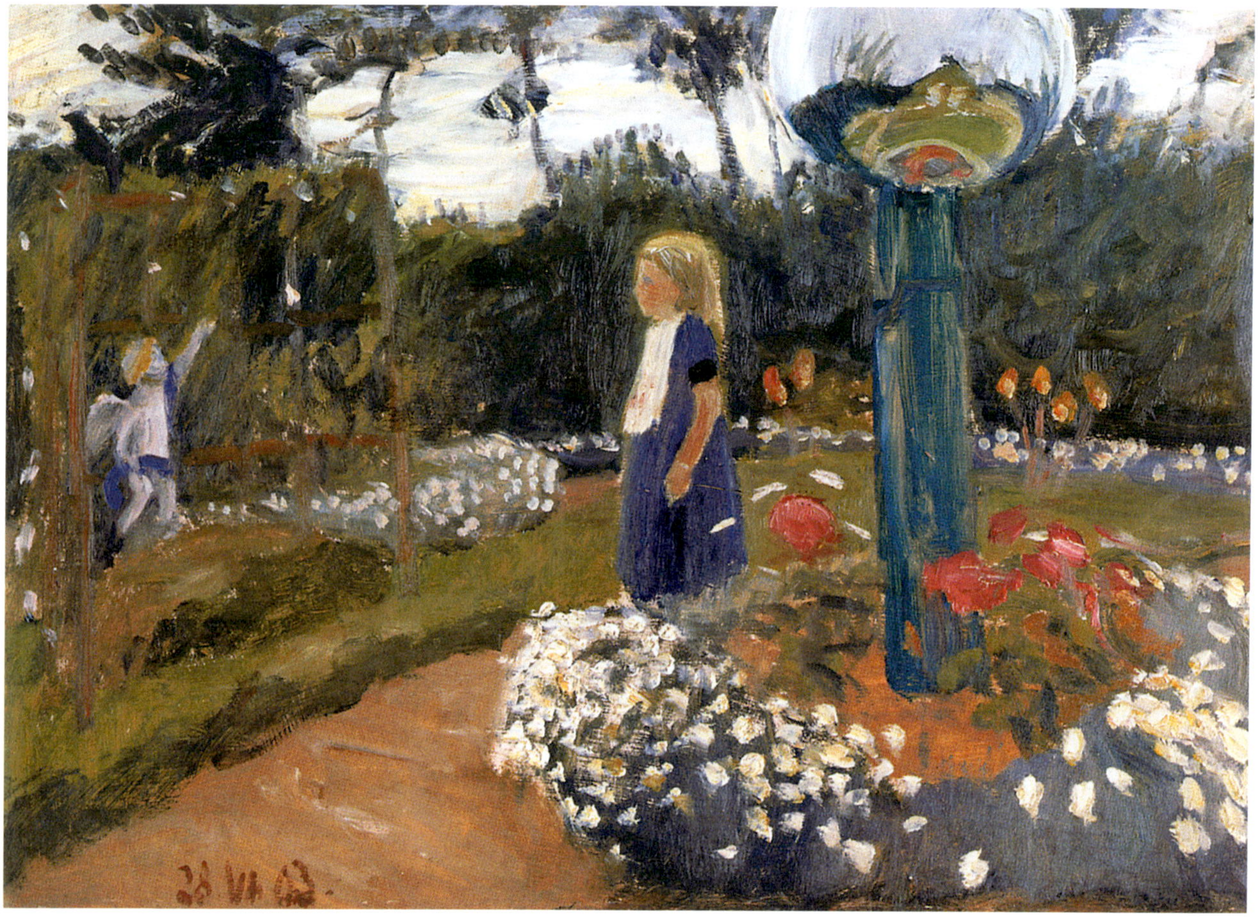

Otto Modersohn, *Elsbeth im Garten.*
Wie Paula malt auch Otto Modersohn die Tochter Elsbeth im Garten. Ihm geht es dabei weniger um das einfühlsame Porträt Elsbeths als vielmehr um die Darstellung der üppigen Blütenpracht, die das Kind umgibt.

Paula Modersohn-Becker, *Elsbeth in Brünjes Garten*, 1902.
»Es ist eine Studie von Elsbeth … Sie steht in Brünjes Apfelgarten … Welterschütternd ist es natürlich nicht. Aber an dieser Arbeit ist meine Gestaltungskraft gewachsen …«, schreibt Paula dazu.

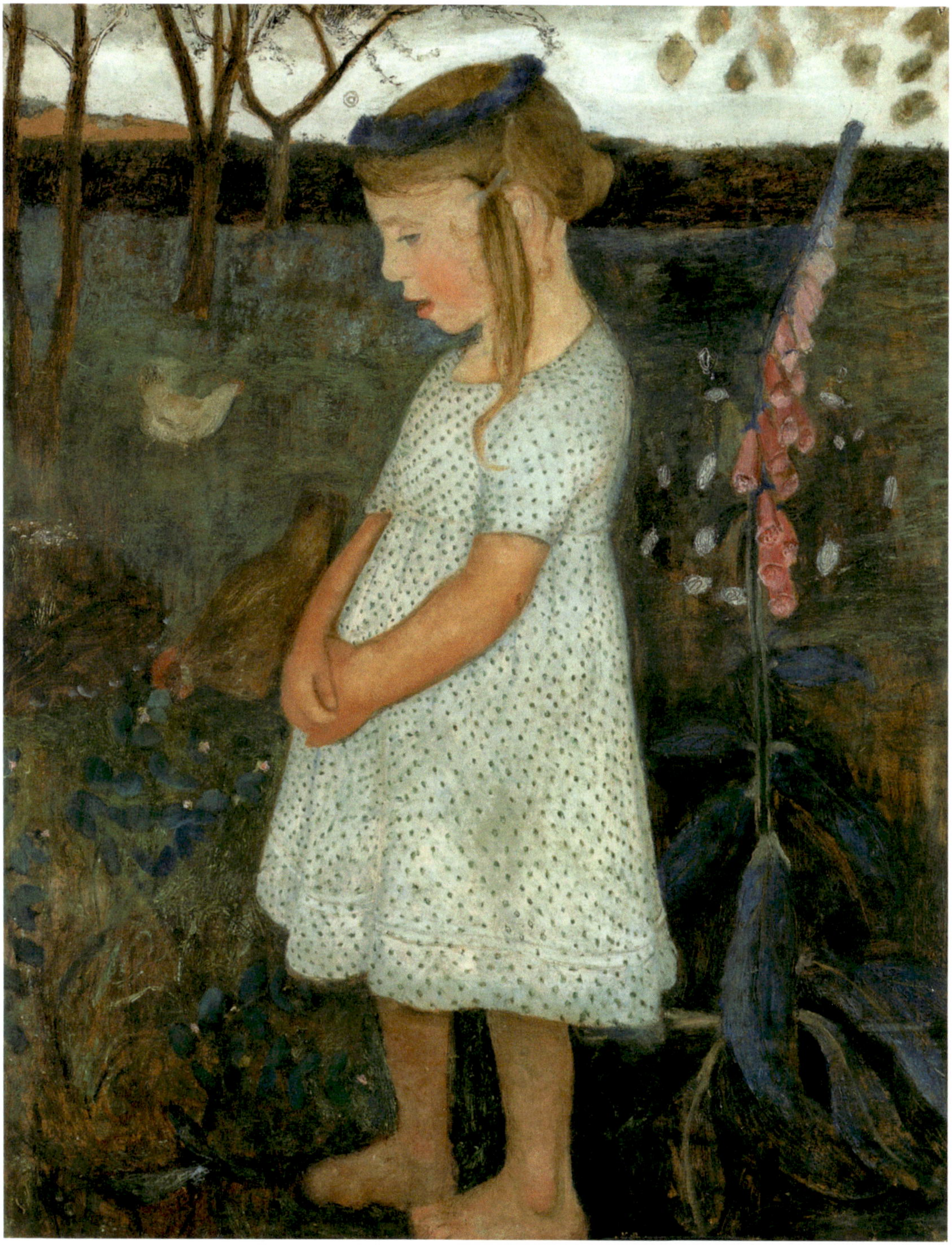

Paula Modersohn-Becker, *Selbstbildnis*, 1906.
Die Malerin zeigt sich in diesem Selbstporträt als Halbakt, lediglich eine Bernsteinkette schmückt ihren Hals. Das Werk entsteht im Jahr 1906, das sie fast ausschließlich in Paris verbringt.

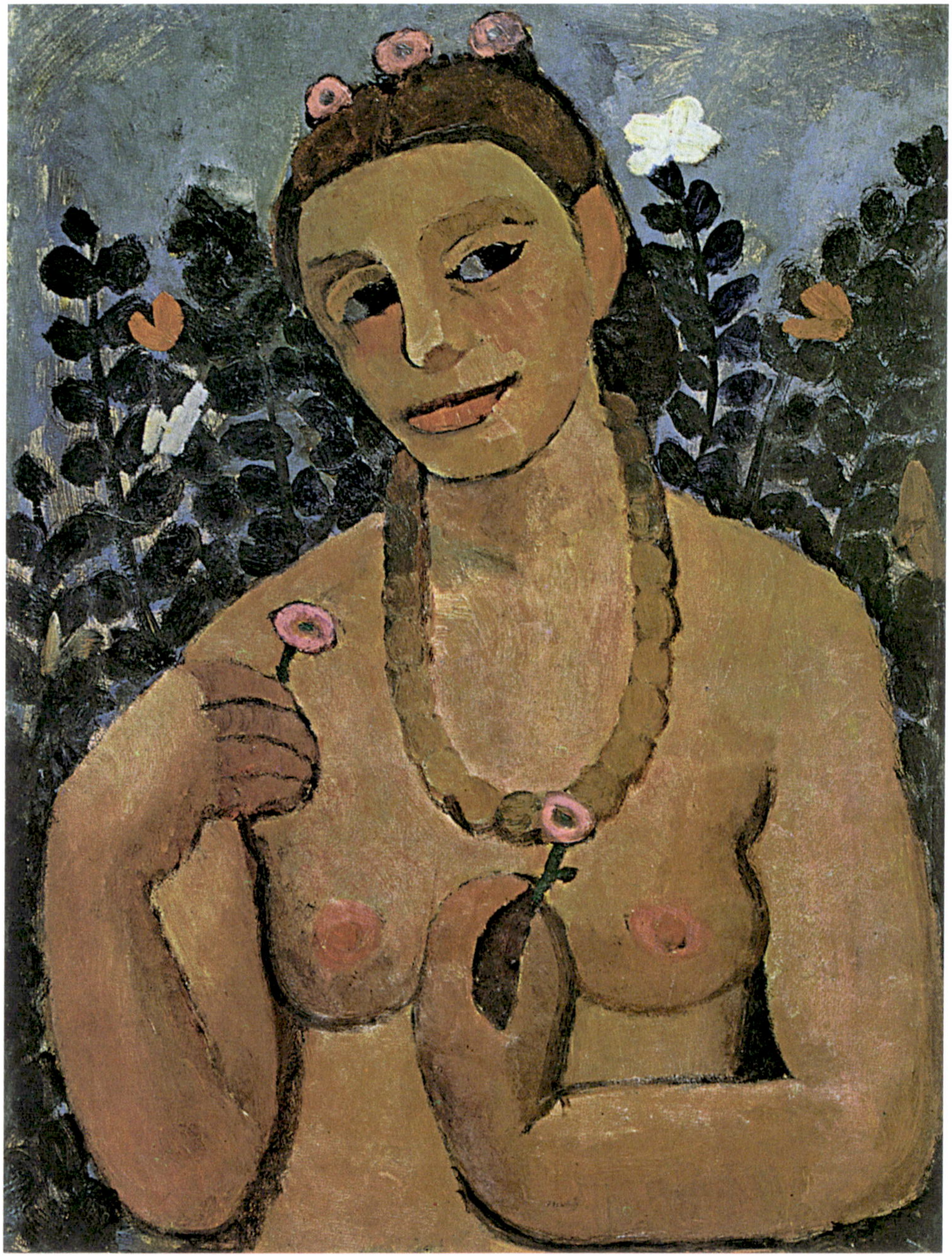

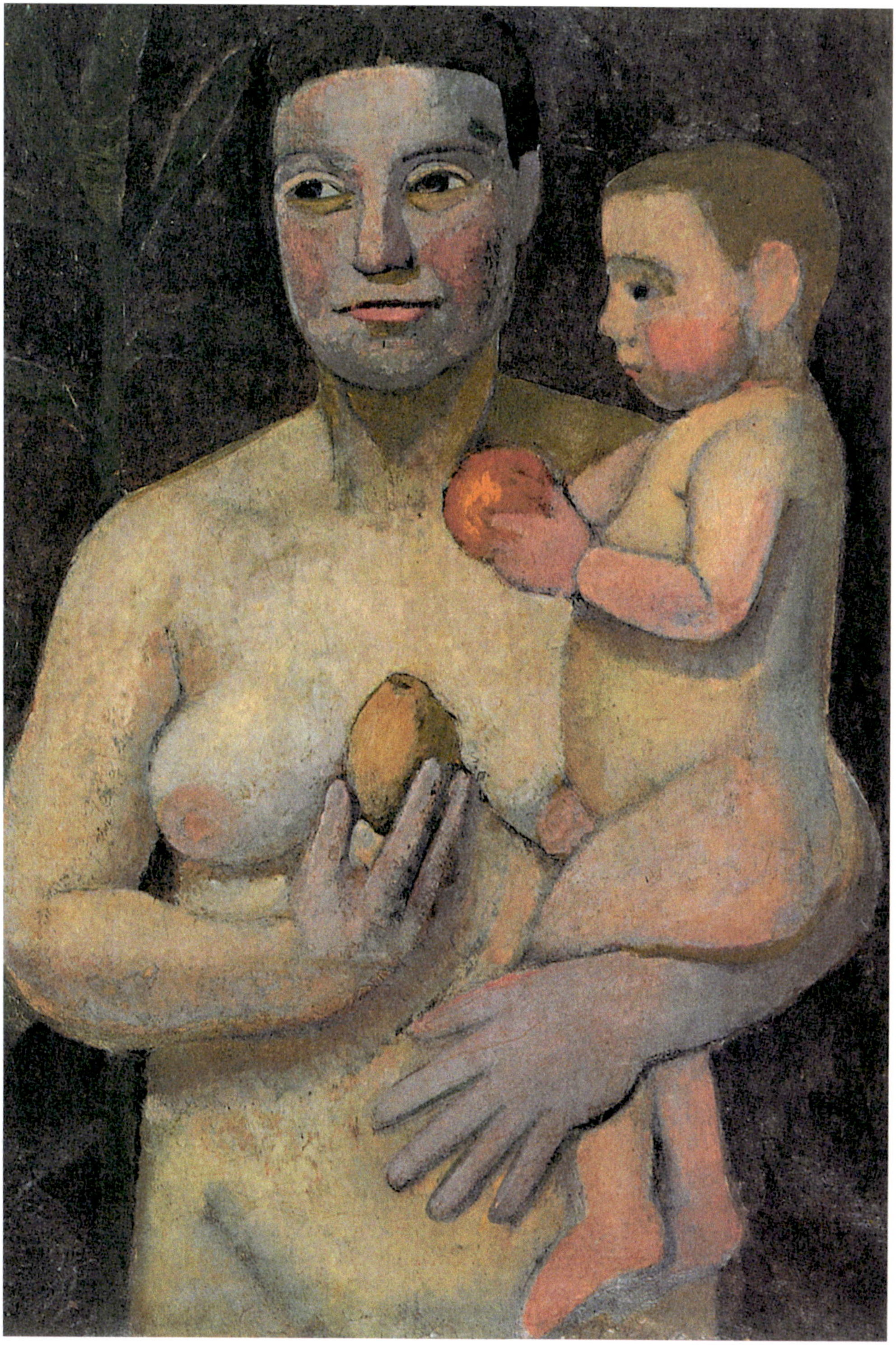

Paula Modersohn-Becker, *Mutter und Kind*, 1907. Dieses Porträt einer Frau mit ihrem Kind entsteht 1907, in dem Jahr, als Paula selbst Mutter wird. Das Thema Mutterschaft, die enge Bindung zwischen Mutter und Kind, findet sich in vielen Werken der Künstlerin wieder.

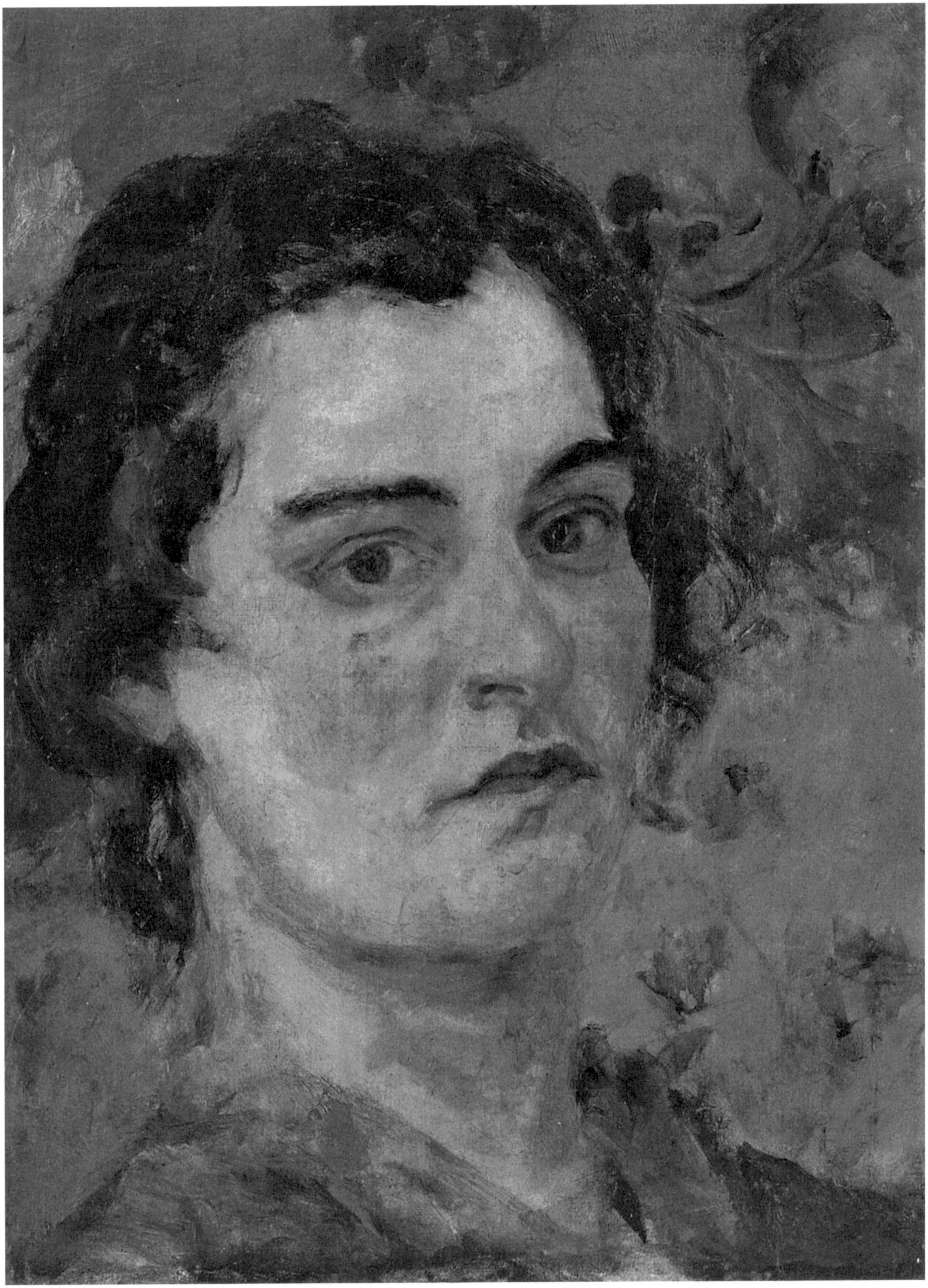

Die »dunkle Bildhauerin« und das »lyrische Talent«

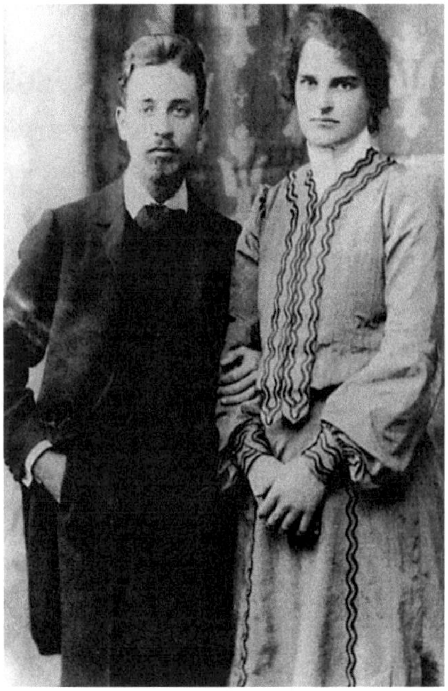

Im Sommer des Jahres 1900 kommt der Dichter Rainer Maria Rilke nach Worpswede. Er ist Gast auf Heinrich Vogelers Barkenhoff. Dort lernt er die »Barkenhoff-Familie« mit Paula Becker und der Bildhauerin Clara Westhoff kennen. Lange kann er sich nicht zwischen den beiden Frauen entscheiden …

Ein »Russe« in Worpswede

Heinrich Vogeler und der Dichter Rainer Maria Rilke, 1875 in Prag geboren, hatten sich 1898 in Florenz kennen gelernt. Jetzt, im Sommer 1900, stattet er Vogeler einen Besuch auf dem Barkenhoff ab. Rilke kommt gerade von seiner zweiten Russlandreise zurück und steht noch völlig unter dem Eindruck der russischen Kunst und »Seele«: »… er [ging] in der umgegürteten grünen Rubaschka mit den bunt applizierten roten Tatarenlederstiefeln an den Füßen durch den Garten.« Die Bewohner des Barkenhoffs wünschen sich inständig, dass er sich in diesem Aufzug nicht im Dorf sehen lässt, es gibt schon genug Gerede über die verrückten Künstler. Aber Rilke ist beschäftigt, er geht stundenlang im Giebelzimmer auf und ab und »betet«, wie die Hauswirtschafterin glaubt, in Wirklichkeit rezitiert er eigene Verse.

Seine Anwesenheit rückt den Barkenhoff sogleich in den Mittelpunkt des intellektuellen Interesses. Persönlichkeiten wie der Dichter Carl Hauptmann, Bruder Gerhard Hauptmanns, und andere strömen herbei und der Barkenhoff wird Abend für Abend zum literarischen Treff. Bei Musik und Lesung tauschen sich die ansässigen Künstler mit den zugereisten aus. Auch die Barkenhoff-Familie ist natürlich mit dabei und verfolgt die geschliffenen Auseinandersetzungen zwischen Rilke und Hauptmann staunend.

»Und am Freitag Nachmittag – wer kam da? … Clara W. mit ihrem Rilkchen unterm Arm«, schreibt Otto Modersohn an Paula.

←

Clara Westhoff im Selbstbildnis

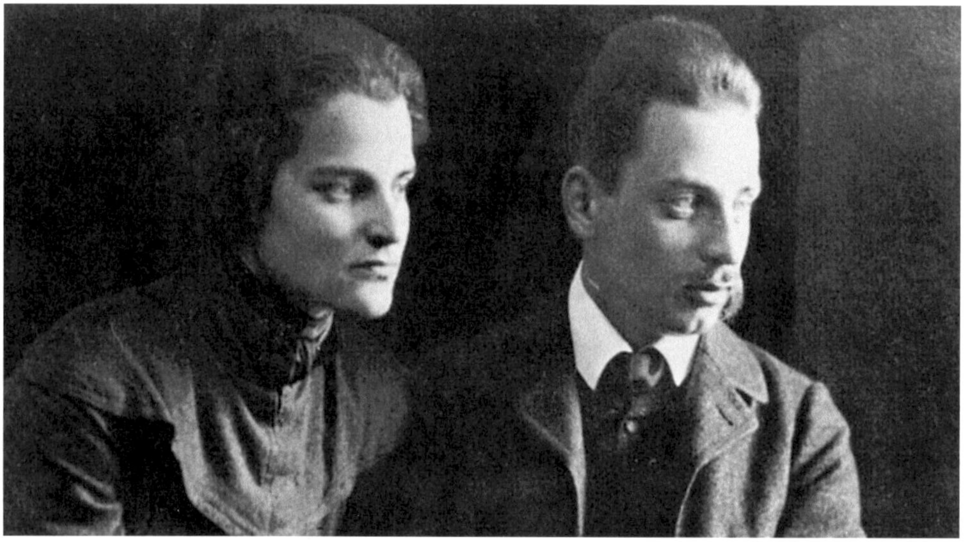

»Es war ein seltsam ungleiches Paar«, urteilen die Worpsweder über die überraschende Verbindung zwischen dem sensiblen Dichter und der tatkräftigen Bildhauerin.

»Ein grausiges Land«

Mit Heinrich Vogeler unternimmt Rilke Wanderungen in die Worpsweder Umgebung und zeigt sich fasziniert, wenn auch mit leichtem Grusel: »Als wir ... an dem schwarzen Torfsumpf vorüberkamen, erschauerte Rilke: ›Ein grausiges Land, in dem ihr da lebt.‹«

Rilke ist auch an den Arbeiten der einheimischen Künstler interessiert und besucht sie in ihren Ateliers. Mit Heinrich Vogeler ist er eines Abends bei Clara Westhoff zu Gast. Nach der Begegnung in der Weinlaube schreibt er: »Einsame Stunden sind uns zu eigen, Wenn das schwere Tägliche Schweigen Von uns fällt Wie ein staubiges Kleid«. Aber auch der Besuch in Paulas Lilienatelier im Brünjeshof lässt ihn nicht unbeeindruckt: »Tee erwartete mich. Eine gute und reiche Gemeinsamkeit in Gespräch und Schweigen ... Alles wurde geheimnisvoll ... Ihr Haar war von florentinischem Golde ... Ich sah sie nie so zart und schlank in ihrer weißen Mädchenhaftigkeit.«

Aber Paula verlobt sich während einer Kahnpartie auf der Hamme, an der auch Rilke teilnimmt, heimlich mit Otto Modersohn.

Als sie in Vorbereitung auf ihre Ehe den ungeliebten Kochkurs in Berlin besuchen muss, ergibt es sich glücklich, dass Rilke zur selben Zeit in der Stadt weilt und beide besuchen sich häufig: »Rilke sehe ich jeden Sonntag bis jetzt ... und wir haben schöne, stille Stunden«, schreibt Paula an Modersohn. Auch Rilke greift zum Stift, um den Freund im weiten Worpswede über den Stand der Dinge zu unterrichten: »... ich will diesen Tag nicht vergehen lassen, ohne sie zu grüßen. Denn Sie waren auch bei mir, mit bei mir und sollten das doch erfahren.«

»Ein seltsam ungleiches Paar«

Doch trotz einiger Unsicherheit über den weiteren Verlauf ihrer Beziehung zu Modersohn hält Paula daran fest und Rilke fühlt sich mehr zu Clara Westhoff hingezogen.

Er nimmt die beiden Frauen von Anfang an als Einheit wahr, die »blonde Malerin und ihre dunkle Schwester«. Und obwohl ihn die »braunen, schauenden Augen« der Malerin sehr anziehen, ist es Clara Westhoff, die zur »Herrin unter uns« wird.

Den Worpsweder Aufenthalt bricht Rilke einigermaßen abrupt ab, nachdem er sich eigentlich zum Bleiben entschlossen hatte. Vielleicht braucht er die Unterbrechung, um sich über seine Beziehung zu Clara klar zu werden.

Im Februar 1901 geben Clara und Rilke ihre Verlobung bekannt. Paula ist erschrocken, denn die Freundin hatte ihr nichts davon erzählt. Auch in Worpswede wundert man sich über das unpassende Paar: »Clara und Rainer Maria! ... es scheint auf den ersten Blick ein so ungleiches Paar ...«

Hochzeitsanzeige von Clara Rilke-Westhoff und Rainer Maria Rilke, April 1901

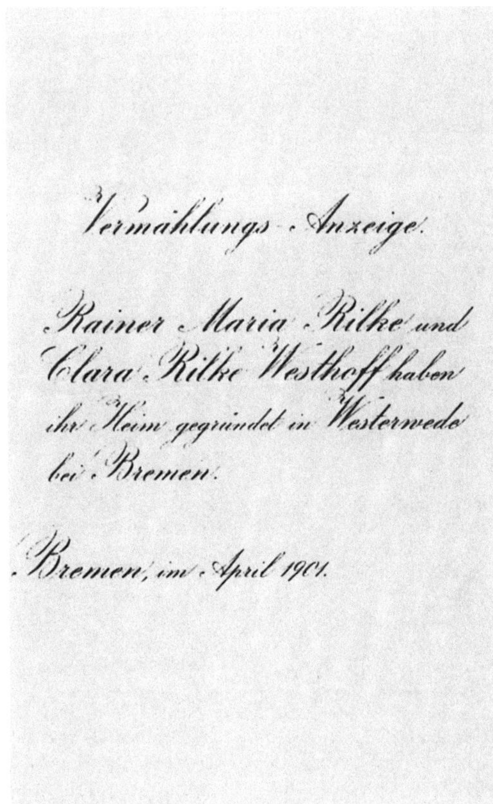
Vermählungs-Anzeige.

Rainer Maria Rilke und Clara Rilke-Westhoff haben ihr Heim gegründet in Westerwede bei Bremen.

Bremen, im April 1901.

Das Worpsweder Hochzeitsjahr und seine Schatten

1901 geht es mit den Worpsweder Hochzeiten Schlag auf Schlag: Im März heiraten Heinrich Vogeler und Martha Schröder, im April Rainer Maria Rilke und Clara Westhoff und im Mai Otto Modersohn und Paula Becker.

Die Ehe von Clara und Rilke ist von Anfang an überschattet. Der Bräutigam erkrankt einige Wochen vor der Hochzeit an Scharlach, sodass die Trauung in der Wohnung der Schwiegereltern stattfinden muss, Clara ist bereits schwanger.

Die Flitterwochen verbringt das Paar denn auch in Dr. Lahmann's physiatrischem Sanatorium auf dem Weißen Hirsch in Dresden. Ende Mai beziehen beide ein Bauernhaus in Westerwede, unweit Worpswedes gelegen.

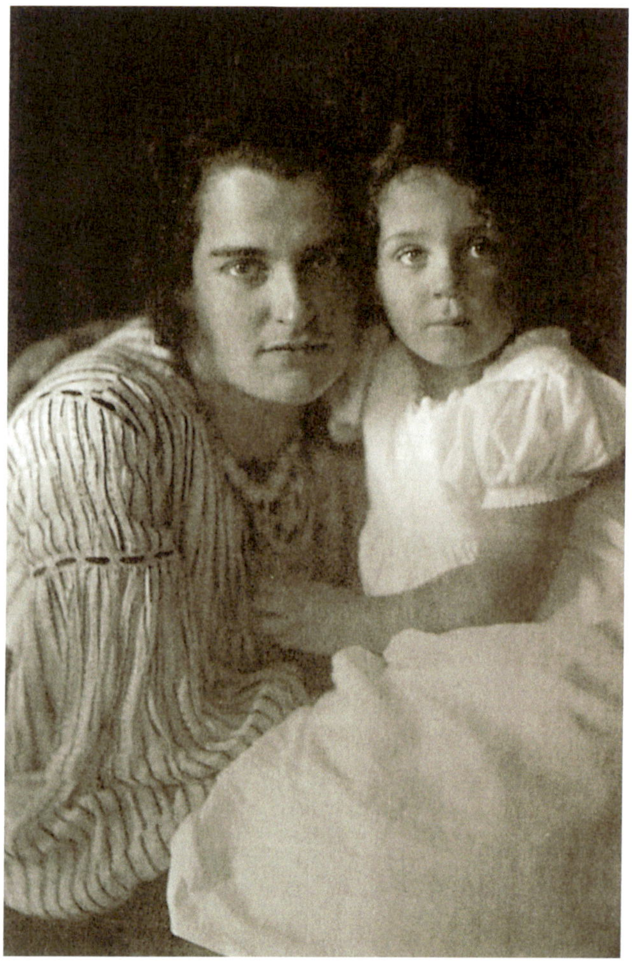

Clara Rilke-Westhoff und ihre Tochter Ruth in Bremen, 1903/04, Fotografie

Rainer Maria Rilke in seinem Westerweder Arbeitszimmer, um 1902, Fotografie. Über dem Schreibtisch hängt das Bild, das Otto Modersohn ihm und Clara Westhoff zur Hochzeit geschenkt hat.

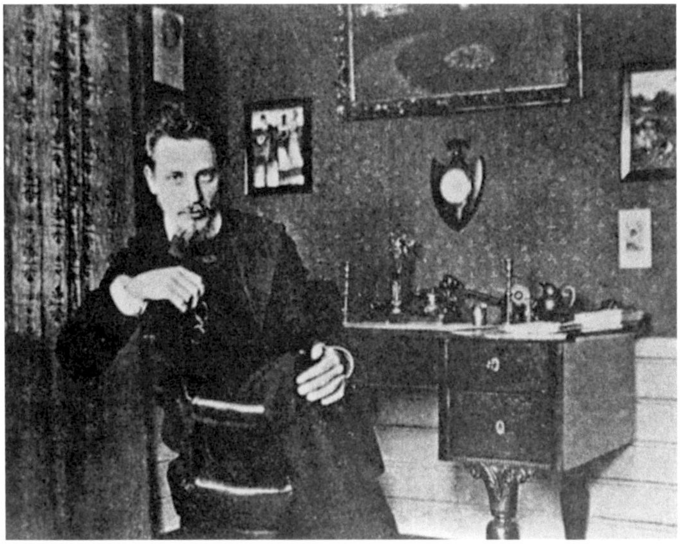

Das Verhältnis zwischen Paula und Clara hat sich durch die Querelen vor der Hochzeit einigermaßen abgekühlt und erreicht jetzt seinen Tiefpunkt.

Im Dezember kommt die Tochter Ruth zur Welt und Clara ist vollauf mit Mann und Kind beschäftigt. Ihre »Schwesterseele« Paula fühlt sich zunehmend herausgedrängt aus diesem Leben, hat eigene Sorgen mit der Ehe und vermisst den Austausch mit der Freundin schmerzlich. Sie schreibt ihr einen Brief, in dem sie ihr deutlich sagt, wie sehr sie sich verändert hat: »[Sie] haben viel von Ihrem alten Selbst abgelegt und als Mantel gebreitet, auf daß Ihr König darüber schreite.«

Doch statt eines Zeichens von Clara kommt eine äußerst kühle Antwort von Rilke, der plötzlich sehr formell von der »Lieben Frau Modersohn« spricht. Das Verhältnis bleibt gestört und wird erst in Paris wieder vorsichtig angeknüpft.

Das Familienglück von Clara und Rainer Maria Rilke hat nicht lange Bestand. Der Dichter fühlt sich in dem einsamen Moordorf schon bald ans Ende der Welt verdammt, dazu kommen drückende finanzielle Sorgen. Rilke beendet seine Monographie über die Worpsweder Künstler, die seinen Ruf als Kunstschriftsteller begründet und geht nach Paris.

Clara folgt ihm nach kurzer Zeit. Die Ehe zwischen beiden wird nie geschieden, obwohl sie nach der Trennung von Westerwede nie wieder einen gemeinsamen Haushalt führen. Rilke stirbt nach einem unsteten Leben 1926 in der Schweiz.

Clara kehrt nach langen Jahren, die sie auf Reisen und an wechselnden Orten verbringt, ins Teufelsmoor zurück. 1917 lässt sie sich in Fischerhude nieder, wo sie bis zu ihrem Tod 1954 als Bildhauerin tätig ist.

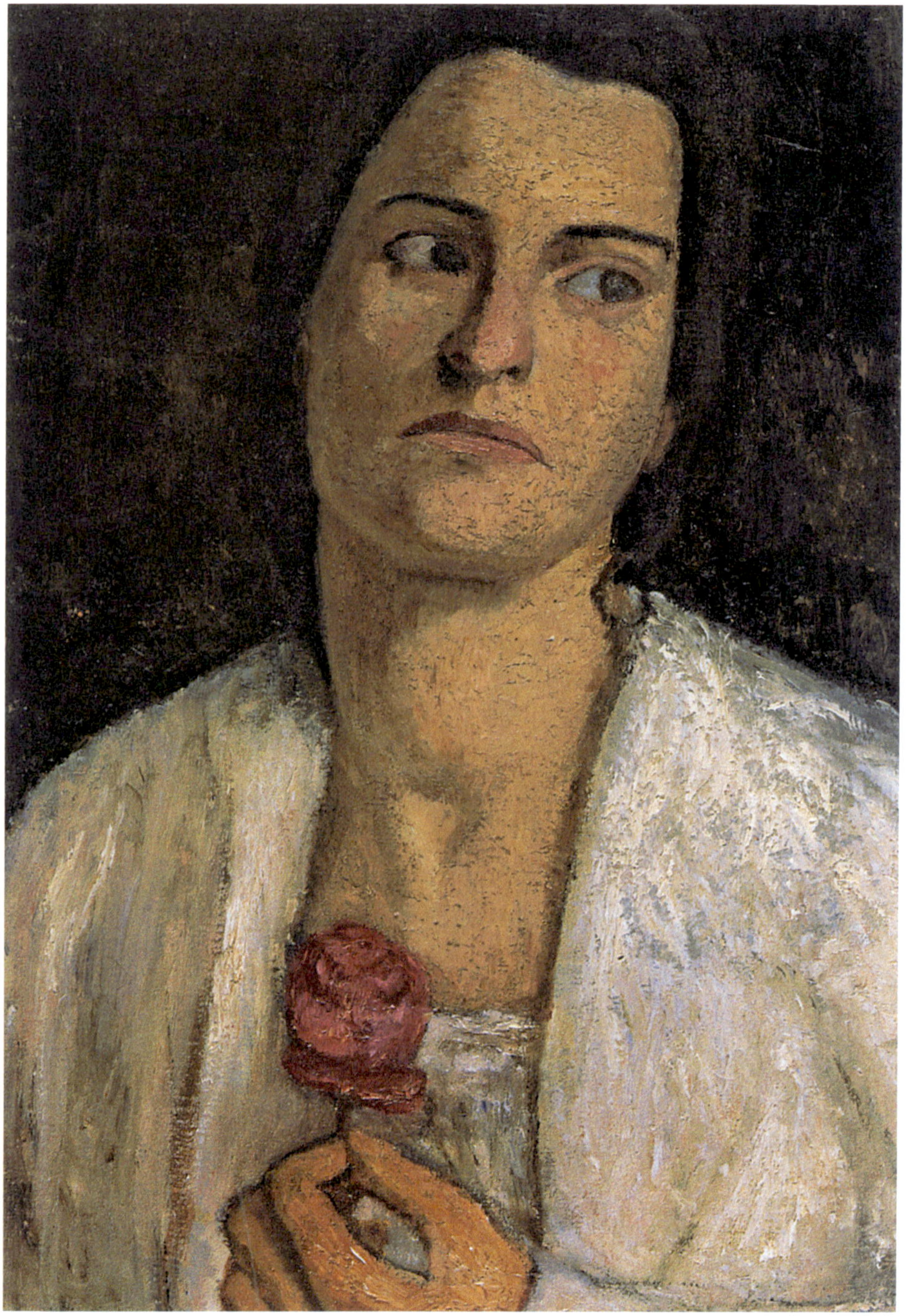

Paula Modersohn-Becker, *Die Bildhauerin Clara Rilke-Westhoff*, 1905.
Nach einer Phase der Entfremdung finden Clara und Paula wieder zueinander.
Paula porträtiert die Freundin im Jahr 1905: »Sie ist mir trotz allem noch die liebste.«

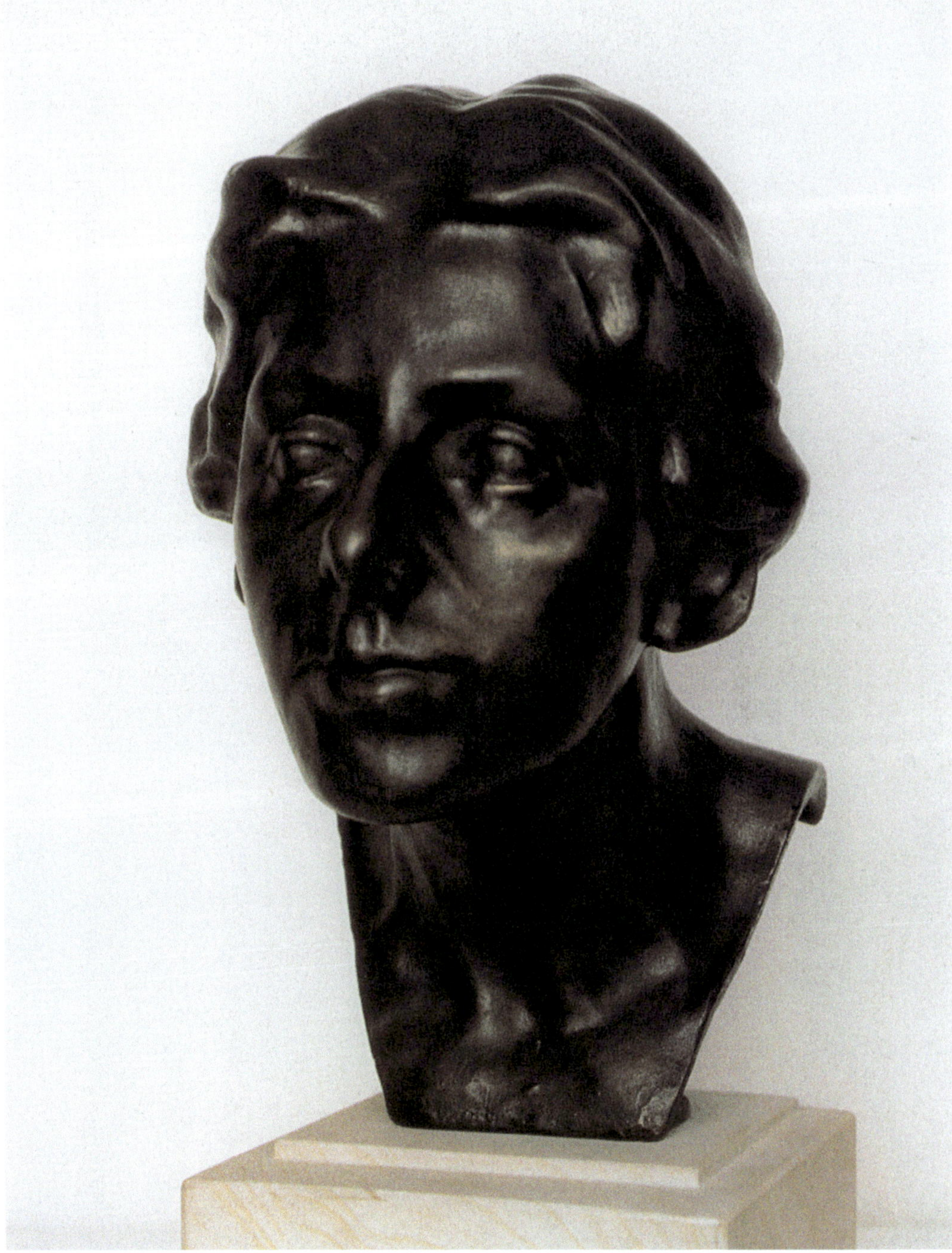

Clara Westhoff, *Porträtbüste Paula Modersohn-Becker*, 1899.
»… und es wird wohl gut sein so zwischen uns beiden, daß manche letzten Dinge aus Scheu unausgesprochen bleiben«, schreibt Paula 1901 an ihre Freundin Clara.

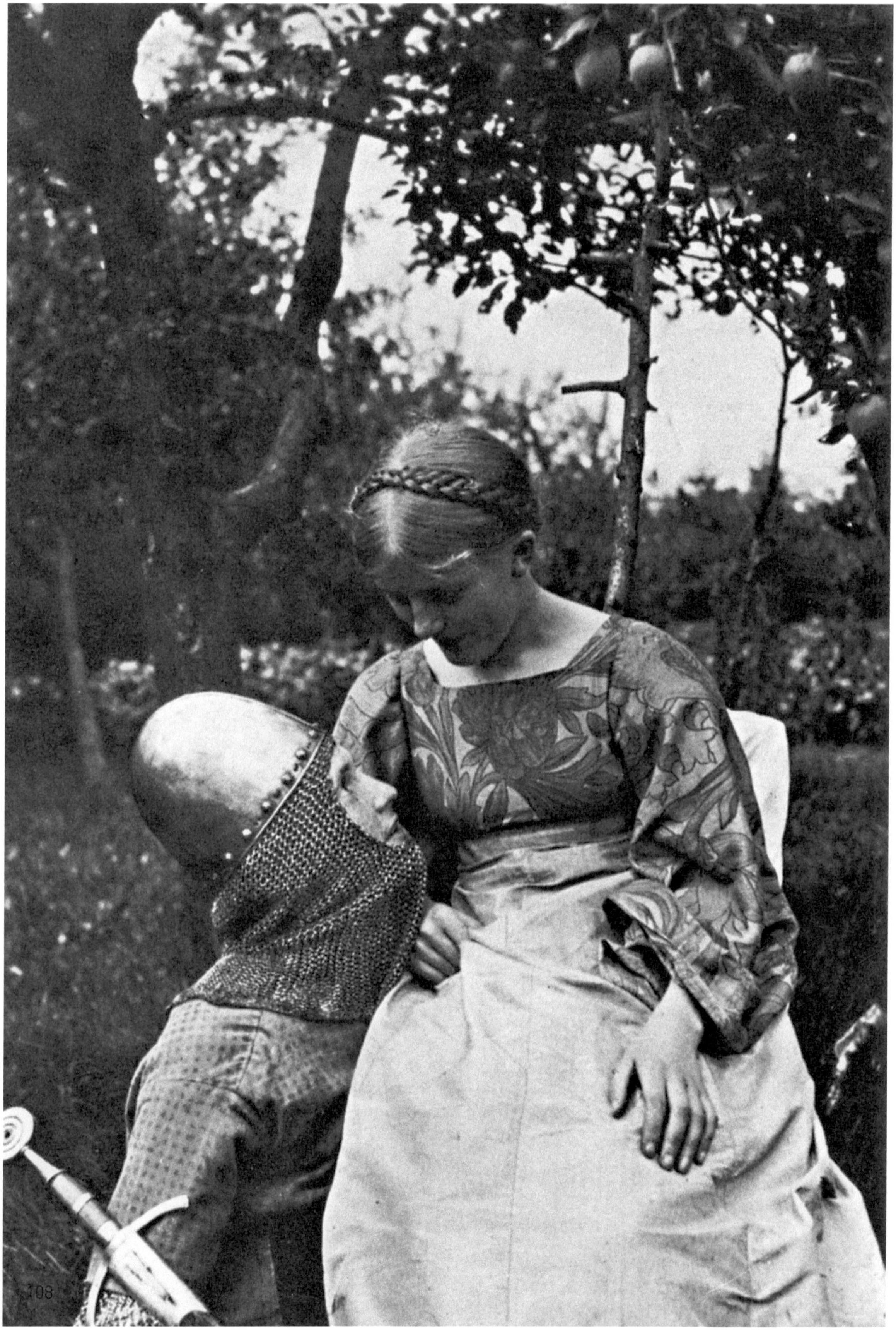

Eine Liebe wie im Märchen – leider ohne Happy End

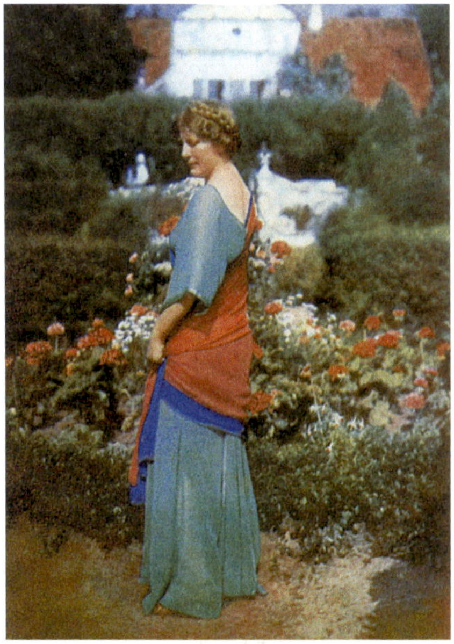

Rudolf Stickelmann,
Martha Vogeler
im Garten des Barkenhoff,
Fotografie

Das Leben Heinrich Vogelers ist ein Gesamtkunstwerk, in das sich auch die Familienmitglieder nahtlos einfügen. In seinem Barkenhoff schafft er eine perfekte Jugendstilwelt, durchgestaltet bis ins kleinste Detail. Seine Frau bezieht er gleich mit ein und gestaltet auch ihre Garderobe nach eigenen Entwürfen.

Ein Märchenprinz in Moor und Heide

»... der kleine Vogeler ist ein reizender Kerl, ein Glückspilz. Das ist mein ganzer Liebling. ... Er lebt in einer Welt für sich«, so charakterisiert Paula Becker den jungen Maler Heinrich Vogeler nach ihrem ersten Besuch in Worpswede.

Der »reizende Glückspilz« schafft es mit Energie und Durchsetzungskraft, seine Träume Wirklichkeit werden zu lassen, auch wenn er später erkennen muss, dass Träume manchmal schöner sind, wenn sie Träume bleiben ...

1895 hatte Vogeler mit seinem Erbteil einen heruntergekommenen Bauernhof erworben und ihn Stück für Stück zu seinem Traumhaus umgestaltet. Ihm schwebt eine perfekte Verbindung von Kunst und Leben – Leben mit Kunst, Kunst als Lebensform vor. Er wünscht sich den Barkenhoff als einen Musensitz, der Künstler aus Nah und Fern anzieht und zum lehrreichen und anregenden Gedankenaustausch inspiriert. Dafür schafft er mit dem heiteren, geschmackvoll dekorierten und liebevoll gepflegten Haus im romantischen Garten die perfekte äußere Hülle. Für mehr als zehn Jahre gelingt es ihm, diesen Traum mit Leben zu erfüllen und mit seiner Frau Martha und seinen drei Töchtern die glückliche Familie aus dem Märchen zu verkörpern.

←

Heinrich und Martha Vogeler
in romantischer Pose
auf einem Foto von Carl Eeg

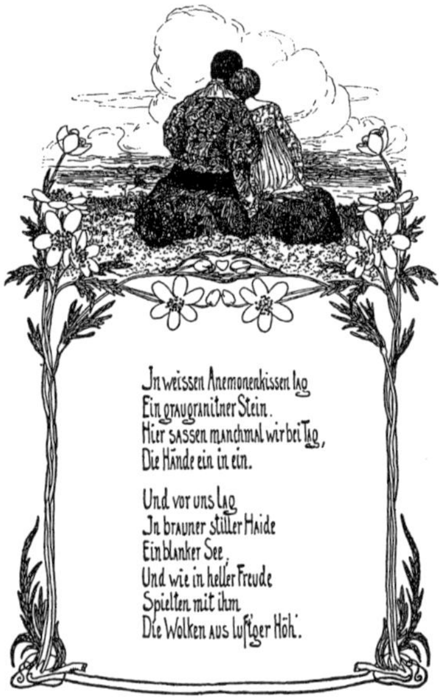

Buchseite aus »Dir«. Die ursprünglich nur für Martha Schröder gedachte Gedichtsammlung, illustriert und buchkünstlerisch geschmückt, ist bis heute ein Erfolgstitel geblieben.

Das Mädchen mit der Elster

Schon die erste Begegnung mit der angebeten (und wohl auch ein wenig verklärten) Martha schildert Vogeler wie die Begegnung mit der Prinzessin hinter der Dornenhecke. Vogeler war mit den Worpswedern auf den Weyerberg gewandert und während man dort Verse rezitierend im Gras lagert, »kam aus dem Eichengebüsch ein hellgekleidetes, schlankes blondes Mädchen mit hängendem Zopf. Auf seiner Hand trug es eine zahme Elster. Vierzehn Jahre mochte es sein …«

Bei dem Zauberwesen handelt es sich die jüngste Tochter der Worpsweder Lehrerswitwe Schröder. Vogeler träumt sich in den nächsten Jahren, die er in Worpswede, München und Dresden verbringt, in eine Welt hinein, in der Martha die Rolle der jungfräulichen Braut zugewiesen bekommt, er selbst tritt als der Ritter mit der silbernen Rüstung auf. Martha war über viele Jahre seine Muse, die er auf nahezu allen seinen Bildern verewigt hat. Sie ist seine jungfräuliche Märchenprinzessin ebenso wie die Mutter mit dem Kind im Arm. Sie trägt von ihm entworfene Kleider, die sie zum Mittelpunkt jedes Festes werden lassen, und das nicht nur in Worpswede, sondern auch in Paris, wie der stolze Gatte bemerkt. Doch das die Mauern des Barkenhoffs nicht nur Schutz vor der kalten und hässlichen Welt draußen bieten, sondern auch das Leben innen einengen, merkt Vogeler zu spät. »Es ist eine Welt mit Beschränkungen und Mauern«, hatte Rilke schon Jahre zuvor erkannt.

Familienbild mit Kratzern

Nach Jahren des Werbens um die scheue Martha, in denen für Vogeler kein Zweifel daran besteht, dass sie seine Frau werden wird, heiraten beide 1901 in der alten Dorfkirche von Heeslingen bei Zeven am Randes des Teufelsmoors: »Vor dem Barkenhoff fuhr die alte , mit rotem Samt ausgeschlagene Kucksche Kalesche vor, das Innere mit Efeuranken geschmückt.« Das Ehepaar bekommt in den nächsten Jahren drei Töchter: Marieluise (Mieke), Bettina und Martha.

Heinrich Vogeler ist auf der Höhe seines Ruhms und der Barkenhoff der Mittelpunkt des »Weltdorfs« Worpswede. Aber in seinem unermüdlichen Gestaltungsdrang war ihm entgangen, dass Martha andere Wünsche und Träume hatte. Um 1910 beginnt sie ein Verhältnis mit einem Hausgast des Barkenhoffs, das Heinrich Vogeler lange duldet, aus Angst, dass Martha ihn verlässt und die Kinder mitnimmt.

Mit dem Ende des Jugendstils nimmt auch der künstlerische Erfolg Vogelers ab und er stürzt in eine schwere Krise: »Das Leben sah weiter so normal, so glücklich aus, und doch lagen überall unausgesprochene Dinge wie wucherndes Gestrüpp … es war mir, als könne ich keinen Ausweg finden aus meiner inneren Belastung als Flucht aus meinem Leben.«

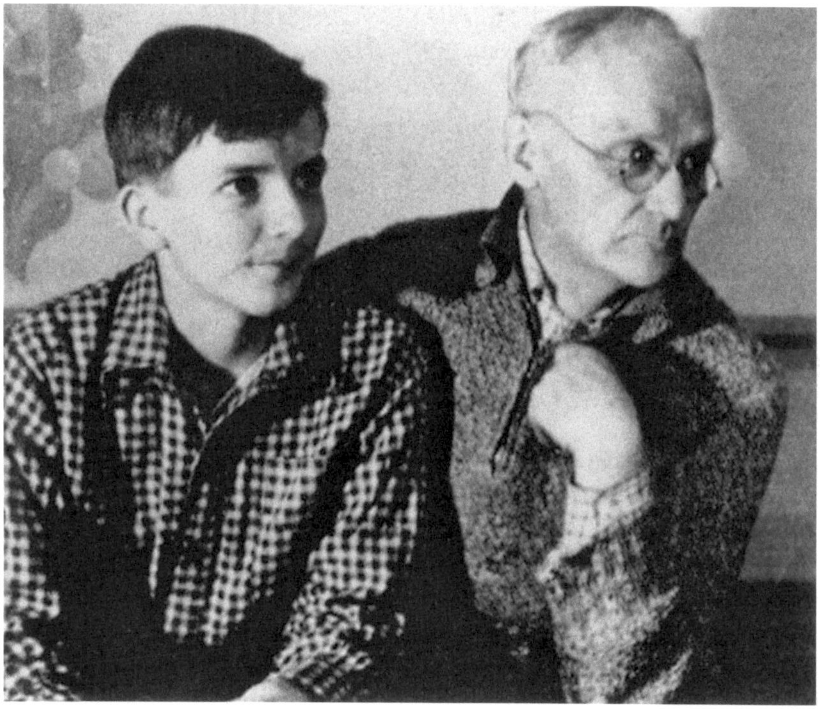

Heinrich Vogeler
und sein Sohn Jan aus der Ehe
mit Sonja Marchlewska,
Fotografie

Am Ende mit allen Träumen

Den Ausbruch des Ersten Weltkriegs erlebt Heinrich Vogeler, wie viele Künstler seiner Zeit, als einen Aufbruch, eine Befreiung, nur versteht er ihn, anders als die Patrioten Mackensen und am Ende, als einen Aufbruch aus einer unhaltbaren persönlichen Situation. Er meldet sich freiwillig zu den Oldenburger Dragonern und verlässt den Barkenhoff.

Als er nach vier Jahren Krieg und dem Aufenthalt im Irrenhaus zurückkehrt, ist er ein anderer Mensch geworden und auch die Verhältnisse auf dem Barkenhoff haben sich geändert. Martha Vogeler verlässt das Haus 1920 und erwirbt das »Haus im Schluh«, in dem sie mit den Töchtern eine Weberei einrichtet, die heute noch besteht.

In den 1920er-Jahren lassen sich Heinrich und Martha Vogeler scheiden und Vogeler heiratet die Kommunistin Sonja Marchlewska, aber auch diese Ehe hält nur kurze Zeit.

Das »Haus im Schluh« bewahrt die Erinnerungsstücke an die große Zeit Worpswedes und Heinrich Vogelers und an einen großen Traum, der real, aber nicht wahr geworden ist.

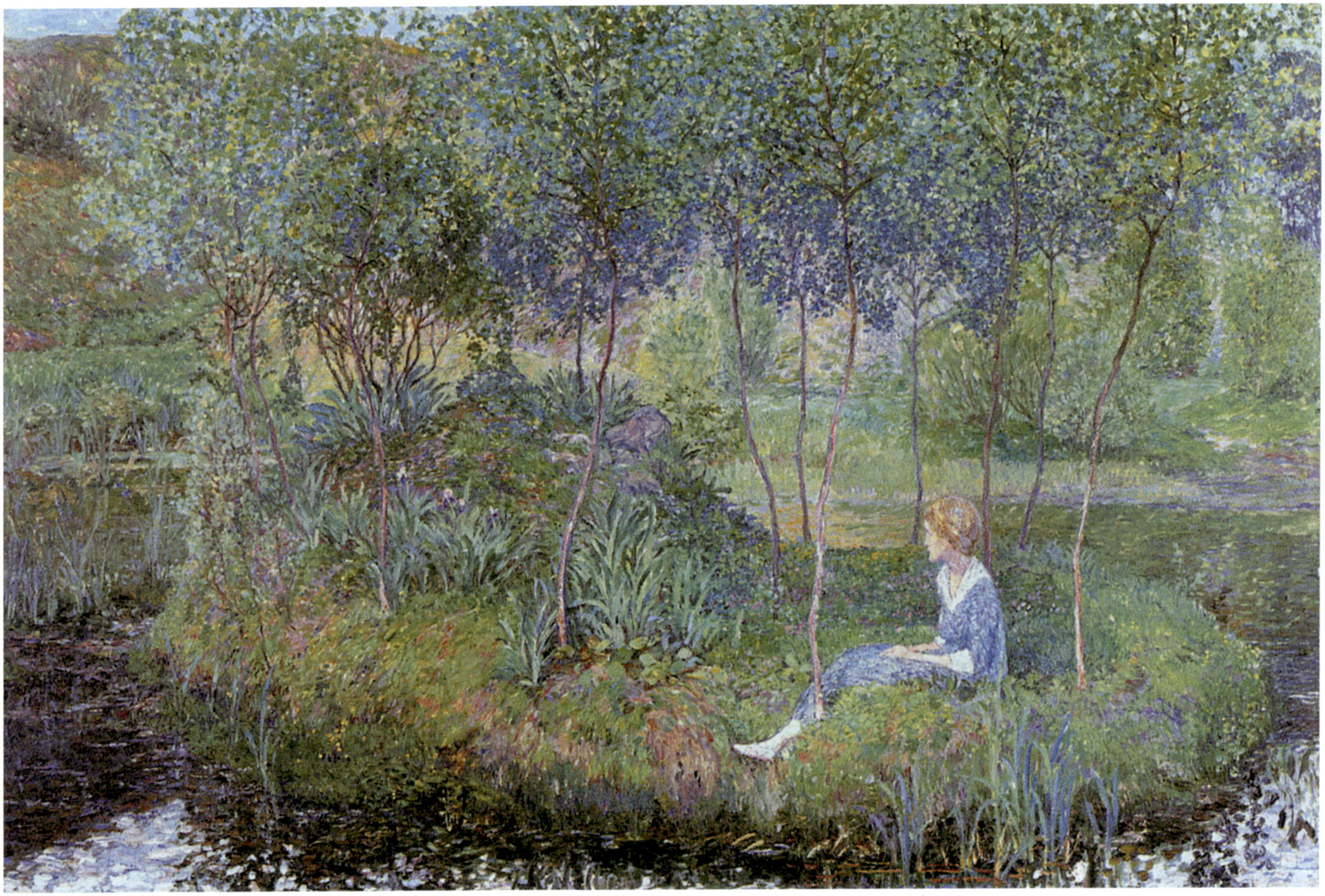

Heinrich Vogeler, *Frühling*, 1913.
Heinrich Vogeler malt seine Frau Martha auf der Barkenhoff-Insel, umgeben von zartem Frühlingsgrün, im Jahr 1913. Von der Idylle des Gemäldes war zu jener Zeit in der Ehe der Vogelers wohl nicht mehr viel zu spüren.

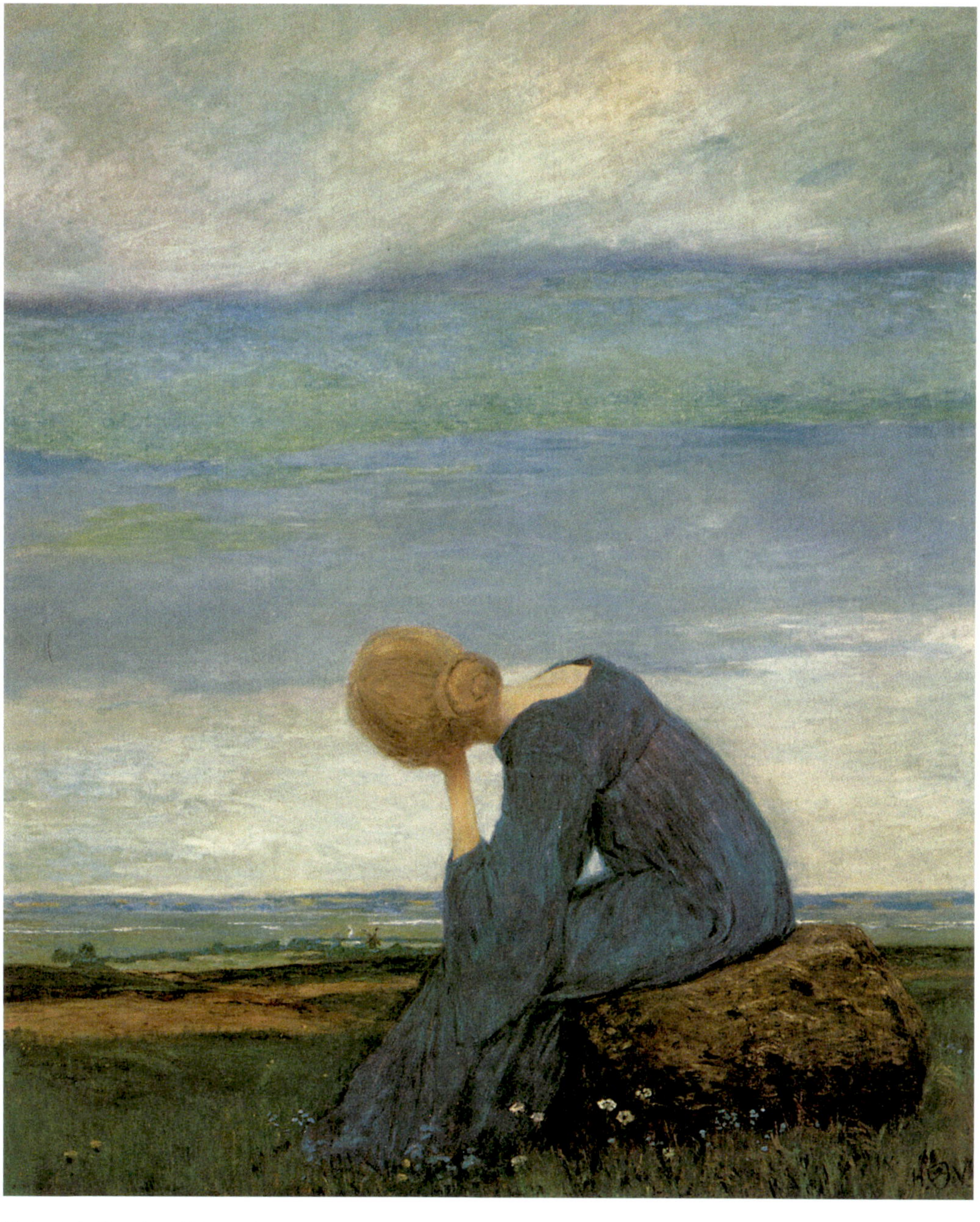

Heinrich Vogeler, *Träumerei*, 1912.
Auch für die verträumt in die Ferne blickende Frau dürfte Martha Modell gesessen haben. Das Motiv der einsamen jungen Frau in der Landschaft, umgeben von einer melancholischen Aura, ist oft im Worpsweder Schaffen des Künstlers zu finden.

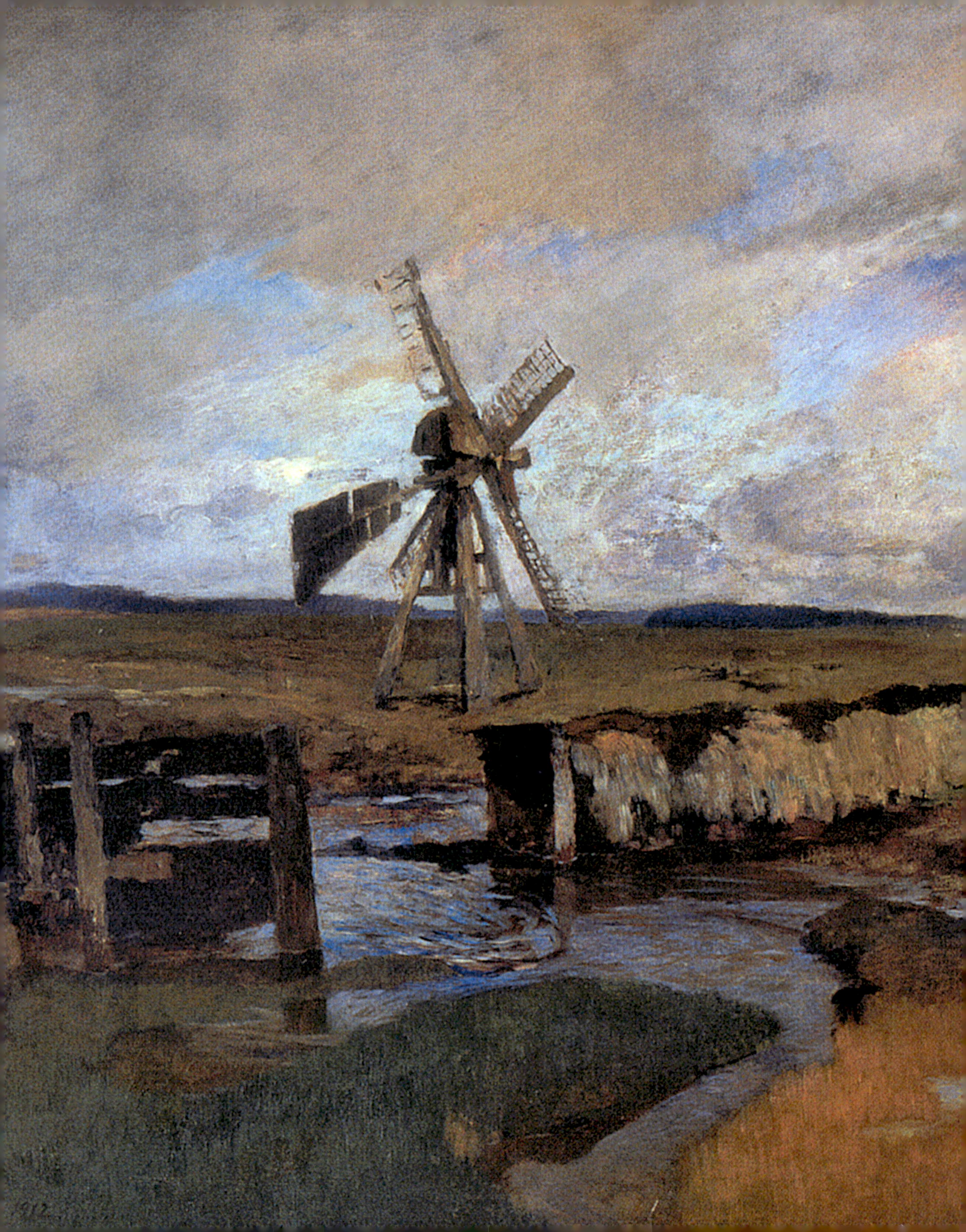

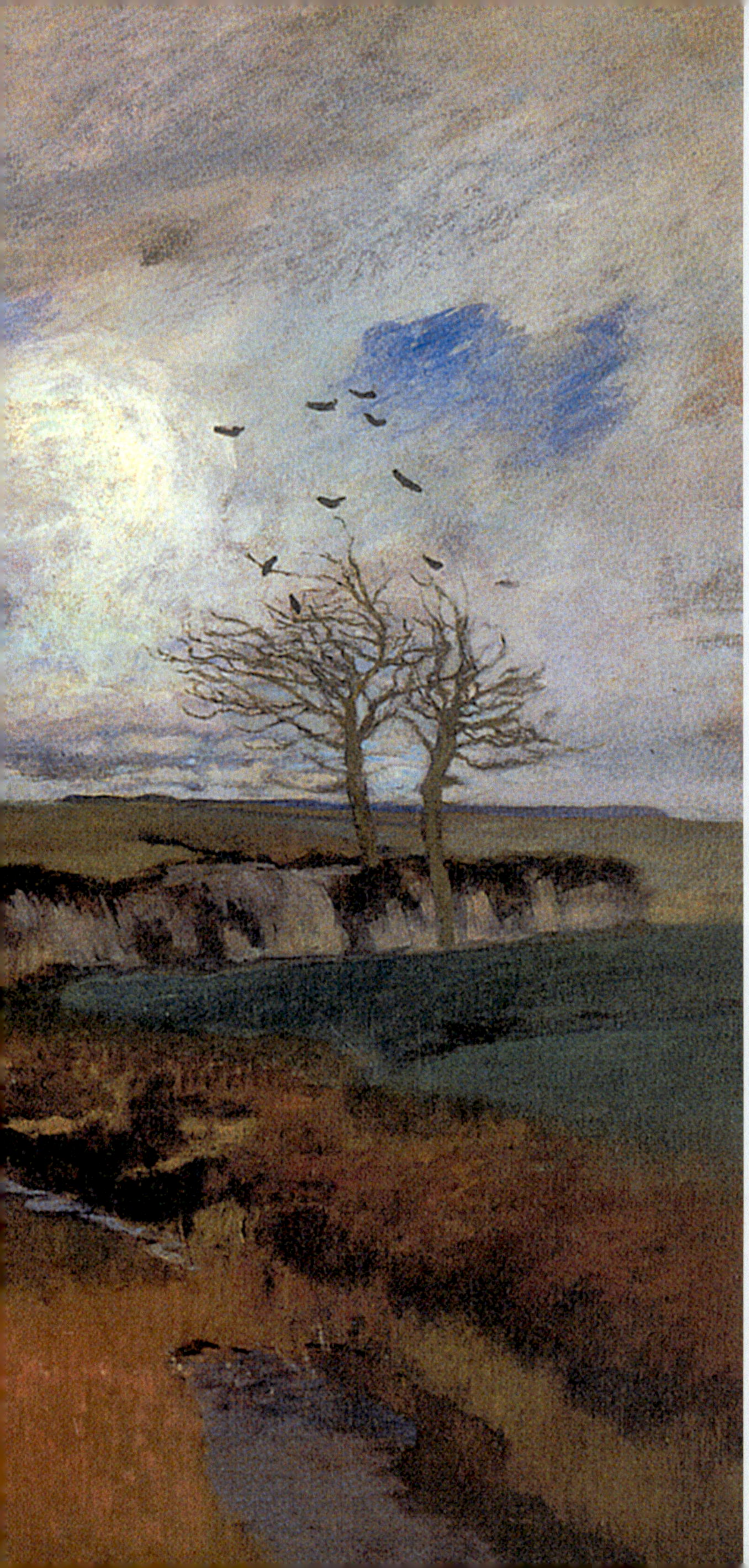

Heute

~

Je merkwürdiger,
weltabgewandter unser Leben,
desto heilsamer für
die Kunst … Ich will eine
weltabgewandte Kunst.

Otto Modersohn

Weltabgewandt ...

... ist Worpswede heute nicht mehr, Kunst gibt es hier aber trotzdem noch. Die sinnliche Mischung aus Natur und Kultur, Landschafts- und Kunsterlebnis, zieht jedes Jahr Tausende Besucher in den kleinen Ort. Die Museen, Galerien und Ateliers halten nicht nur die Erinnerung an die Künstler lebendig, die Worpswede einst zum »Weltdorf« machten, sondern geben den Gästen auch Einblick in die lebendige Kunstszene von heute.

In Worpswede:

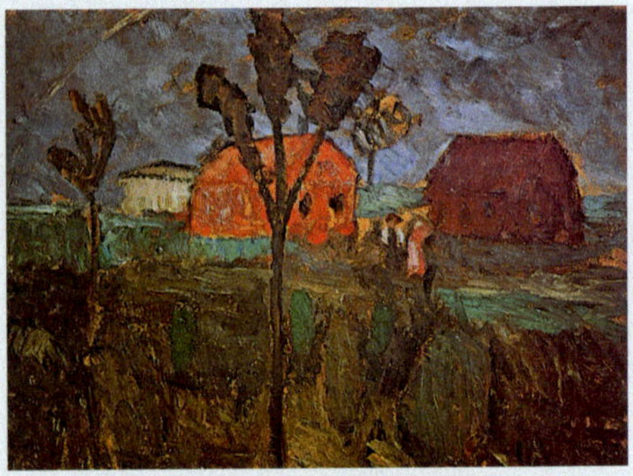

Paula Modersohn-Becker,
Worpsweder Landschaft,
um 1900

~

Heinrich-Vogeler-Museum im Barkenhoff

Im Haupthaus wird das vielfältige Werk des gestalterischen Multitalents präsentiert. In den Nebengebäuden arbeiten Künstler aus aller Welt, die als Stipendiaten des Landes Niedersachsen für einige Zeit in Worpswede heimisch werden.

Große Kunstschau Worpswede

Viele der schönsten Werke der Worpsweder Maler sind in der Großen Kunstschau (Teil des von Bernhard Hoetger gestalteten Ensembles um das »Kaffee Worpswede«) zu sehen. Neben Arbeiten der »Gründergeneration« sind es vor allem Werke Paula Modersohn-Beckers, die die Besucher anziehen. Darüber hinaus gibt es Sonderausstellungen und Präsentationen von zeitgenössischer Kunst im sanierten und heute modernsten Museumsbau des Ortes.

Haus im Schluh / Heinrich-Vogeler-Stiftung

Das von Martha Vogeler gebaute Haus wird heute in 4. Generation von der Familie Vogeler geführt und beherbergt die Heinrich-Vogeler-Stiftung. Arbeiten des Künstlers, bäuerliches Hausgerät und wechselnde Ausstellungen aktueller Kunst gehören zusammen mit einem Laden für Kunsthandwerk zum Profil des Hauses.

Käseglocke

Worpswedes originellstes Bauwerk, 1926 vom Berliner Architekten Bruno Taut entworfen, war lange Zeit das Wohnhaus des Schriftstellers und Ortskundigen Edwin Koenemann, heute zeigt es eine Ausstellung angewandter Kunst aus Worpsweder Ateliers.

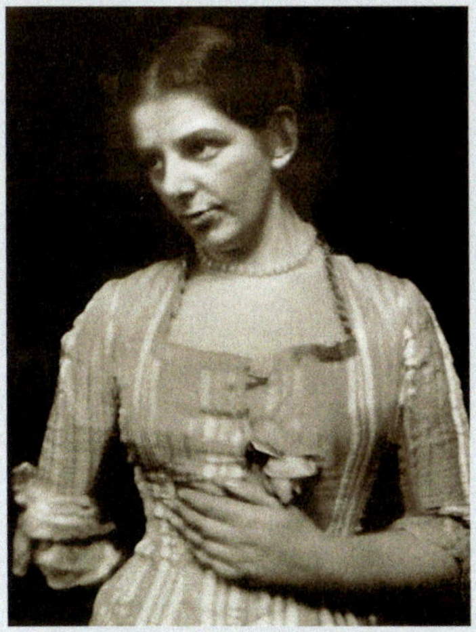

Paula Modersohn-Becker,
um 1905, Fotografie

Museum am Modersohn-Haus

Hinter dem Haus an der Hembergstraße, das bis 1921 im Besitz der Familie Modersohn war und Arbeiten Otto Modersohns und seiner Frau Paula zeigt, befindet sich ein neuer Trakt, in dem eine reiche Auswahl an Werken der Worpsweder Malerfreunde aus der Sammlung Bernhard Kaufmann präsentiert wird.

Worpsweder Kunsthalle – Kunststiftung Friedrich Netzel

Bereits 1919 als private Kunstausstellung gegründet und damit heute die älteste Worpsweder Kunstinstitution. Ausstellungen zu zeitgenössischer internationaler Kunst und Kunsthandwerk ergänzen das Angebot an Arbeiten der Worpsweder Künstlervereinigung. Dazu gibt es Lesungen, Konzerte und Vorträge.

In Fischerhude:

Otto-Modersohn-Museum Fischerhude

Das von der Familie Modersohn gegründete Museum zeigt in historischen und neuen Räumlichkeiten Werke aus dem Nachlass des 1943 in Fischerhude verstorbenen Künstlers.

In Bremen:

Paula Modersohn-Becker Museum

Im Juni 1927 wurde das Paula Modersohn-Becker Museum in der Bremer Böttcherstraße eröffnet und ist damit das weltweit erste Museum, das ausschließlich dem Werk einer Künstlerin gewidmet ist. Gründer ist der Bremer Kaufmann und Kunstsammler Ludwig Roselius, der schon frühzeitig Werke der lange Zeit verkannten Künstlerin gesammelt hatte.
Neben den Werken Paula Modersohn-Beckers werden ständig Skulpturen und Zeichnungen des Architekten und Bildhauers Bernhard Hoetger, des Schöpfers des expressionistischen Bauensembles Böttcherstraße, gezeigt. Auch Arbeiten der klassischen Moderne finden immer wieder Platz in den Ausstellungsräumen.

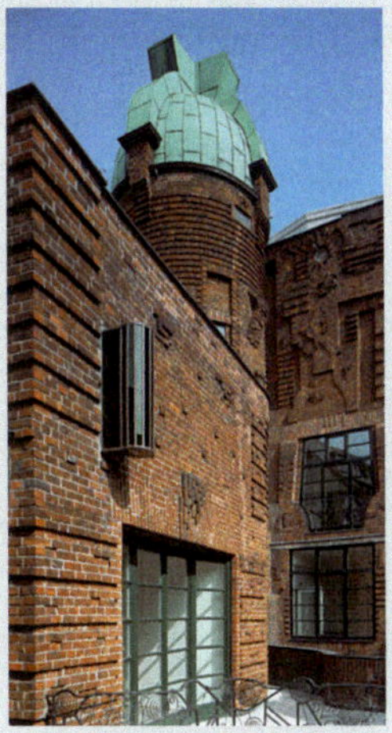

Paula-Becker-Modersohn-Haus
in der Bremer Böttcherstraße,
1926–30 unter Leitung von Bernhard
Hoetger erbaut,
Teilansicht, Fotografie

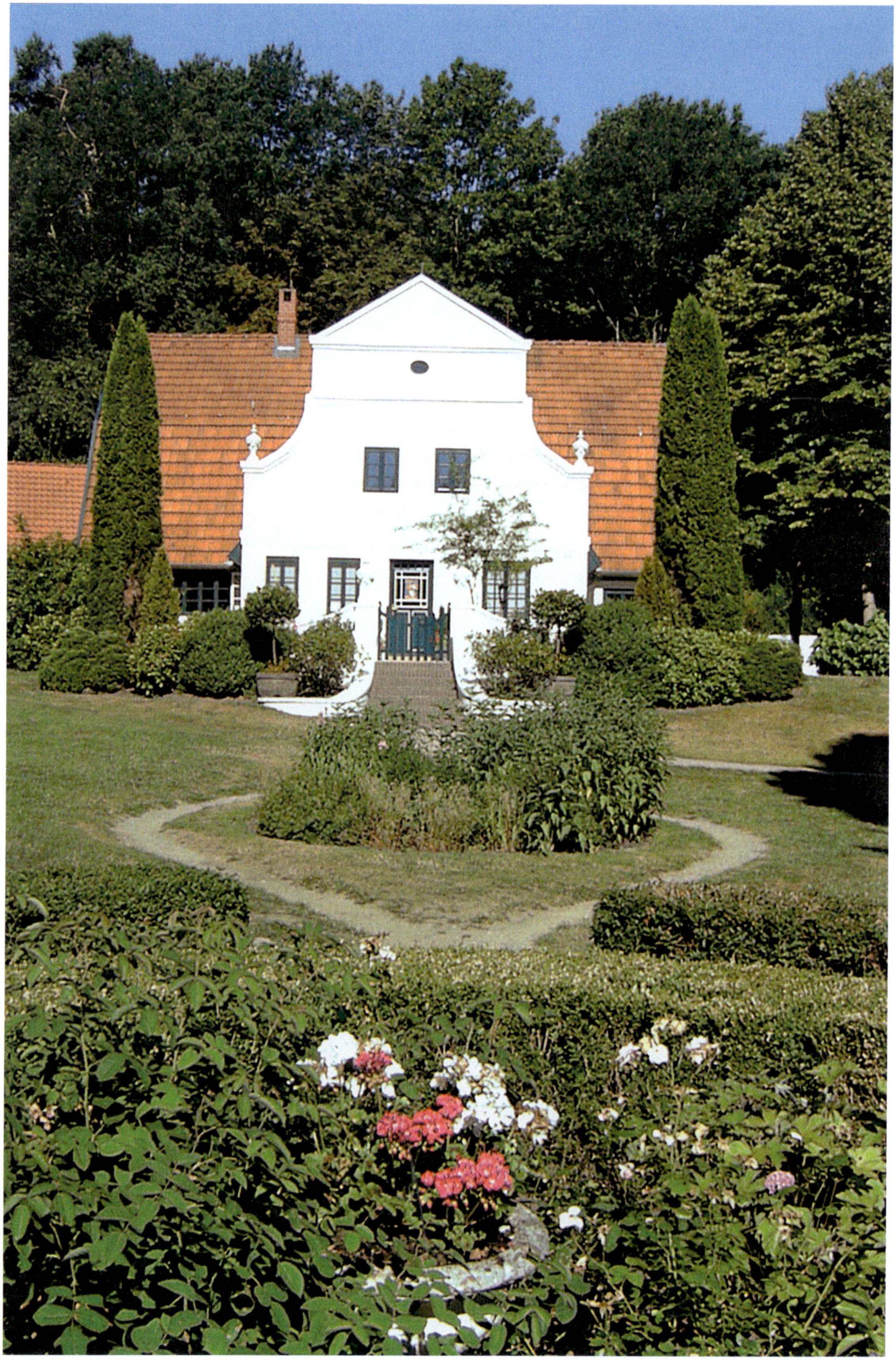

»Weltdorf« Worpswede

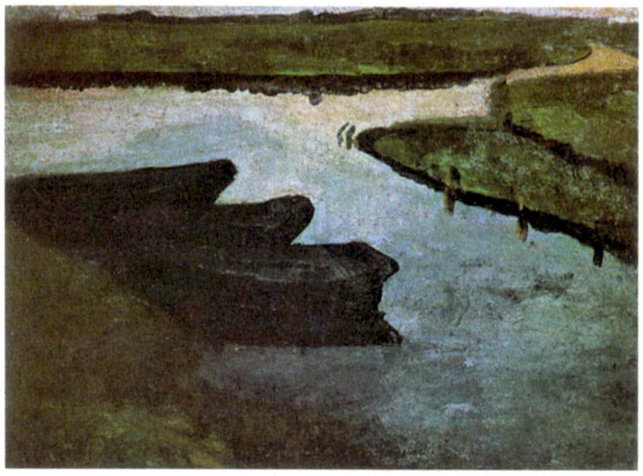

Paula Modersohn-Beckers Werk, hier *Moorkanal mit Torfkähnen*, aus der Zeit um 1900, erfuhr nach ihrem Tod eine völlige Neubewertung.

Die Künstlergemeinschaft der Worpsweder »Gründergeneration« bestand nur etwas mehr als zehn Jahre, aber der landschaftliche Reiz des Teufelsmoores hält Künstler und Besucher bis heute in seinem Bann. Mit seinen Ateliers, Galerien und Ausstellungshäusern ist Worpswede heute nicht nur Anziehungspunkt für neugierige Spurensucher, sondern auch für Künstler, die sich über längere oder kürzere Zeit vom besonderen Licht über dem Moor inspirieren lassen.

Im Wandel der Zeiten

Worpswede ist als Künstlerort noch heute ein fester Begriff. Im Unterschied zu den meisten der am Anfang des 20. Jahrhunderts entstandenen Künstlerkolonien und -orten, ist die künstlerische Tradition in Worpswede bis heute lebendig und führt nicht nur Kunst-»Konsumenten« in großer Zahl, sondern auch Kunst-Schaffende in den mittlerweile nicht mehr ganz so abgelegenen Ort.

Nach den Malern der »Gründergeneration« kamen Schülerinnen und Schüler, von denen sich etliche am Ort niederließen, gefolgt von Lebenskünstlern und -reformern, von Aussteigern und Neugierigen, von gescheiterten und etablierten Künstlern auf der Suche nach Veränderung oder Neuanfang.

Auch an Worpswede ist die Zeit nicht spurlos vorübergegangen. Der 1903 u.a. von Heinrich Vogeler gegründete Verschönerungsverein hat in den Jahren bis zum Ersten Weltkrieg alle Hände voll zu tun, die schlimmsten Auswüchse des hereinbrechenden Baubooms zu verhindern. Da der Ort über keinen geschlossenen Kern verfügt, siedeln sich die Bauherren bald auf jedem unbebauten Fleckchen an und drohen mit ihren repräsentativen Sommervillen den Charakter des einfachen Moordörfchens

←

Barkenhoff (Heinrich Vogeler Gedenkstätte), Gartenseite, Fotografie

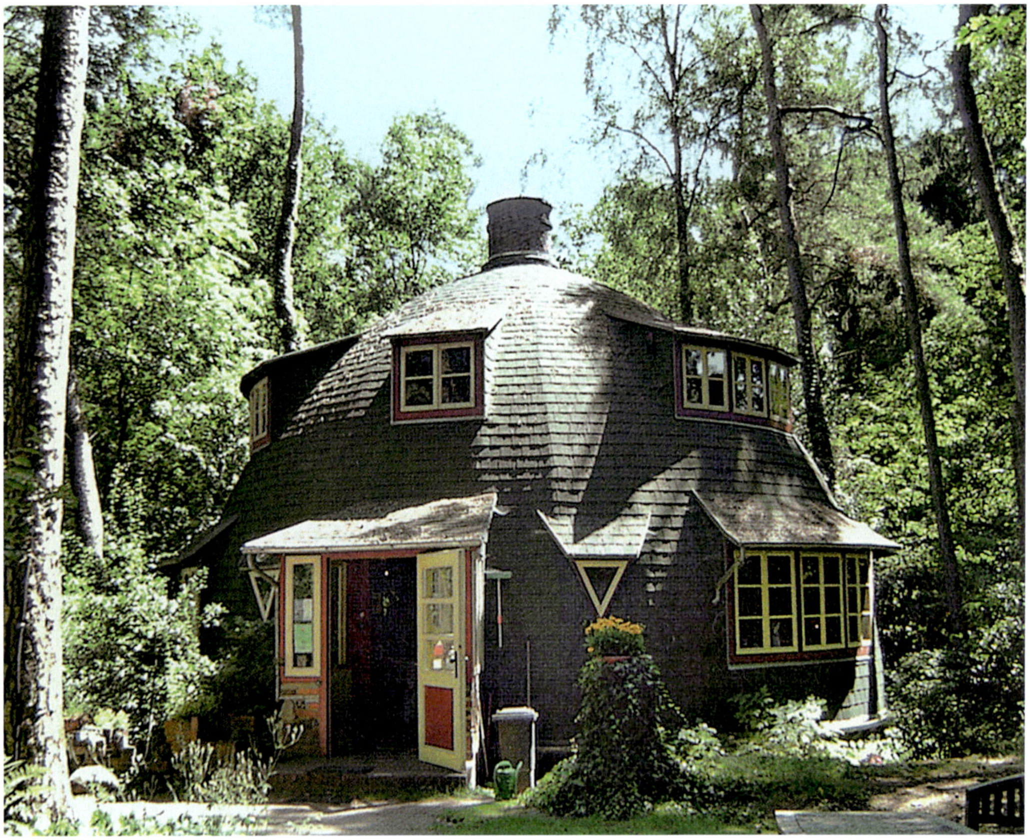

Der Worpsweder Edwin Koenemann ließ sich 1926 von Bruno Taut dieses Wohnhaus errichten. Die »Käseglocke« beherbergt heute ein Museum für regionale Kunst.

~

zu zerstören. Auch der Straßenbau fordert Tribut und so verschwindet das älteste Gebäude Worpswedes, die »Slottschün« (Schlossscheune), einst ein beliebtes Motiv, Mitte der 1930er-Jahre aus dem Ortsbild. Bis heute erhalten und in den letzten Jahren liebevoll restauriert ist ein anderes Bauwerk, der 1907 von Heinrich Vogeler erbaute Worpsweder Bahnhof. Mit seiner bis ins kleinste Detail ausgefeilten Jugendstil-Architektur ist er heute als Restaurant ein besonderer Anziehungspunkt für Besucher.

»Kaffee Verrückt«

Doch auch die zweite Generation Worpsweder errichtet sich ihre Baudenkmale im Geist der Zeit. Treffpunkt aller Worpswede-Besucher ist bis heute das 1926 von Bernhard Hoetger im expressionistischen Stil gebaute »Kaffee Worpswede«, im Volksmund auch »Kaffee Verrückt« genannt, hatte der Architekt sein Bauwerk doch ohne Bauzeichnung und ohne rechten Winkel geplant. Einigermaßen »verrückt« ist diese schräge Mischung aus nordischem Göttersitz und Baba Yaga-Hütte innen wie außen dann auch geworden. Zum Bauensemble gehört auch ein Hotel, das heute als Ausstellungsgebäude dient. Drittes Element ist die »Große Kunstschau«, die neben aktuellen Ausstellungen auch das bildhauerische Werk Hoetgers zeigt. Hauptsponsor dieser Worpsweder Bauaktivitäten war der Bremer Kaffee-Importeur Ludwig Roselius. Roselius sammelte die Werke der Worpsweder Künstlergemeinschaft, hauptsächlich aber die Paula Modersohn-Beckers. Für diese Sammlung errichtet Hoetger zwischen 1925 und 1927 das Paula Modersohn-Becker Museum in der Bremer Böttcherstraße.

In den folgenden Jahren muss Roselius Veränderungen am Bauensemble vornehmen lassen, um die Gebäude vor Zerstörung durch die Nationalsozialisten zu schützen. Im Zweiten Weltkrieg erleidet Bremen schwerste Kriegszerstörungen, auch die Böttcherstraße wird stark beschädigt, kann aber gerettet werden. 1954 wird sie wieder eröffnet.

Das Wohnhaus des Künstlerpaares Otto Modersohn und Paula Modersohn-Becker in Worpswede ist heute ein Museum.

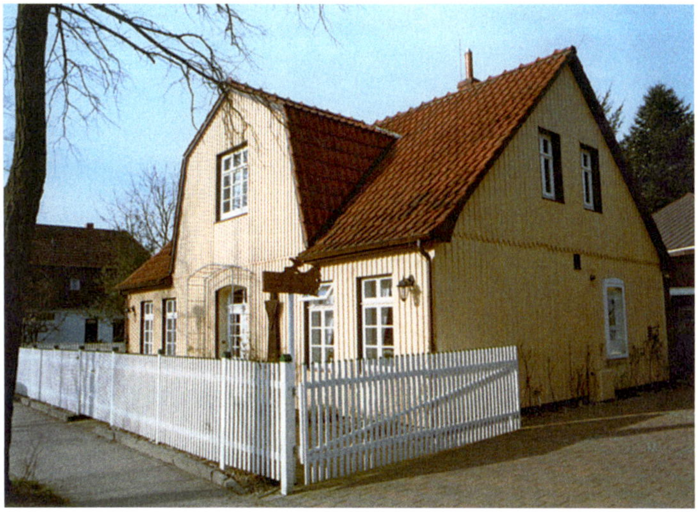

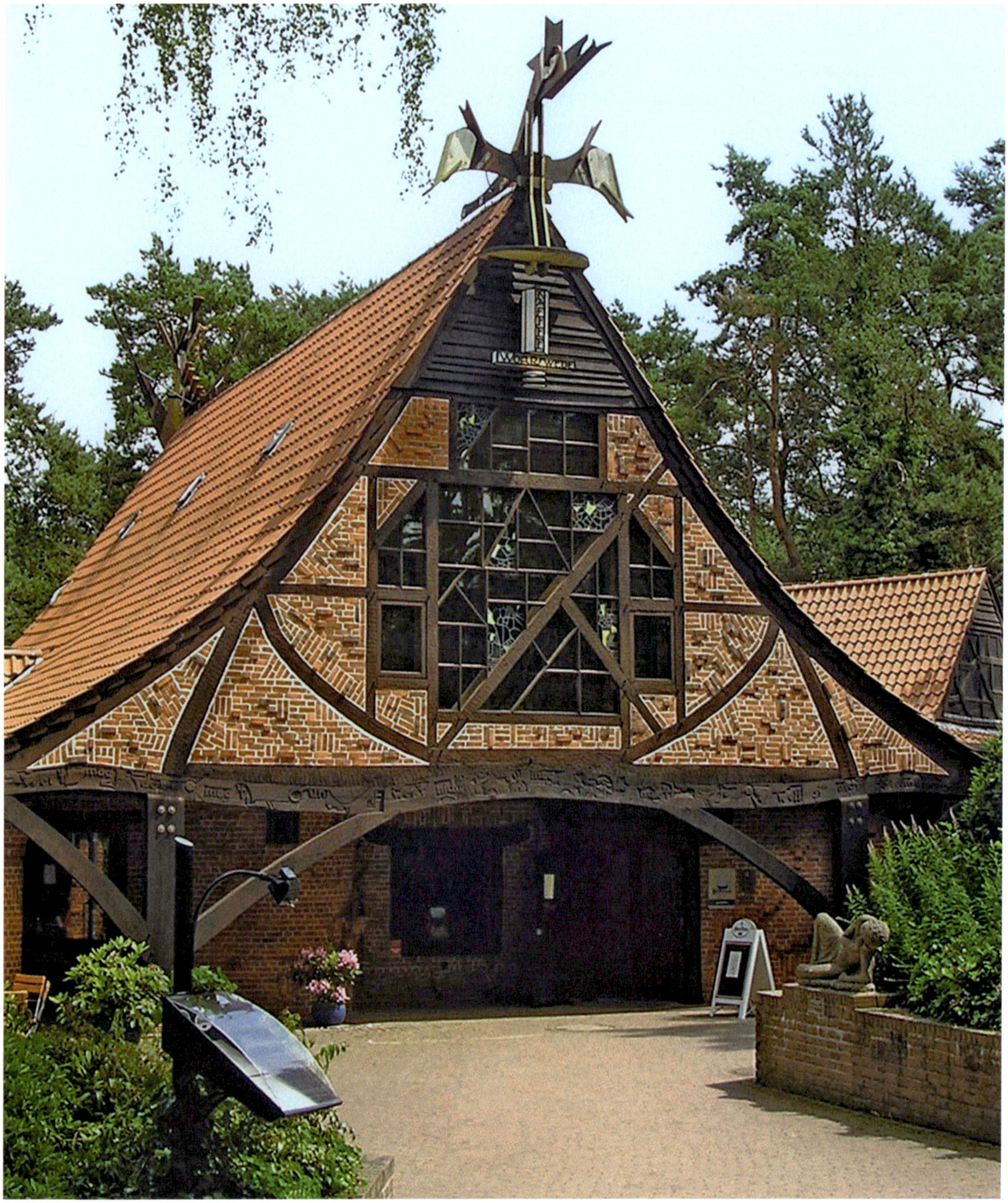

Aus Elementen des Symbolismus, Expressionismus und traditionellem nordischen Formengut errichtete der Architekt Bernhard Hoetger 1926 das einzigartige »Kaffee Verrückt«, bis heute ein Anziehungspunkt für Worpswede-Besucher.

Vom Leben und Überleben der Kunst

Worpswede bildet in den Jahren der NS-Herrschaft keine Ausnahme im zwiespältigen Leben und Überleben von Kunst und Künstlern. Einerseits finden Künstler Unterschlupf, die im offiziellen Kunstbetrieb des Dritten Reiches nicht geduldet werden. Andererseits wird gerade der Ort, an dem die deutsche Landschaftsmalerei eine Blüte erlebt hat zum Austragungsort der »Volkstage der Kunst«, bei denen Prof. Fritz Mackensen die interessierten Besucher an die Schauplätze der »Gründerzeit« führt.

Die Arbeiten von Paula Modersohn-Becker, Heinrich Vogeler und Bernhard Hoetger gelten als unerwünscht oder »entartet« und werden versteckt. Nach dem Zweiten Weltkrieg wird vor allem das Werk Paula Modersohn-Beckers ganz neu entdeckt. Im 21. Jahrhundert hat sie ihren festen Platz erobert als Bahnbrecherin der Moderne, als Vorreiterin einer »weiblichen Malerei«, die bis heute auf Betrachter und Künstler eine ungeheure Faszination ausübt.

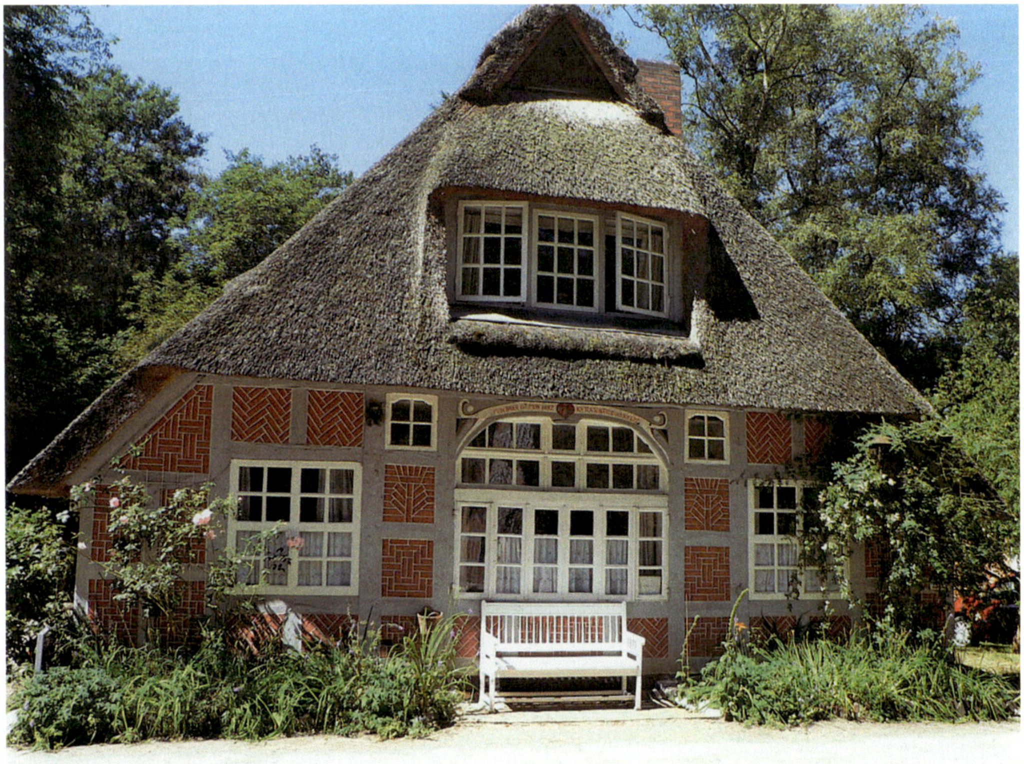

Das »Haus im Schluh« baute sich Martha Vogeler nach der Trennung von Heinrich 1920. Es beherbergt heute in ihrer Nachfolge Webatelier, Museum und Worpsweder Archiv.

Seite 4-5
Fritz Overbeck
In den Wiesen (Hammewiesen) (Detail),
siehe Seite 62

Seite 6
Jean-Francois Millet
Die Ährenleserinnen (Detail), 1857
Öl auf Leinwand, 83,5 × 111 cm
Musée d'Orsay

Seite 7 oben
Georg Tappert
Unbegradigter Lauf der Hamme, 1906–09
Fotografie

Seite 7 unten
Fritz Mackensen
1898, Holzschnitt nach einer Fotografie

Seite 8
Georg Tappert
Sandweg nach Worpswede, 1906–09
Fotografie

Seite 9
Fritz Mackensen
Otto Modersohn beim Malen, um 1890
Öl auf Karton, 32,6 × 31,4 cm
Otto-Modersohn-Museum, Fischerhude

Seite 10
Emilie (Mimi) Stolte, Fotografie

Seite 11 oben
Postkarte von Fritz Mackensens
erstem Worpswede-Besuch nach Hause,
14. September 1884

Seite 11 unten
Fritz Mackensen
An der Bergedorfer Brücke, 1895

Seite 12
Otto Modersohn
Wolkenberge, um 1890
Öl auf Pappe, 49 × 39,5 cm
Privatbesitz

Seite 13
Fritz Mackensen
Der Säugling (Moormadonna), 1892
Öl auf Leinwand, 180 × 140 cm
Kunsthalle Bremen

Seite 14-15
Hans am Ende
Sommertag (Detail)
siehe Seite 54

Seite 16
Urkunde der Goldmedaille München für Fritz
Mackensen, 1895

Seite 17 oben
Otto Modersohn
Herbst im Moor (Detail), 1895
Öl auf Leinwand, 80 × 150 cm
Kunsthalle Bremen

Seite 17 unten
Plakat zur »Jahresausstellung von Kunstwerken
aller Nationen« im Kgl. Glaspalast, München, 1895

Seite 18
Fritz Mackensen
Torfkähne auf der Hamme, 1904
111 × 132,3 cm
Große Kunstschau Worpswede

Seite 19
Original-Satzung der Künstlervereinigung
»Worpswede«, 1897 von Hans am Ende geschrieben

Seite 20
Fritz Mackensen vor dem Ersten Weltkrieg
Fotografie

Seite 21 links
Fritz Mackensens Goldmedaille von 1895

Seite 21 rechts
Otto Modersohn beim Malen, um 1906
Fotografie

Seite 22
Otto Modersohn
Moorkate im Abendsonnenschein,
Öl auf Leinwand, 79,5 × 120,8 cm
Leipzig, Museum der bildenden Künste

Seite 23
Fritz Mackensen
Gottesdienst im Freien, 1895
Historisches Museum am Hohen Ufer, Hannover

Seite 24-25
Otto Modersohn
Elsbeth im Garten (Detail)
siehe Seite 96

Seite 26
Joseph Maria Olbrich
Secessionsgebäude, Wien, 1897/98

Seite 27 oben
Claude Monet
Mohnblumenfeld, 1873
Öl auf Leinwand, 50 × 65 cm
Paris, Musée d'Orsay

Seite 27 unten
Lovis Corinth mit Secessionsmitgliedern,
im Hintergrund sein Gemälde *Frauenraub,*
Berlin 1905

Seite 28
Hans am Ende
Sonnenschein, 1899
Radierung, 285 × 215 mm

Seite 29
Fritz Overbeck
Stürmischer Tag, um 1900
Öl auf Leinwand, 102,5 × 140 cm
Kunsthalle Bremen

Seite 30 oben
Otto Modersohn
Flusslandschaft mit Mondsichel, um 1890
Öl auf Papier, 45 × 34 cm
Kunsthalle Bremen

Seite 30 unten
Hans am Ende
Moorlandschaft mit grabendem Bauern
Radierung, 267 × 288 mm

Seite 31
Fritz Mackensen
Der Gänserupfer, 1895
Radierung

Seite 32
Carl Vinnen, *Landschaft mit Windmühle,* 1912
Öl auf Leinwand, 118 × 179 cm
Kunsthalle Bremen

Seite 33
Paula Modersohn-Becker
Worpsweder Landschaft, um 1900
Öltempera auf Pappe, 61,5 × 68 cm
Museum Ludwig Köln

Seite 34-35
Heinrich Vogeler
Träumerei (Detail)
siehe Seite 113

Seite 36
Die Worpsweder Maler
Hans am Ende, Otto Modersohn, Fritz Overbeck und Fritz Mackensen, Fotografie

Seite 37
Paula Modersohn-Becker
Bildnis Rainer Maria Rilke, 1906
Tempera auf Pappe, 32,2 × 25,4 cm
Privatbesitz

Seite 38
Fritz Mackensen
Herbst, 1895/96, Privatbesitz

Seite 39
Porträtfoto Fritz Mackensens, um 1900

Seite 40
Fritz Mackensen vor seinem Gemälde
Gottesdienst im Freien, Fotografie

Seite 41 oben
Haus Susenbarg, die Villa Fritz Mackensens

Seite 41 unten
Der alte Fritz Mackensen, Fotografie

Seite 42
Fritz Mackensen
Trauernde Familie, 1897
Öl auf Leinwand, 170 × 132 cm
Große Kunstschau Worpswede

Seite 43
Fritz Mackensen
Einsame Fahrt, um 1900

Seite 44
Otto Modersohn
Moormädchen neben Birkenstamm, 1904
Öl auf Malpappe, 50,5 × 40,5 cm
Otto-Modersohn-Museum Fischerhude

Seite 45
Porträtfoto Otto Modersohns

Seite 46
Otto Modersohn und seine erste Frau Helene Schröder, Fotografie

Seite 47
Otto Modersohn
Elsbeth im Garten, 1903
Privatbesitz

Seite 48
Otto Modersohn mit Paula in seinem Atelier, Fotografie

Seite 49 oben
Paula, Otto und Elsbeth Modersohn, Worpswede um 1904, Fotografie

Seite 49 unten
Otto Modersohn
Durchblick in der Worpsweder Wohnung, 1903
Öl auf Malpappe auf Holz, 39,7 × 39,7 cm
Otto-Modersohn-Museum, Fischerhude

Seite 50
Otto Modersohn
Herbst im Moor, 1895
Öl auf Leinwand, 80 × 150 cm
Kunsthalle Bremen

Seite 51
Otto Modersohn
Sommer am Moorkanal, 1896
Öl auf Leinwand, 91 × 150 cm
Kunsthalle Bremen

Seite 52
Otto Modersohn
Sonniger Herbsttag, um 1898
Öl auf Leinwand, 73 × 55 cm
Worpsweder Kunsthalle

Seite 53
Otto Modersohn
Auf dem Weyerberg, um 1900
Öl auf Karton, 42,2 × 59 cm
Westfälisches Landesmuseum für Kunst und Kulturgeschichte, Münster

Seite 54
Hans am Ende
Sommertag, 1901, Privatbesitz

Seite 55
Porträtfoto Hans am Endes

Seite 56 oben
Hans am Endes erstes Atelier in der alten Worpsweder Schmiede, Fotografie

Seite 56 unten
Hans am Ende
Gehöft im Schnee, 1901
Öl auf Leinwand, Bundeskanzleramt

Seite 57
Porträtfoto Hans am Endes im Malkittel

Seite 58 oben
Das von Heinrich Vogeler gestaltete Wohnhaus Hans am Endes in Worpswede, Fotografie

Seite 58 unten
Hans am Ende in Reserveoffiziersuniform, Fotografie

Seite 59
Hans am Ende
Kinderkopf, 1897
Radierung, 298 × 215 mm

Seite 60
Hans am Ende
Frühlingstag, um 1897/98
Öl auf Leinwand, 70 × 120 cm
Kunsthalle Bremen

Seite 61
Hans am Ende
Wintertag in Worpswede, um 1900
Öl auf Leinwand, 76 × 114 cm
Worpsweder Kunststiftung Friedrich Netzel

Seite 62
Fritz Overbeck
In den Wiesen (Hammewiesen) (Detail), 1904
Öl auf Leinwand, 91 × 113 cm
Worpsweder Kunststiftung Friedrich Netzel

Seite 63
Carl Eeg, Porträtfotografie Fritz Overbecks mit Strohhut

Seite 64 oben
Porträtfoto Fritz Overbecks vor Gemälde, um 1900

Seite 64 unten
Otto Modersohn und Fritz Overbeck in Worpswede, Fotografie

Seite 65
Fritz Overbeck
Sandkuhle am Weyerberg, um 1898
Öl auf Leinwand, 44,5 × 59,5 cm
Landkreis Osterholz

Seite 66
Fritz Overbeck mit seinem Sohn Fritz-Theodor, um 1898, Fotografie

Seite 67 oben
Fritz Overbeck
Abend an der Hamme, 1906
Radierung

Seite 67 unten
Fritz Overbeck
Sturm im Moor, 1894
Radierung

Seite 68
Fritz Overbeck
Mondaufgang im Moor, 1897
Radierung

Seite 69
Fritz Overbeck
Birkengang, 1892
Öl auf Karton, 37,5 × 25 cm
Stiftung Fritz und Hermine Overbeck

Seite 70
Heinrich Vogeler
Frühling, 1897
Haus im Schluh, Worpswede

Seite 71
Porträtfoto Heinrich Vogelers im Sessel

Seite 72 oben
Heinrich Vogeler
Der Barkenhoff, 1899
Zeichnung

Seite 72 unten
Paula Modersohn-Becker und Otto Modersohn zu Gast im Barkenhoff, Fotografie

Seite 73
Die Vogeler-Familie, Karikatur von Heinrich Vogeler

Seite 74
Heinrich Vogeler in seinem Arbeitszimmer im Barkenhoff, 1904, Fotografie

Seite 75 oben
Barkenhoff-Diele mit den Wandbildern von Heinrich Vogeler, 1920–26, 1939 zerstört, Fotografie

Seite 75 unten
Heinrich und Martha Vogeler auf dem Barkenhoff, um 1902, Fotografie

Seite 76
Heinrich Vogeler
Erster Sommer, 1902
Öl auf Leinwand, 160,5 × 132 cm
Kunsthalle Bremen

Seite 77
Heinrich Vogeler
Internationale Rote Hilfe und Dawes-Deutschland, 1924
Öl auf Leinwand, 125 × 90 cm
Revolutionsmuseum Moskau

Seite 78
Paula Modersohn-Becker,
Selbstbildnis vor grünem Hintergrund mit blauer Iris, um 1905
Öl auf Leinwand, 40,7 × 34,5 cm
Kunsthalle Bremen

Seite 79
Porträtfoto Paula Beckers, um 1895

Seite 80 oben
Paula Becker und Clara Westhoff in Paulas Atelier, Fotografie

Seite 80 unten
Paula und Elsbeth Modersohn, 1901, Fotografie

Seite 81
Paula Modersohn-Becker
Stilleben mit Orangen, Bananen, Zitronen, Tomaten, o. J.
Öl auf Pappe, 28,2 × 52,2 cm
Staatliche Kunsthalle Karlsruhe

Seite 82
Paula Modersohn-Becker
Birkenallee, 1900
Pappe, 37 × 46,6 cm
Paula Modersohn-Becker-Stiftung, Bremen

Seite 83
Paula Modersohn-Becker
Kopf eines kleinen Mädchens mit Strohhut, um 1905
Von der Heydt-Museum, Wuppertal

Seite 84
Paula Modersohn-Becker
Stilleben mit Milchsatte (Frühstückstisch), 1905
Öltempera auf Pappe, 55 × 71,8 cm
Paula Modersohn-Becker Museum, Böttcherstraße, Bremen

Seite 85
Paula Modersohn-Becker
Alte Armenhäuslerin im Garten mit Glaskugel und Mohnblumen, 1906
Öltempera auf Leinwand, 96 × 80,2 cm
Paula Modersohn-Becker Museum, Böttcherstraße, Bremen

Seite 86–87
Heinrich Vogeler
Frühling (Aktporträt Martha Vogeler mit Amsel), 1909
Öl auf Leinwand, 100,7 × 80,6 cm
Große Kunstschau Worpswede

Seite 88
Heinrich Vogeler
Sommerabend (Das Konzert), 1902–05
Öl auf Leinwand, 175 × 310 cm
Große Kunstschau Worpswede

Seite 89 oben
Otto und Paula Modersohn, 1903, Fotografie

Seite 89 unten
Clara Rilke-Westhoff porträtiert Rainer Maria Rilke auf der Terrasse von Schloss Friedelhausen, 1905, Fotografie

Seite 90
Paula Modersohn-Becker
Selbstbildnis am 6. Hochzeitstag, 1906
Öltempera auf Pappe, 101,5 × 70,2 cm
Paula Modersohn-Becker Museum, Böttcherstraße, Bremen

Seite 91
Paula Modersohn-Becker und Otto Modersohn, 1903, Fotografie

Seite 92
Haus Modersohn in Worpswede, Fotografie

Seite 93
Paula und Elsbeth Modersohn, Fotografie

Seite 94 oben
Paula Modersohn-Becker, Skizze Otto Modersohn: »Drei Tage war der Meister krank, jetzt raucht er wieder, Gott sei Dank!«, um 1905

Seite 94 unten
Paula Modersohn-Becker
Selbstbildnis vor blühenden Bäumen, um 1903
Öltempera auf Pappe, 33 × 45,5 cm
Museum am Ostwall, Dortmund

Seite 95
Paula und Tochter Mathilde im Kindbett, 1907, Fotografie

Seite 96
Otto Modersohn
Elsbeth im Garten
Öl auf Malpappe, 41,5 × 58 cm
Otto Modersohn Museum, Fischerhude

Seite 97
Paula Modersohn-Becker
Elsbeth in Brünjes Garten, 1902
Privatbesitz

Seite 98
Paula Modersohn-Becker
Selbstbildnis, 1906
Öltempera auf Pappe, 62,2 × 48,2 cm
Privatbesitz

Seite 99
Paula Modersohn-Becker
Mutter und Kind, 1907
Öl auf Leinwand, 80 × 59 cm
Museum am Ostwall, Dortmund

Seite 100
Clara Westhoff,
Selbstbildnis
Öl auf Holz, 35 × 27 cm Privatbesitz

Seite 101
Clara Rilke-Westhoff und Rainer Maria Rilke, 1903, Fotografie

Seite 102
Rainer Maria Rilke mit seiner Frau Clara Rilke-Westhoff, Fotografie

Seite 103
Hochzeitsanzeige Clara Rilke-Westhoff und Rainer Maria Rilke, April 1901

Seite 104
Clara Rilke-Westhoff und ihre Tochter Ruth, Bremen 1903/04, Fotografie

Seite 105
Rainer Maria Rilke in seinem Westerweder Arbeitszimmer, um 1902, Fotografie

Seite 106
Paula Modersohn-Becker
Die Bildhauerin Clara Rilke-Westhoff, 1905
Öl auf Leinwand, 52 × 36,8 cm
Hamburger Kunsthalle

Seite 107
Clara Westhoff
Porträtbüste Paula Modersohn-Becker, 1899
Bronzeguss nach Gipsskulptur, Höhe 36 cm
Landkreis Osterholz-Scharmbeck

Seite 108
Heinrich und Martha Vogeler, Foto von Carl Eeg

Seite 109
Rudolf Stickelmann, Martha Vogeler im Garten des Barkenhoff, Fotografie

Seite 110
Buchseite aus »Dir«

Seite 111
Heinrich Vogeler und sein Sohn Jan aus der Ehe mit Sonja Marchlewska, Fotografie

Seite 112
Heinrich Vogeler
Frühling (Martha auf der Barkenhoff-Insel), 1913
Landesmuseum Oldenburg

Seite 113
Heinrich Vogeler
Träumerei, 1912, Privatbesitz

Seite 114–115
Carl Vinnen
Landschaft mit Windmühle (Detail)
siehe Seite 32

Seite 116: Paula Modersohn-Becker
Worpsweder Landschaft, um 1900
Öl auf Pappe, 61,5 × 68 cm
Museum Ludwig, Köln

Seite 117 oben
Paula Modersohn-Becker, um 1905, Fotografie

Seite 117 unten
Paula-Becker-Modersohn-Haus in der Bremer Böttcherstraße, 1926–30 unter Leitung von Bernhard Hoetger erbaut, Teilansicht, Fotografie

Seite 118
Barkenhoff (Heinrich Vogeler Gedenkstätte), Gartenseite, Fotografie

Seite 119
Paula Modersohn-Becker
Moorkanal mit Torfkähnen, um 1900
Öl auf Pappe, 51 × 36 cm
Privatbesitz

Seite 120
Die »Käseglocke«, 1926 von Bruno Taut erbaut

Seite 121
Wohnhaus des Künstlerpaares Otto Modersohn und Paula Modersohn-Becker in Worpswede, heute Museum, Außenansicht, Fotografie

Seite 122
Bernhard Hoetger, »Kaffee Verrückt«, Vorderansicht, Fotografie

Seite 123
»Haus im Schluh«, Außenansicht, Fotografie

Auf dem Einband:
Umschlagvorderseite:
Heinrich Vogeler, *Frühling* (Detail), 1897, siehe Seite 70
Umschlagrückseite:
Fritz Mackensen, *Herbst* (Detail), 1895/96, siehe vgl. Seite 38
Vordere Klappe außen:
Fritz Overbeck, *Der Birkengang*, 1892, siehe Seite 69
Vordere Klappe innen:
oben von links nach rechts: Daimlers erstes Benzinmotorrad, 1885; Sigmund Freud, um 1896; die Gartenbaupaläste auf der Pariser Weltausstellung, 1900; Jules Verne, 1905; Gustav Klimt, *Der Kuss*, 1907/08, Öl auf Leinwand, 180 × 180 cm Wien, Österreichische Galerie Belvedere; Gavrilo Princip wird nach seinem Attentat auf Erzherzog Franz Ferdinand und seine Frau festgenommen, 1914;
unten von links nach rechts: Porträtfoto Fritz Overbecks mit Sonnenhut (vgl. S. 63); Porträtfoto Paula Beckers, um 1895 (vgl. S. 79); Paula Modersohn-Becker, *Bildnis Rainer Maria Rilke*, 1906 (vgl. S. 37); Rainer Maria Rilke und Clara Rilke-Westhoff (vgl. S. 102); Paula und Tochter Mathilde im Kindbett, 1907, Fotografie (vgl. S. 95); Hans am Ende in Reserveoffiziersuniform, Fotografie (vgl. S. 59 unten);
Hintere Klappe außen: Paula Modersohn-Becker, *Elsbeth in Brünjes Garten*, 1902, siehe Seite 97
Hintere Klappe innen:
oben von links nach rechts: Rosa Luxemburg und Karl Liebknecht 1919; Empire State Building, New York; Atombombenexplosion über Hiroshima, 1945; Die Außenminister von Österreich, Alois Mock (l.) und Ungarn, Gyula Horn (r.), durchtrennen 1989 an der österreichisch-ungarischen Grenze die Sicherungsanlagen.
unten von links nach rechts: Der alte Fritz Mackensen, Fotografie (vgl. S. 41 rechts); Ausstellungsplakat 90 Jahre Worpswede, 1979; Barkenhoff in Worpswede (vgl. S. 118)

Die Vorlagen wurden uns freundlicherweise von den in den Bildlegenden genannten Museen und Sammlungen zur Verfügung gestellt bzw. stammen aus dem Archiv des Verlages mit Ausnahme von:

akg-images, Berlin: Seiten 17 oben, 50, 117 unten, 121
Artothek, Weilheim: Seiten 22, 52, 62, 88
Otto-Modersohn-Museum, Fischerhude: Seiten 9, 12, 24–25, 44, 49 unten, 96
Frauke Berchtig: Seiten 118, 120, 123
Kunsthalle Bremen: Seiten 13, 29, 30 oben, 32, 51, 60, 76, 78, 114–115
© Dieter Weiser, Worpswede: Seite 122
Paula Modersohn-Becker-Stiftung, Bremen: Seiten 79, 80, 82, 89 oben, 92, 93, 95, 97, 117 oben
Kunstsammlungen Böttcherstraße / Paula Modersohn-Becker Museum: Seiten 84, 85, 90

Die Zitate Heinrich Vogelers stammen aus: Heinrich Vogeler, »Werden«, 1989 und »Otto Modersohn 1865–1943«, Katalog Hannover-Münster, 1978

Umschlagabbildung Vorderseite:
Heinrich Vogeler, *Frühling* (Detail), 1897
siehe Seite 70

Umschlagabbildung Rückseite:
Fritz Mackensen, *Herbst* (Detail), 1895/96
siehe Seite 38

6. Auflage 2025

Prinzenstraße 85
10969 Berlin
www.aufbau-verlage.de

Edition Braus ist eine Marke der Aufbau Verlage GmbH & Co. KG

Die Deutsche Nationalbibliothek verzeichnet diese Publikation in der Deutschen Nationalbibliografie; detaillierte bibliografische Daten sind im Internet über http://dnb.d-nb.de abrufbar.

Grafik-Design und Satz:
Margarethe Hausstätter, ExtraGestaltung, Berlin

Lithografie:
Bildpunkt Druckvorstufen GmbH, Berlin

Druck und Bindung:
Grafisches Centrum Cuno, Calbe

ISBN 978-3-86228-134-3